黄博　著

宋风成韵

——宋代社会的文艺生活

ZHEJIANG UNIVERSITY PRESS
浙江大学出版社
·杭州·

图书在版编目（CIP）数据

宋风成韵：宋代社会的文艺生活 / 黄博著. -- 杭州：浙江大学出版社，2023.7（2023.9重印）
ISBN 978-7-308-23814-4

Ⅰ．①宋… Ⅱ．①黄… Ⅲ．①社会生活－历史－中国－宋代 Ⅳ．①D691.9

中国国家版本馆CIP数据核字(2023)第091336号

宋风成韵——宋代社会的文艺生活

黄 博 著

责任编辑	罗人智	
责任校对	吴沈涛	
责任印制	范洪法	
装帧设计	尚书堂·刘青文	
出版发行	浙江大学出版社	
	（杭州市天目山路148号　　邮政编码　310007）	
	（网址：http://www.zjupress.com）	
排　　版	杭州林智广告有限公司	
印　　刷	杭州钱江彩色印务有限公司	
开　　本	880mm×1230mm　1/32	
印　　张	10.75	
字　　数	248千	
版 印 次	2023年7月第1版　2023年9月第2次印刷	
书　　号	ISBN 978-7-308-23814-4	
定　　价	88.00元	

名家推荐

黄博果然是一个文艺青年，从宋人对本朝"文物之盛"的迷之自信中，把握住了时代脉搏，主要从杂乱的小说家言中，以同情之理解的立场，梳理出当时社会不断被文人士大夫"文采风流"影响改造的一幅幅生动画面，将其间的故事用轻快生动的语言，讲给21世纪的读者听。

从马上得天下的赵氏皇室之慢慢成为喜好舞文弄墨的"才子天子"，到吟诗作赋、泼墨挥毫被当作士大夫之间重要的社交形式，科考成败心理压力的种种社会表现，乃至名士文采得以用真金白银称量的润笔风尚，宋朝进入"科举社会"的种种生活场景，在黄博的笔下鲜活了起来。

尤其重要的是，除了偶有反复的粗鄙化，对这样"文采风流"的崇拜，其实左右了近千年的中国帝制后期社会。期待有识之士在关注士大夫阶层的同时，也能够花时间讲出一些关于当时更广大基层民众日常生活的故事来。

包伟民

（中国宋史研究会前会长、中国人民大学历史学院教授）

相对而言，宋朝文化自由多元，社会生活遂独具异彩神韵。以文人士大夫的文艺生活为切入点，趣味盎然地展现宋风何以成韵，这是自谑文青的作者撰写此书时怀揣的期许。

著者落笔先叙宋代皇帝，揭示他们的文艺喜好同样深受文人风尚的潜移默化，同时点明了宋风成韵中的帝王垂范效应。而后铺展两宋士大夫文艺生活的四轴长卷：以诗词唱和酬对社会交际，以书法墨迹滋润日常生活，以星命相术熬煮心灵鸡汤，以文字创作收获润笔酬劳。

全书精选代表性人物为话题主角，发掘趣味性轶闻为叙事方式；行文中牵绾穿插前代逸事，或溯源故实，或异代对比，收涉笔成趣之妙；评点时抑扬褒贬笔下人事，或凸显性情，或抉明意义，有收放自如之功。翻开这册以故事说文化的读物，你将慨然有悟而欣然有得：宋代虽已远去，风韵犹能钩沉！

虞云国

（上海师范大学人文学院教授）

如果想知道一个受过专业史学训练的文学青年会写出什么样的作品，那么，就看黄博的这部《宋风成韵》吧。

从宫廷文艺到士大夫的诗词酬唱，从书法欣赏到碑志写作，还有伴随着科举功名的士人焦虑与梦想，黄博精心择取了几个典型的视角，动用雄厚的学识积累，举重若轻，写得畅快淋漓，海阔天空。准确的学术传递，让读者在愉快的接受中完成。

研究宋代文学艺术的作品，历来大多不是出自历史研究者的手笔，但这本书则是一个历史学者的写作。我觉得这本书的副题更能标示主题：宋代社会的文艺生活。把文艺融入生活，这就是历史叙述。历史如现实，鲜活而生动。然而学院式的研究往往将历史抽象到仅存骨骼，不见血肉。说中华文化造极于赵宋，不能"载之空言"，需要有具体的人与事来填充。

风追司马，期待黄博和更多的历史学者奉献出这样的作品，让阳春白雪走近下里巴人。历史学的"无用之用"，此之谓也。

王瑞来

（日本学习院大学东洋文化研究所研究员）

自序　还是文艺青年

林园依旧几回愁。

去去又登楼。

十年胜景，从来故物，不似少年游。

当年别梦多曾住，行脚已荒丘。

兀坐山头。

蓬窗尚忆，旧案写风流。

几年前的一个冬天，因为偶然的机会，我兴致勃勃地回到了多年前考研时租住的小铁屋前。这是一间用铁皮拼合起来，伫立在某高校校园里最热闹的一条商业街边一座荒山之上的违章建筑。当我有兴趣去怀旧的时候，小铁屋已经因为学校对乱搭乱建的清理，早就不见了踪影，只留下几张当年用过的书桌散落在山间的杂草丛中。我一时感慨，写下了这首《少年游》的小词。

彼时的我，刚刚从市里的另一所大学毕业，在离这所知名大学十多分钟车程的乡镇上教书。为了找到考研的感觉，我就在这里租房以备考宋史方向的研究生。那时的我，在无数个挑灯夜战背单词的晚上，常常憧憬着宋史研究生的学习生活——重新回到大学校园，沉浸在《宋史》《长编》《会要》的青编汗简里，探索宋代还有哪些不为人知的秘辛可以被发现。我也常常发一些如果回到宋朝会有机会体验何种生活的书生幻梦。回到宋朝看一看他们的风采神韵，大概是每个文艺青年都曾有过的梦想吧：

万卷风骚笔，莫怪醉黄粱。

书生光景、还似一梦困名场。

载酒江湖细说，独立凭栏欲雨，云淡弄垂杨。

游子半生误，消得鬓头苍。

千年越，落花寂，笑语长。

长安雁断、回首造化路茫茫。

休道悲欢怎料，知汝汉宫勋业，棋罢问萧郎。

但快千杯饮，冠盖卧山房。

鲜衣怒马，关山纵横，那些属于汉唐的荣光，宋人艳羡了三百年。举三尺剑搅动日月风云，提三寸笔织就锦绣文章，这也许是每个大宋少年的黄粱一梦吧。我经常开玩笑说自己很有小镇文艺青年的气质，这首《水调歌头》的小词，是一个小镇文艺青年多年前梦回宋朝时留在那里的文字。诗词歌赋、琴棋书画，就是我以为的文艺青年的日常，曾经有一段时间，我也沉迷其中。

我曾经诗兴大发，在去三峡的游船上，一天之内写下了四首绝句：

晨云卷雾倚船楼，细草微风泊岸头。

漫眼江行无所见，烟山江影美偏舟。

——《旅次丰都口占》

云暗峰前小邑多，船窗坐对亦酣歌。

他年再棹烟江上，一路新诗钓碧波。

——《江路小镇》

眼睹层峦与我痴，行船画景忆当时。

君来水阁凭栏未？今日江村尽是诗。

——《忠县江行》

夜半帆樯到万州，万家灯火照桥头。

船台坐看江城远，手把唐诗证卧游。

——《夜航过万州》

我曾经向往过田园诗般的生活——"欲住田家羡买邻，农车偶见更精神。柴扉梦里疑曾到，篱菊栽来作主人。"这是疫情前的秋天，我在一个农家乐里吟出的诗句。"负郭田园半日程，狸奴比翼踏山行。曾将名犬芦塘住，共看飞云万里轻。"这是我带着"大橘子"在乡间欢快飞跑时的惬意。

我也曾经向往诗和远方。"论学疆藏间，西域万里行。高贤满座前，妙音耳语盈。事了疾疾去，昼夜抵千程。铁龙卷地走，牛羊追风生。相携塞上约，倚窗慕长缨。最爱烟尘起，立马天山坪。揽辔草原游，且看意气横。骋望红云处，晚空照霞明。遥想中夜月，须有繁星迎。但作穿帐眠，不肯唤归声。"这是出远门后看到别样风景时，肉眼可见的欢愉。

我当然不是真的想当一个诗人——虽然调侃一个人是诗人，在今天已经是对一个文艺青年最善意的嘲讽了——我只是幻想自己那枯燥乏味的人生可以略微有些诗意罢了。可惜的是，上述这些诗情画意现在都已渐渐远去，在最近几年并无多少成就的学术道路的奋进上，我已经很久没有诗兴了。当初开玩笑说要在数量上超过陆游的豪言已成臆语。写作这本《宋风成韵》的小书，也算是又过了一把文艺青年的干瘾。

宋人的神采风韵是令人艳羡的，但如何在千年之后用我的"妙笔"让读者体会到宋韵文化的魅力，则更加令人心动。这一次，我不想做知识的生产者，我只想当一回故事的搬运工。本书的打算是，以讲述宋代人物和故事的形式串起宋代社会文艺生活的几个方面，每个方面将会选择几个代表性的人物，发掘他们身上发生的趣事，以展示宋代文化的成就和特色。

中国传统的文化在从前其实就是一种讲故事的学问，中国古代的史学尤其如此。孔夫子有"载之空言，不如见之于行事"的感叹，行事之所以可人，多数还是生动的故事造就的。我们熟知但却并不会熟读的二十四史，质量参差不齐，往往受到推崇的几部，如《史记》《汉书》《三国志》等，都是在讲故事上能够做到妙笔生花的，《史记》实为其中的典范。

司马迁想要"究天人之际，通古今之变，成一家之言"，并不是简单粗暴地凭着空言大话去吓唬人，而是通过历史上形形色色各类人物，以及发生在他们身上的各种故事，娓娓道出从三皇五帝到秦皇汉武的中国历史文化之流风余韵。然而自从近代国势不振、学术西化以来，现代中国的学问，在越演越烈的理论焦虑之下，越来越轻视讲故事，也越来越不愿意讲故事了。

因此，这本小书的写作，有一个颇为不合时宜的妄念，在讲故事的过程中，揭示出历史的意义。以小故事，讲大历史，从历史中看懂文化，从文化中看透历史。

黄　博

2022年9月于成都双流

目　录

楔子　宋风何以成韵

"恭惟吾宋二百余年，文物之盛跨绝百代"，这是南宋人史尧弼在自拟的科举考题中，对宋代文化欣欣向荣所下的断语。在他看来，"文章之变，其得丧之关于天，而盛衰之关于世也"，此中所谓文章，不独诗文而已，而是和他所说的"文物"一样，都是反映一个时代盛衰特征的那些文化成就。而宋人对自己的文化成就自视甚高，以两百年的时间所创造的"文物之盛"，足以超越过去历史上的任何一个朝代。

史尧弼生活的南宋前期，国运不振，国势日衰，早已偏安江南多年。令人费解的是，失去了中原河山的宋人，在本朝文化的自信上，却有着天命在我的气势。当年孔子在被匡人围攻，情况凶险万分之际，曾发出"天之将丧斯文也，后死者不得与于斯文也。天之未丧斯文也，匡人其如予何"的感叹。夫子以斯文自许，在生死之间，不惧生死，坚信自己身负着中华文化的历史使命，绝不会就这样毫无意义地死去。不过，细想一下，夫子此时说出这样的话，恐怕更多的是对时局败坏到已无可奈何的激愤之词。

"文之用否，其大矣哉！"——史尧弼这时的慨叹却是真诚的，尽管南宋立国之际，被金人按在地上摩擦多年，之后又以屈膝投降换来二十多年苟安的和平，但他却坚信，宋代的文化，有足以与汉、唐比肩的盛世之风——"夫得丧之关天，盛衰之关世，千百年之间，其盛不过汉与唐与吾宋三而已！"[1]在今人看来，我"弱宋"也敢去碰瓷汉、唐，简直是丧心病狂！

可宋代的文人就是有着如此疯狂的斯文自觉，这是一个文人士大夫的大时代。北宋文学家尹洙曾夸下海口说："状元登第，虽将兵数十万，恢复幽蓟，逐强虏于穷漠，凯歌劳还，献捷太庙，其荣亦不可及也。"[2]收复幽云十六州，完成对汉唐故土的统一，北宋自开国起就心心念念了一百多年，甚至北宋亡国，也是徽宗君臣那不切实际又爱慕虚荣的幽云心结造成的恶果。尹洙生活的北宋中期，开疆拓土的功勋，竟已不及文字游戏的荣耀。

百无一用是书生，可书生们又有着如此这般的迷之自信。尹洙的这段独白，大概是在后世最给宋朝"招黑"的段子之一吧。可反讽的是，尹洙二十三岁就考中了进士，他的状元梦其实只是他的少年梦。成年之后的尹洙，最大的梦想却是为大宋王朝驰骋疆场，当然是以书生的方式。

欧阳修在尹洙死后，给他写的墓志铭里说，仁宗前期，大家都沉浸在天下太平的喜悦中，只有尹洙，"天下无事时，独喜论兵"，创作了《叙燕》《息戍》两篇雄文，"行于世"。不久之后，元昊称帝，西夏事起，尹洙投身陕西前线，先后任陕西经略判官、秦州通

---

1 （宋）史尧弼：《莲峰集》卷三。

2 （宋）田况：《儒林公议》卷上。

图0-1 （宋）萧照《中兴瑞应图》局部　天津博物馆藏

判、泾州知州，协助宋军前方统帅夏竦、韩琦等对夏作战。欧阳修
说他，"自西兵起，凡五六岁，未尝不在其间。故其论议益精密，而
于西事，尤习其详"。[1]

　　尹洙在宋夏战争的第一线奋战了五六年。身临北宋中期规模最
大、战况最激烈的战场，当年大言"凯歌劳还，献捷太庙"不如状
元及第的尹洙，此时却成为最喜欢谈兵论兵的人。《宋史》本传评价
说，他深得兵制利害，"其为兵制之说，述战守胜败，尽当时利害"。
南宋学者叶适则说他论兵皆有助于实用，非为空言高论，"尹洙早悟
先识，言必中虑，同时莫能及。《叙燕》《息戍》《兵制》与贾谊相上

1 （宋）欧阳修：《居士集》卷二十八《尹师鲁墓志铭》。

下。适会其时，故但为救败之策尔。洙亦善论事，非所擅长于空文者也"。[1]

其实北宋前期，文人士大夫对于军事问题兴趣不大。仁宗前期，刚刚考中进士，还只是一名地方小官的张方平说："国家用文德怀远，以交好息民，于今三纪，天下安于太平，民不知战，公卿士大夫耻言兵事。"[2]可没过几年，宋夏战争爆发，文人士大夫就开始纷纷谈论起兵事来了。后来的大学者张载，当时还是十八岁的热血青年，也"慨然以功名自许"，上书正在陕西主持战事的范仲淹论战守之策。事实上，宋夏战争的前线统帅，夏竦、韩琦、范仲淹，都是文人士大夫出身。

张载立志要"为天地立心，为生民立命，为往圣继绝学，为万世开太平"，这份"自任自重"的气魄，实是宋代文人士大夫以天下为己任最鲜明的印记。正是在这个时候，文人论兵的风气兴起。除尹洙、张载以外，张方平著《平戎十策》，丁度上《备边要览》，欧阳修、宋庠、宋祁、富弼、文彦博、苏颂等一大批文臣都纷纷在军事问题上各陈己见。

"为与士大夫治天下"，宋代是属于文人士大夫的。北宋中期的文臣、大书法家蔡襄发现一个不妙的现象，整个朝廷都是依靠文士在运转。他说："今世用人，大率以文词进。大臣，文士也；近侍之臣，文士也；钱谷之司，文士也；边防大帅，文士也；天下转运使，文士也；知州郡，文士也。"[3]文士在宋代，无所不在，似乎也无所不能。

---

1 （宋）叶适：《习学记言序目》卷五十。

2 （宋）张方平：《乐全集》卷三百四《送古卜北游序》。

3 （宋）蔡襄：《蔡忠惠集》卷十八《国论要目十二事疏》。

古人讲察势观风，蔡襄观察到的，就是宋代最真实的风向。事实上，在宋代，连皇帝的喜好，都是被士人所左右的。宋哲宗年幼登基，翰林侍讲学士范祖禹给皇帝讲课，都是不假辞色，一次讲到《尚书》的"内作色荒、外作禽荒"时，"拱手再诵"，并大言敢打哲宗，"愿陛下留听"。直到哲宗"首肯再三"，范祖禹才肯罢休。哲宗在休闲之时，喜欢写字练字，有一次哲宗把所写的书法赏赐给范祖禹。皇帝的书法在宋代被称为"御书"，一般人都以拥有御书为荣。

　　本来哲宗此举是为了显示自己对老师范祖禹的眷顾之意的，可范祖禹拿到哲宗的御书后，却板起脸教训起皇帝来，他说"忽颁宸翰，获睹飞毫，乃知陛下闲燕之中，留神笔画，研精储思，欲臻其妙"，意思是说，要不是陛下赏赐我你的大作，我还不知道你平时有空的时候喜欢写字呢！有没有一种发朋友圈晒照然后被老师"抓包"的感觉啊！接下来他就教育皇帝说："臣愿陛下笃志学问，亦如好书，益进道德，皆若游艺。则圣神可至，事业可成。"[1]意思是，早知道你这么有空，应该多让你上点课，多学点东西的！

　　哲宗的另外一位老师吕公著发现皇帝喜欢摘抄唐人诗句，还喜欢亲笔书写唐诗赏赐给近臣后，对此也颇有微词。当时的近臣多以得御书之赐为荣，而吕公著却不以为然，他觉得皇帝沉迷于唐诗不是好事，建议哲宗就算要练字，也最好是抄录一些有益于圣学的内容，如《尚书》《论语》《孝经》之类儒家经典。为此他特地上奏皇帝说："今惟取明白切于治道者，庶便于省览，或游意笔砚之间，以备挥染，亦日就月将之一助也。"[2]

1 （宋）范祖禹：《范太史集》卷四《谢赐御书诗表》。
2 （宋）李焘：《续资治通鉴长编》卷四百五十。

身为皇帝，不是以声色犬马为休闲娱乐之事，而是一心练字，亲近翰墨，哲宗的爱好比起汉唐的帝王，其实已经相当文艺了。可在北宋后期的文臣们看来，练字而抄写唐诗，却多少有些格调不够的感觉。

有趣的是，北宋前期，士人们梦想的神仙中人，还是李白。宋太宗年间的大才子王禹偁因为读了《谪仙传》，以"未识谪仙之容，可太息矣"为憾，他更衣沐浴，收拾干净床榻，甚至特地和老婆分床睡了一个月。一切准备就绪后，他独自一人，"拂榻而寐"，就是想"求吉梦而觇仙姿也"，可是坚持了一个月，还是美梦难成，始终没有梦见李白出现在他面前。

多年以后，一个偶然的机会，他在朋友赵公子那里发现了一幅李白的画像，才终于满足了他亲眼一见传说中的谪仙人之夙愿。他激动地说："予乃弹冠拭目，拜而窥之，宿素志心，于是并遂。"看了画像之后，他被李白的神采风姿彻底征服，"观乎谪仙之形，态秀姿清，融融春露，晓濯金茎；谪仙之格，骨寒气直，泠泠碧江，下浸秋石。仙眸半瞑，醉魄初爽，海底骊龙，眠涛枕浪。仙袂狂弹，霓裳任斜，松巅皓鹤，宿月栖霞。龙竹自携，乌纱不整，异貌无匹，华姿若生"。

李白的身形气格，迥出凡人之上，这使他相信，李白的确是"真所谓神仙中人，风尘物外者也"。最后他不禁感叹，李白在盛唐的出现，犹如神仙来去，耸动天上人间，"仙之来兮峨眉扃，曳素衣兮游紫庭。仙之去兮骑长鲸，拂霞袖兮归沧溟"。[1]李白以布衣入宫得唐玄宗亲自接见，力士脱靴，贵妃研墨，素衣游紫庭，视帝王将

---

1 （宋）王禹偁：《小畜外集》卷十《李太白真赞》。

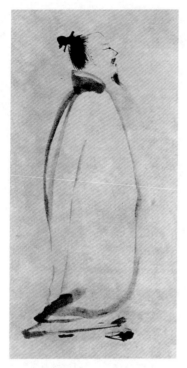

图0-2 （宋）梁楷《李白行吟图》
日本东京国立博物馆藏

相、功名富贵如无物。世言李白以落水捉月而死，骑鲸入海逝，又是何等的惊心动魄！李白在人间走这一趟，真是不虚谪仙之名了。

　　好玩的是，几十年后，王禹偁自己也成了宋代士人的梦中人。苏轼曾经在苏州的虎丘寺见到王禹偁的画像，一向自视甚高的苏轼，竟然被他折服，苏轼说："见公之画像，想其遗风余烈，愿为执鞭而不可得。"苏轼引经据典地说，"不有君子，其能国乎"，一个国家的维系，靠的是君子，而王禹偁正是有宋的第一代君子，"以雄文直道，独立当世"。[1]

无独有偶的是，与苏轼齐名的黄庭坚也见到过王禹偁的画像，黄庭坚在画像赞中对王禹偁的学问文章佩服得五体投地，他说："天锡王公，佐我太宗。学问文章，致于匪躬。"又说："惟是文章，许以独步。"当然，黄庭坚也非常景仰王禹偁耿直敢言的德行，他在赞辞中感叹王禹偁敢于犯颜直谏的勇气，是朝廷群臣的中流砥柱——"太阿出柙，公挺其锋。龙怒鳞逆，在廷岌岌。万物并流，砥柱中立"。[2]

王禹偁被他的后辈钦羡，固然是因为他的文采出众，但更重要的是其刚直的性格。这种性格决定了他的官场人生，不可能无灾无难到公卿。苏轼和黄庭坚都意识到了直道而行者的这种悲壮命运，苏轼看着王禹偁的画像哀叹他曾有"三黜穷山，之死靡憾"的觉悟，黄庭坚道出了王禹偁一生"白发还朝，泣思轩辕。鸡犬猪鼎，群飞上天"的悲怆遭遇。但苏、黄还是坚定地以王禹偁为榜样，并且坚信"一时之屈，万世之信。纷纷鄙夫，亦拜公像"，个人在官场上的得失，比起流芳千古的美名，这点挫折，可谓微不足道。

＊　　＊　　＊

任何一个时代，士人群体都不乏对喜怒哀乐的表达，可宋代士人的喜怒哀乐，充满了一种力量感。"不以物喜，不以己悲"，无论是居庙堂之高，还是处江湖之远，士大夫们都不会伤春悲秋地作小儿女态，"先天下之忧而忧，后天下之乐而乐"，不独范仲淹如此。

---

1 （宋）苏轼著，（明）茅维编，孔凡礼点校：《苏轼文集》卷二十一《王元之画像赞》，中华书局，1986年，第603页。

2 （宋）黄庭坚：《山谷全书》正集卷二十二《王元之真赞》。

初唐诗人刘希夷看着镜中的自己，哀叹的是白发已生、容颜不再，他在《览镜》诗里说："青楼挂明镜，临照不胜悲。白发今如此，人生能几时？秋风下山路，明月上春期。叹息君恩尽，容颜不可思。"

白发焦虑几乎贯穿了唐代诗人的始终。中唐诗人权德舆看到镜中的自己忽生白发数根，有"秋来皎洁白须光，试脱朝簪学酒狂。一曲醑歌还自乐，儿孙嬉笑挽衣裳"的末路狂欢的苍凉，他以放浪形骸来反抗岁月的无情，以表面的欢歌笑语来掩饰对老之将至的恐惧。白居易从三十九岁首次发现自己早生白发，写下《新磨镜》，到年近六十岁时终于放下执念，坦然接受老死是人生之必然阶段。他的这首《对镜吟》，充满了对个体生命悲欢的觉悟：

> 白头老人照镜时，掩镜沉吟吟旧诗。
>
> 二十年前一茎白，如今变作满头丝。
>
> 吟罢回头索杯酒，醉来屈指数亲知。
>
> 老于我者多穷贱，设使身存寒且饥。
>
> 少于我者半为土，墓树已抽三五枝。
>
> 我今幸得见头白，禄俸不薄官不卑。
>
> 眼前有酒心无苦，只合欢娱不合悲。

二十年前的一缕青丝，变成今天的满头白发，白居易也从中年大叔变成白头老翁。他庆幸自己比大多数人都过得要好，他在诗里感慨，认识的人里面，年纪比他大的，大多混得不如他，而他却无穷贱饥寒之忧。年纪比他小的，又活得没他久，大半已身死入土，连墓上的树枝都已枯木逢春了。世人不愿见白头，他却以无灾无难得到白头之年为幸。

图0-3 （宋）苏汉臣《妆靓仕女图》局部　美国波士顿美术博物馆藏

　　事实上，仔细体会这首诗，我们可以发现，白居易的白发焦虑并没有放下，他只是以自我调侃的方式苦中作乐罢了。

　　宋人面对白头，也常常苦叹光阴易逝，"拂拭菱花试一临，貌随年改叹光阴。朱颜惨淡尘埃满，白发萧疏瘴雾侵。自笑腐唇因苦学，谁知瘦骨为愁吟。平生履行无人识，嗟尔顽铜岂照心"，这是北宋后期诗人孔平仲所作《览镜》诗。他看到镜中的自己，朱颜不再，白发又生，不免哀叹光阴。可他对于个体生命行将终结的忧心其实并不深沉，在苦学与愁吟的生活中，他更担心的是平生道德文章无人识。

　　淳熙十一年（1184年），六十岁的陆游看着镜中的自己已经垂垂老矣，吟诗一首："局促人间百不如，每看清镜叹头颅。醉来风月心虽在，老去轩裳梦已无。棋劫正忙停晚饷，诗联未稳画寒炉。乘除尚喜身强健，六十登山不用扶。"[1]陆游虽然感叹年华易逝，却积极乐观地投入平凡的生活之中，下棋下到饿了不肯按时吃饭，写诗写到冷了无暇生火。他庆幸，虽然升官发财的轩裳梦因为老去而无法再做，所幸身体强健，六十岁了还可登山不用人扶。陆游的老年生活，老而不衰，充满了生机勃勃的力量感。

四年前，五十六岁之时，壮志未泯的陆游，一边感叹自己功名不成，"或以为跌宕湖海之士，或以为枯槁陇亩之民"，但他却视功成名就为探囊取物，深信自己有这样的实力，坚决不肯为了功名利禄而与俗流同污，"剑外江南，飘然幅巾。野鹤驾九天之风，涧松傲万木之春"。[2]

陆游的功名，不是求富贵之阶梯，而是成就国家民族事业的斗志和雄心。七十岁时，他又照了一次镜子，写下两首绝句，"凋尽朱颜白尽头，神仙富贵两悠悠。胡尘遮断阳关路，空听琵琶奏石州。"容颜衰老，白发满头，个人的得失，他全不在乎，唯一关心的是胡骑踏出的尘土，边关来报的风烟。"七十衰翁卧故山，镜中无复旧朱颜。一联轻甲流尘积，不为君王戍玉关。"七旬老翁带着衰病之躯，心中所想还是立功疆场，为国戍边。

常言道"穷则独善其身，达则兼济天下"，但宋人哪怕是穷困之时，胸中也一样装着天下之事，陆游并不是个例。

南宋初年，四十二岁的郑刚中发现自己长了白发，人到中年，

1　（宋）陆游：《剑南诗稿》卷十六《看镜》。

2　（宋）陆游：《渭南文集》卷二十二《放翁自赞》。

科举屡试不第，年将半百，还一事无成，"短发不盈梳，年来半斑白。吾今四十二，敢望能满百"，不但实现不了人生的抱负，甚至连生计都成了问题，"负郭苦无田，安居未成宅"。可他还在为国家危亡忧心，并且从个人的遭遇，想到国家的际遇，再想到天地的境况，"况复世路艰，国步日侵迫。未必松楸旁，常得看书册。区区抱短见，贫贱中外隔。寄此乡国间，踪迹亦如客。览镜酒杯空，浩歌天地窄"。

宋代士大夫从小所受的教育，耳濡目染的是"天行健，君子以自强不息"的豪迈，是"士不可以不弘毅，任重而道远"的自重。

庆元六年（1200年）二月八日，暮年的朱熹登上建昌军南城县的吴氏社仓书楼，看到了吴氏兄弟请人为自己所画的写真像。他目睹自己的"苍颜"，想到时日无多，虽然有些怅然，但没有为个体生命的即将终结而悲伤。他唯一觉得遗憾的是，自己的满腹经纶还没有全部写下来留给世人，"苍颜已是十年前，把镜回看一怅然。履薄临深谅无几，且将余日付残编"。[1]两个月后[2]的三月九日，七十一岁的朱熹与世长辞。

朱熹晚年，经常看着自己的画像陷入沉思。他在自己的画像上题写了如下的句子："从容乎礼法之场，沉潜乎仁义之府，是予盖将有意焉，而力莫能与也。佩先师之格言，奉前烈之余矩。惟暗然而日修，或庶几乎斯语。"[3]与唐代的那些对镜看白发，悲叹个人生命的短暂不同，朱熹在面对人生苦短的这一千古困境时，已不再忧心个

---

1 （宋）朱熹：《晦庵先生朱文公文集》卷九《南城吴氏社仓书楼为余写真如此因题其上庆元庚申二月八日沧洲病叟朱熹仲晦父》。

2 当年有农历闰二月。

3 （宋）朱熹：《晦庵先生朱文公文集》卷八十五《书画像自警》。

图0-4 朱熹对镜写真像拓片[1] 台北故宫博物院藏

体生命的长短，而是以大无畏的精神奋力追求自我道德修养上的完善，礼法与仁义的弘扬，才是他日夜忧思的关键。

无论是看镜自省，还是临像自赞，宋代的文人士大夫都对自身的形象有着强烈的关注。朱熹与画家郭拱辰交好，朱熹和他的朋友都找郭拱辰画过不少像。似与今人喜欢拍照一样，宋人也喜欢留下自己的形象，供自己和朋友观看，文人士大夫可以说尤其乐此不疲。

---

1 此像号称是朱熹对着镜子所绘的自画像，落款为绍熙五年（1194年）。不过这幅所谓的朱熹自画像，很有可能是后世据朱熹所作的《书画像自警》一文而伪托的。

不过，与今天相机必有滤镜不同，宋人不在乎外在形貌的美丑，而是在乎画家能否显现出人物的"风神气韵"。

朱熹喜欢郭拱辰的人像画，因为他不只是画得与真人相像，而且可以把一个人的"精神意趣而尽得之""世之传神写照者，能稍得其形似，已得称为良工"，但郭拱辰的本事却不是一般以技法见长的画匠所能匹敌的。虽然在画得像这方面，郭拱辰的技法也极受时人的追捧，他所到之处，"里中士夫数人欲观其能，或一写而肖，或稍稍损益，卒无不似"，但更绝的是，他能用笔墨在纸上把一个人的"风神气韵，妙得其天"的特质呈现出来。

朱熹说，郭拱辰给自己画过两幅画像，一大一小，见过画像的人，无论认不认识我，都能一眼从画中人的气质中猜到是我，"宛然麋鹿之姿，林野之性。持以示人，计虽相闻而不相识者，亦有以知其为予也"。[1]麋鹿姿与林野性，表现了画中人物不热衷于世俗的功名利禄之态，靠着准确把握这一风神气韵，画中人是谁，一目了然。

画像在宋代还发挥着远程社交的功能，陈亮与朱熹书信交往多年，双方因为主张不同，时有争论。有一次他见到朱熹的画像，就从画像中看到朱熹的刚健浩然之气，佩服不已。他说朱熹："体备阳刚之纯，气含喜怒之正。睟面盎背，吾不知其何乐；端居深念，吾不知其何病！置之钓台捺不住，写之云台捉不定。天下之生久矣，以听上帝之正命。"[2]

陈亮被画中人身上的"纯正"之气折服，世人都认为，朱熹为人刚健不屈，胸有浩然正气。不过风韵这种东西，其实最难捉摸，

---

1 （宋）朱熹：《晦庵先生朱文公文集》卷七十六《送郭拱辰序》。

2 （宋）陈亮著，邓广铭点校：《陈亮集》卷十《朱晦庵画像赞》，中华书局，1987年，第114页。

不知道画家是如何体现这种感觉的。事实上，陈亮自己也有着极强的阳刚之性，只是与朱熹又大不相同。他请人给自己画过像，在为自己的画像题写的赞辞中，他是这么打趣自己的："其服甚野，其貌亦古。倚天而号，提剑而舞。惟禀性之至愚，故与人而多忤。叹朱紫之未服，谩丹青而描取。远观之一似陈亮，近视之一似同甫。未论似与不似，且说当今之世，孰是人中之龙，文中之虎！"[1]

陈亮一生命途坎坷，倡导事功之学，却久困科场，报国无门，功业难就。虽然才华名闻天下，却直到五十多岁才状元及第。好不容易科举成功，也得到皇帝的重视了，刚进入官场，却在中状元后一年就死了，终其一生，可谓壮志未酬。但他仍然坚信自己有龙虎之姿，真是一派宗师气象。

宋人相信，可以从相貌中看出一个人的秉性，而且也极力追求把自己的精神特质展现到脸上。南宋理学家陈淳连做梦都在努力提高自己的长相，他希望可以通过学识的积累，道德的修养，改善自己的形貌，最终展现出圣贤气象该有的样子。他说："天赋尔貌，幽乎其闲。地育尔形，顾乎其宽。视诸孟子之睟面盎背，孔子之温厉恭安，须力学以充之，而无愧乎圣贤之容颜。"[2]

宋代的文人士大夫，有着无愧圣贤容颜的气度，反之，他们把"面目可憎"视为个人修为上最不可饶恕的罪过。黄庭坚的书法名迹《小子相帖》上题有一段文字，上言："士大夫胸中不时时以古今浇之，则俗尘生其间，照镜则面目可憎，对人亦语言无味。"因此，士人们不肯从俗，不愿让世人看到自己一副俗人的模样。

---

1 《陈亮集》卷十《自赞》，第114页。

2 （宋）陈淳：《北溪大全集》卷四《梦中自赞绘像》。

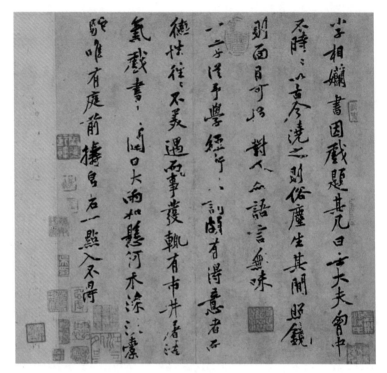

图0-5　黄庭坚《小子相帖》　上海博物馆藏

　　要想不俗，则需与众不同。理学家张九成给自己的自画像题写赞辞时说，他本人看上去就是一副"不务寻常，惟行怪异"的样子，在学问、文章、诗词、书法、参禅、为政等各个方面，与世俗流行的风尚格格不入，"经术不师毛、郑、孔、王，文章不法韩、柳、班、扬。论诗不识江西句法，作字不袭二王所长。参禅则不记公案，为政又不学龚黄"。如此特立独行，在官场上必然要备受打击，他说自己"贬在大庾岭下十有四年"，受尽折磨，但他的意志从未消沉，

"归来虽白发满面，而意气尚是飘扬"。[1]

宋人对于一个人风韵神采的把握，有时可以仅凭"颜值"就感受到这个人的性情和神采。南宋末年的教育家、巽斋先生欧阳守道曾见到某个名号"理堂"的人的一幅画像，他"未见其人，见其写真"，可仅仅是看了他的写真像，欧阳守道就能从"纸上之颜面，寻笔外之精神"，脑补出理堂其人有"今古填胸而渔樵争席，藜藿在釜而堂室生春"的神采风韵。[2]

宋人的风韵又是多样的，同一副面孔，也可以有不同的神韵，宋代的很多文人士大夫，就是分身有术的角色扮演大师。大诗人杨万里看到张镃的画像，觉得他一会儿是僧人，一会儿又像书生，一会儿又是佳公子，一会儿又是穷诗客，方外方内，风流穷愁，不知哪个是真面目，哪个是伪装相。其辞曰："香火斋被，伊蒲文物，一何佛也！襟带诗书，步武琼琚，又何儒也！门有珠履，坐有桃李，一何佳公子也！冰茹雪食，珊碎月魄，又何穷诗客也！约斋子方内欤？方外欤？风流欤？穷愁欤？老夫不知，君其问诸白鸥？"[3]

宋风的神韵就隐藏在宋人的形貌之中，所以当神形俱衰之时，也就是大宋风韵凋零之秋。文天祥在南宋亡国之后，对着镜子看到自己憔悴不堪的形骸时，发出了"今日形骸迟一死，向来事业竟徒劳"的悲鸣。这一天，他看到镜中的自己，"须髯消落，为之流涕"，写下了绝命诗以明志——"万里飘零等一毫，满前风景恨滔滔。泪如杜宇喉中血，须似苏郎节上旄。"亡国泣血的杜宇是他的结局，持节不屈的苏武是他的底线。可就算到了穷途末路，文天祥仍然有

1（宋）张九成著，杨新勋整理：《张九成集》，浙江古籍出版社，2013年，第1305页。

2（宋）欧阳守道：《巽斋文集》卷二十七《理堂真赞》。

3（宋）杨万里：《诚斋集》卷九十七《张功父画像赞》。

"青山是我安魂处，清梦时时赋大刀"的豪气干云。

"门外青山翠紫堆，幅巾终日面崔嵬。只看云断成飞雨，不道云从底处来"，一个时代的风起云涌终将落幕，宋风远去，宋韵何在？想望千年之前的那个繁华与离乱并存的岁月，对文艺青年来说，这是最好的时代，也是最坏的时代……

一 从马上打天下到笔下治天下

—— 宋代皇帝的宫廷文艺生活

开宝八年（975年）十月初一，在被宋军重重围困的金陵城（今江苏南京）里，江南国主李煜，决定派遣南唐文坛名重一时的文臣徐铉前往开封面见宋太祖乞求宋军停战罢兵。

　　这时的金陵已在宋军的围城之中，度过将近一年最困难的时光。就在上一年，即开宝七年（974年）十月，宋太祖正式命将出师，让名将曹彬率领宋军主力大举南下，誓要彻底解决掉南唐这个南方最大的割据政权，扫平江南，一统天下。一年来，宋军虽然未能速战速决攻下南唐的都城金陵，但在金陵城的外围一直小胜不断。南唐的军心民心已然涣散不堪，金陵城的陷落只在旦夕之间。此时的李煜君臣，只有寄希望于向宋朝求和停战成功，以求继续苟延残喘。

　　当日，徐铉一行出城后，宋军主帅曹彬派人将他们送往宋朝的都城开封。徐铉在江南文名甚盛，素来以文章言辞的巧夺天工为时人所称许。此次开封之行，南唐君臣期盼的就是他能凭着那三寸不烂之舌，说动宋太祖撤军退兵。徐铉最初也颇以此自负，"将以口舌驰说存其国"。[1]

此时的才子徐铉，虽然是个年近六十的老人，但在江南已成名多年。

史称徐铉十岁就写得一手漂亮的文章，与南唐朝中另一位名满天下的文士韩熙载齐名江南几十年，"江东谓之'韩徐'"。[2]然而这时，韩熙载早已不在人世。五年前，也就是开宝三年（970年）九月，韩熙载以将近七十高龄寿终正寝于金陵官舍，幸运地躲过了南唐的亡国之祸。其时徐铉还提笔为他写下了一篇墓志铭，[3]亲自送别了老友最后一程。他在文中回忆了自己与韩熙载的君子之交，"一言道合，倾盖如故"，也伤痛故人的离去，"一生一死，何痛如之"。

韩熙载是五代宋初江南最负盛名的文艺界大咖。他不但文章写得好，又精通音律，书画亦称得上是当世一绝，可以说是文艺圈的全能型人才。徐铉夸赞他，"审音妙舞，能书善画。风流儒雅，远近式瞻"。连宋人也经常想望其风采。宋神宗时的名僧文莹在《湘山野录》中夸赞韩熙载乃"神仙中人"，称得上是多才多艺，"审音能舞，善八分及画笔，皆冠绝"，不但有着过人的音乐、书法和绘画的才艺，而且还是个大帅哥——"风彩照物"，每次出城游玩，都会引来人群的围观，大家都喜欢聚在他身边听他谈笑风生，完全不知疲倦。[4]

传世名画《韩熙载夜宴图》表现的正是五代宋初江南士大夫的文艺娱乐生活。画中的场景表面上是在描绘韩熙载与宾客们是如何纵

---

1 （宋）李焘：《续资治通鉴长编》卷十六。

2 （元）脱脱等：《宋史》卷四百四十一《徐铉传》。

3 （宋）徐铉：《骑省集》卷十六《唐故中书侍郎光政殿学士承旨昌黎韩公墓志铭》。

4 （宋）僧文莹：《湘山野录》卷下。

图1-1 《韩熙载夜宴图》局部 故宫博物院藏

情声色、纸醉金迷，其实却深刻地反映了江南才子们在日常休闲娱乐中的多才多艺，那种文艺互动性上的娴熟和优雅，令文人学子和达官贵人神往。画面中，韩熙载时而聚会听乐，时而凝神观舞，时而击鼓助兴，他不但是这场文娱晚会的"金主"，更是导演和主演。

　　韩熙载自己就是文艺圈的明星，而普通的土豪，则只能花钱追星，一边喝酒，一边喝彩罢了。连南宋大诗人陆游也不得不感叹韩熙载"才气逸发，多艺能，善谈笑，为当时风流之冠"[1]。

1 （宋）陆游:《南唐书》卷十六《韩熙载传》。

韩熙载这些江南有文化的权势之家的玩法，是当时宋朝的那些没文化的新贵们想都想不出来的。太祖来自民间，他能想到的奢华生活，只是一般的声色犬马而已。宋人记载了一个太祖爱民如子的故事，其中最值得玩味的是，太祖担心富贵人家的子弟没有民间生活的经验，很难当个好官，他常常不无忧虑地对身边的大臣们说："贵家子弟，唯知饮酒弹琵琶耳，安知民间疾苦！"[1]饮酒弹琵琶，大概就是太祖能想到的最文艺的生活了吧！

徐铉能与韩熙载齐名多年，自然也是文采风流、言辞便捷。南唐后主李煜对徐铉此次入汴之行寄予厚望，金陵城被围后，南唐京城之外最大的一支生力军是屯驻在湖口（今江西九江）的"上江兵"，由神卫军都虞候朱令赟统率，"拥众十万"，因此李煜多次派人带着诏书前去湖口，让朱令赟带兵驰援金陵。朱令赟以后方不稳，一直不敢进兵。然而在徐铉临行前，李煜却对徐铉说："你既然要前去开封谈和，（为表示求和的诚意）我当立即派人让上江援兵停止进兵，不要他们东下来援了。"

徐铉听后立即劝道："臣此次前去，未必能够排难解纷，现在金陵城中大家都盼着援兵来，人心士气全靠这个支撑，陛下奈何要阻止援兵前来呢！"显然，徐铉这时也没有多少信心能够说服宋太祖撤军。虽然做了最坏的打算，徐铉一路上还是在努力筹划如何说服太祖的办法，制订了一套非常详细的预案，"日夜计谋思虑，言语应对之际详矣。"

事实上徐铉当时虽然人在江南，名声却早已驰誉中原。后来在太宗朝跟徐铉成为同事的文臣、太宗时的宰相李昉回忆说，徐铉在

---

1 （宋）司马光：《涑水记闻》卷一。

江南，因为多次担任馆阁文职，得以饱读南唐宫廷的藏书，因此成为博学多识的大学者——"连任书府，鷵是经史百家烂然于胸中矣"。

除此之外，徐铉还擅长撰写"诏书诰命"，是江南朝廷的文宣喉舌和制诰大手笔，"落笔洒翰，应用无穷，皆混然而成，有雅正之体"。时人认为，论风流他不及韩熙载，论文采则过之。李昉说，徐铉的制诰文章，"当时名士如韩熙载者无敌"。其时宋朝的兵部侍郎王祐，恃才傲物，一般人他都看不上眼，却常常在人前说，当今人物只有徐铉才称得上是"文质彬彬，学问无穷"。[1]另一位宋朝的文臣陈彭年更是夸张地称许南唐时代的徐铉是"当代文宗"。[2]

可以说，宋朝的群臣早就听闻徐铉的大名，在等待徐铉前来的日子里，宋人竟然在另外一个战场上如临大敌，严阵以待。太祖的大臣们都纷纷跑来劝太祖早做准备，他们劝太祖说，徐铉此人"博学有才辨，宜有以待之"。徐铉到了开封见到太祖，留下了许多传说，太祖那句"卧榻之侧，岂容他人鼾睡"的金句正是在和他辩论之际脱口而出的。

不过，我觉得太祖与徐铉的各种"名场面"中，最值得玩味的故事，是武将出身的太祖在徐铉的挑唆下，不得不在宋朝自己的大殿上与"诗人皇帝"李煜隔空赛诗。据说，徐铉见到太祖后，竟然大言太祖"不文"，也就是想借炫耀李煜的"有文化"，从而让"没文化"的太祖失去圣王的天命，在自惭形秽后主动放弃吞并南唐的妄念。据说，他在大宋的朝廷之上，"盛称其主（李煜）博学多艺，有圣人之能"。

---

1 （宋）李昉：《大宋故静难军节度行军司马检校工部尚书东海徐公墓志铭》，《徐文公集》附录。

2 （宋）陈彭年：《江南别录》。

说罢，他当场给宋朝君臣背诵起了李煜的诗，并夸耀李煜，"《秋月》之篇，天下传诵"。说着说着，就"春花秋月"地吟唱了起来。太祖这时竟大笑起来，说道："寒士语尔，我不道也！"这样的穷酸秀才的诗句，太祖当然不屑为之。可是徐铉却质疑太祖不是不屑写诗，而是不会写诗，他当即用犀利的言辞怼上了太祖："大话谁都会说，有本事写一首诗看看。"

殿上的群臣听到徐铉如此的挑衅之语，都被吓得睁大了眼睛——"惊惧相目"。他们觉得太祖一介武夫，写诗当然写不过李煜，徐铉在这个场合哪壶不开提哪壶，如果让太祖下不了台，碰到逆鳞的后果，恐怕当场就有血光之灾。可太祖听后，却从容淡定地说："我当年混迹江湖的时候，曾游历关中，在归来的路上，经过华山脚下，醉酒之后，倒卧在田间就睡着了。等醒来的时候，睁开眼睛看到一轮明月升空，一时感触，曾吟出一句诗：'未离海底千山黑，才到天中万国明。'"[1]

月亮没出来的时候，整个世界一片黑暗，可当明月腾空之际，四海天下都被照得通亮了。如此描写月亮，岂不比风花雪月的月亮大气多了。徐铉听罢，不禁心头一震，吓得立马在殿上连呼万岁。太祖这句诗，虽用语平常，却对仗工整，兼以气象雄浑，文气劲健，确有开国之君的规模气度。太祖还有一首《咏初日》的诗，也是"规模宏远"，诗曰："太阳初出光赫赫，千山万山如火发。一轮顷刻上天衢，逐退群星与残月。"一轮红日冉冉升起，星星和月亮纷纷退场，这样的意境不免会让人产生如下的联想：结束乱世的真命天子就是太阳，五代之际各地那些称王称帝的割据者就是星星和月亮。

---

1 （宋）陈师道：《后山诗话》。

宋人认为，这首诗预示了太祖当上皇帝扫平群雄、一统天下的结局，正是上天借太祖之口表达的天意。[1]

反观李煜的诗词，美是美，但尽是些风花雪月、忸怩作态的亡国之辞。这样一比较，两位皇帝的诗词大赛已经高下立见了。显然，徐铉和朝堂上太祖的臣子们都低估了他的文学天赋。青年时代的太祖，吟诗作赋，也是信手拈来，并不是一个只会打打杀杀的江湖少年。太祖还是会写诗，也懂诗的。

就在徐铉一行来开封的当年，开宝八年（975年）年初，太祖还亲自主持了当年的科举考试。史书记载，当年二月二十五日，太祖在"讲武殿"主持了新科举人的考试，他亲自出了诗、赋考试的题目。这次考试还有当时尚在南唐统治下的江南进士跑来参加，虽然考得不好，但考虑到他们"间道来归"的一片忠心，也给了他们比进士出身稍差一点的"三传出身"。[2]

打仗不行，打嘴仗也输了之后，徐铉当然只能黯然离场。两个月后，李煜眼见大势已去，开城投降，宋军在曹彬的率领下开进金陵城，在江南立国近四十年的南唐（其实在亡国前多年，南唐就早已慑于宋朝的淫威，自去国号，改称"江南"了）就此告终。金陵围城之中的这段太祖与后主比诗的小插曲，预示着在宋军于战场上打服南唐之前，宋朝皇帝已经靠着自己的文艺才能折服了江南。

然而，这个故事表面上看起来是太祖赢了，其实反映的却是宋初君臣在文化上的不自信，要真论吟诗作对，太祖的文采风流当然不及李煜。久经战乱的中原，在文艺上的水准自然也整体上不如自

1 （宋）陈岩肖：《庚溪诗话》卷上。

2 （宋）李焘：《续资治通鉴长编》卷十六。

图1-2　宋徽宗像　台北故宫博物院藏

唐代以来承平日久、繁华依旧的江南。

　　对于江南才子，太祖是羡慕的。徐铉此行，尽管没有达到劝服太祖缓兵的目的，但太祖还是对他礼敬有加，并没有因为他即将成为亡国之臣而折辱于他，史称"上虽不为缓兵，然所以待铉等皆如未举兵时"。[1]李后主虽然亡了国，但他在文化上给宋人的压力，一直要到北宋末年"文采风流胜李主百倍"的宋徽宗出现才真正消散。只是那时风水轮流转，面临亡国之忧的一方成了宋朝自己。

＊　　＊　　＊

　　当皇帝真成了才子，宋人又高兴不起来了。在宋人的亡国故事中，宋徽宗亡国之君的气质，恰恰是缘于其父多看了一眼另一位亡国之君李煜的画像。据说宋神宗有一次参访收藏图籍的秘书省，看到南唐亡国之君"江南李后主"的画像，见到世上还有长相如此端正雅致之人，惊为天人，"再三叹讶"。日有所思，夜有所想，当徽

1（宋）李焘：《续资治通鉴长编》卷十六。

宗出生的时候，神宗正好在梦中与李煜相见，李煜在徽宗出生时前来，似在暗示徽宗正是李煜的投胎转世，世人相信徽宗之所以"文采风流过李主百倍"，就是这个缘故。[1]

"华夏民族之文化，历数千载之演进，而造极于赵宋之世。"陈寅恪先生推许宋代文化的这句名言，早已成为我们对宋代文化最基本的固有印象。可是，宋代文化成为中国传统文化和古典文明的最高成就的代表，并非一开始就是这样的。事实上，太祖时代，宋朝的文艺气息并不浓厚，太祖本人平时对文人的那套东西，一点也不感兴趣。

有一年，新修的丹凤门建成，文臣梁周翰见状马上写了一篇《丹凤门赋》献上，太祖接过赋文，不解地问身边的人说："这是什么玩意儿？"身边的人回答说："梁周翰是个儒臣，职责就是写文章。现在国家有大工程完工，他是有责任写文章歌颂一下这事儿的。"太祖听后很不屑地说："人家盖一个门楼，关这帮读书人什么事儿，写些言语硬来凑这个热闹！"说罢，随手就把梁周翰献上的文章扔到地上。[2]显然，太祖完全理解不了文人的文字游戏有什么好玩的。

还有一次，太祖登上明德门，忽然看到门上的题榜写着的是"明德之门"，就问随驾的赵普道："好好的明德门，为什么要叫明德之门，中间加个'之'字干什么？"赵普解释说："这是语助。"太祖听后，竟然借题发挥地说出了那句"之乎者也，助得甚事"[3]的金句。如果说上一个故事里，太祖只是对文学助兴不感冒，那么这个故事里，太祖对文字游戏的态度就更加轻蔑了。

---

1 （宋）张端义：《贵耳集》卷中。

2 （宋）龚鼎臣：《东原录》。

3 （宋）邵伯温：《邵氏闻见录》卷一。

所以，太祖虽然也会写诗，可吟诗作赋对他来说并不是轻松的消遣。

舞文弄墨没有兴致，可一想到舞枪弄棒，太祖就来了精神。巧的是，就在徐铉来到开封的一个多月前，太祖还在契丹使臣面前展露了一手高超的箭术。

开宝八年（975年）八月二十三日，契丹的左卫大将军耶律霸德来到开封进行国事访问。太祖正打算出去打猎放松一下，于是顺便就带着耶律霸德一起出城在开封的近郊行猎了一番。史称在猎场上，"上亲射走兽，矢无虚发"，只见太祖每一发箭，必有一头野兽倒地。契丹使者被太祖的箭术吓傻了，拜伏在地上，连呼万岁，还在私底下跟随行的翻译人员说："皇帝神武无敌，射必命中，所未尝见也。"[1]

以骑射闻名天下的契丹人，竟然在狩猎场上被中原皇帝的一手神箭所慑服。

打猎射箭对于契丹人来说简直是家常便饭，契丹政治史中最著名的"四时捺钵"制度，更是契丹皇帝带群臣全程游猎的过程。所谓"捺钵"，是契丹语营帐的意思，契丹皇帝在皇宫以外巡幸时，都要搭建营帐以为暂时的住所。所谓"四时"，即春、夏、秋、冬四季。契丹皇帝在每年春天会带着群臣出巡混同江（今松花江），其间以钩鱼捕鹅为消遣；夏天去永安山（今内蒙古乌珠穆沁）避暑纳凉，其间如有空闲，契丹皇帝会与群臣游猎张鹰展开狩猎活动；秋天则到伏虎林（今察哈木伦河源），率群臣射猎于山中。冬天又移驻广平淀（今西拉木伦河与老哈河交汇处）躲避严寒，闲暇之时，则会带着群臣校猎讲武。

---

1 （宋）李焘：《续资治通鉴长编》卷十六。

图1-3 《射骑图》局部
台北故宫博物院藏

打猎是契丹人的强项，史籍上记载了许多契丹皇帝猎场上的神勇威风。有意思的是，这回出使宋朝的契丹使者耶律霸德，应该是见惯了行猎的大场面的啊，他自己的主子辽景宗，就是一个在猎场上降伏过猛兽的勇士。前面讲到的契丹四时捺钵的"秋捺钵"所在地伏虎林，即得名于辽景宗出猎伏虎的故事。

据说伏虎林一带，过去是猛虎啸聚的荒山野林，虎群不但盘踞山林，还经常出来"伤害居民、畜牧"，于是辽景宗带着几个手下骑马入山行猎。老虎感受到天子亲临的强大气场，躲在草丛中不敢出来，甚至被吓得不敢抬头看一眼——"虎伏草际，战慄不敢仰视"，从此这里就被叫做"伏虎林"了。[1]

打猎离不开射箭，要论箭术，契丹人的妙艺肯定也不遑多让。牵马持弓，是最常见的契丹人形象。《射骑图》相传是五代时流落中原的契丹皇子耶律倍所画，但其画风更像是北宋的作品，反映的更多是宋人印象中契丹人该有的样子。画中的契丹武士，手持弓箭，站立于战马之前，表现的正是射猎的场景。宋太祖在与耶律霸德行猎之际，"亲射走兽，矢无虚发"，其显露的一手精湛的射术能够令耶律霸德惊骇失态，大呼万岁，如非过于超出他的想象，恐怕还不致如是。

太祖的箭术神妙，除实战以外，理论功夫也是一流。据说太祖晚年曾将自己多年射箭的经验所得，写了下来，著成了《射诀》一书。宋军士兵只要依法施为，个个都能成为神箭手——"搦折弓弝，绝力断弦，踏翻地面，射倒箭垛"。[2]

青年时代的太祖，靠着沙场上的金戈铁马，才打下了他在禁军中的赫赫威名。

后周显德三年（956年）正月，周世宗亲征南唐，双方大军相持于"寿春—滁州"一线，南唐以宿将皇甫晖镇守滁州的清流关。清流关在滁州西北二十余里，绝对称得上是滁州城的屏障。周世宗派前锋部队从正面进攻，皇甫晖率南唐军队正面迎战，双方摆好了阵势决战。这时周世宗突然让宋太祖分兵倍道兼程绕道进攻滁州，于是当皇甫晖在正面与后周军队对峙时，宋太祖率部突然出现在皇甫

---

1 《辽史》卷三十二《营卫志中》。

2 （宋）张舜民：《画墁录》。

晖的背后。因腹背受敌，皇甫晖只得放弃清流关，率领南唐军队退回滁州城。

宋太祖带兵直抵城下，皇甫晖为免仓促应战，对宋太祖说"人各为其主，愿容成列而战"，想以此为自己争取更多的战斗准备时间。宋太祖却不慌不忙，"笑而许之"。过了一段时间，皇甫晖准备好了人马，从城中出来。这时宋太祖居然单枪匹马冲入敌阵，大喊："吾只要皇甫晖的命，不关其他人的事！"皇甫晖的士兵都被太祖的气势吓住了，纷纷闪躲在一旁。太祖直冲到皇甫晖面前，一剑就击中了皇甫晖的头，皇甫晖遂失去了战斗力，被太祖生擒。南唐军队眼见主将被俘，瞬间大溃，后周军队遂攻下了滁州城。[1]

皇甫晖出身在唐末五代时以骄兵悍将著称于世的魏州军队，是成名已三十年的宿将。唐庄宗末年，皇甫晖还只是魏州军队中的一名普通士兵。庄宗晚年痴迷于戏剧表演，宠信伶人，猜忌大将，激化了统治集团内部的矛盾。同光四年（926年），只是一个普通士兵的皇甫晖，在邺城煽动兵变。庄宗命大将李嗣源领军平叛，结果叛军却拥戴李嗣源称帝，并挥师反攻京城，伶人出身的军头郭从谦趁乱起兵，射杀了庄宗。

李嗣源带兵轻轻松松地收拾了残局，进入洛阳即位称帝，是为后唐明宗。庄宗之死，与明宗之立，邺城之乱是最直接的导火索，由普通士兵皇甫晖引发的这个连锁反应最终改变了整个五代的天下格局，皇甫晖从此一举成名天下知。明宗即位后，破格提拔他当了陈州刺史。后晋天福十二年（947年），契丹大军南下灭后晋，中原大乱，此时皇甫晖已是密州（今山东诸城）刺史，他见大势不妙，

1 （宋）司马光：《资治通鉴》卷二百九十二。

从马上打天下到笔下治天下

率部南下投奔了南唐，并很快得到了重用，官至奉化军节度使、同平章事，镇守江州。

为应付周世宗这次南征，南唐方面的军事部署，是以刘彦贞为北面行营都部署，以二万人守寿春，另派皇甫晖为"应援使"，与常州团练使姚凤一起统兵三万为后援。刘彦贞是个贪官，靠花钱收买权贵才当上的大官，其实完全不会打仗，一战即被后周大将李重进斩杀于阵前。南唐士兵见主帅战死，斗志一散，全线溃败，全靠皇甫晖收聚残军退保滁州才勉强维持住了局面。

滁州阵前生擒皇甫晖，是太祖在后周禁军中确立起自己威名的关键一役。此前的高平之战，太祖的表现只是中规中矩，并不亮眼，而这次犹如神兵天降般地于阵前生擒敌军主将的表现，才为他赢得了在军中的威名。此战之后，太祖才开始有了"主角光环"。据说战后，"太祖威名日盛"，每次出战，都以"繁缨饰马，铠仗鲜明"[1]，成为后周禁军中的一颗闪耀的明星。

战后不久，太祖因战功被提拔为殿前都指挥使，跻身殿前军的高级指挥官行列，这奠定了太祖在后周禁军中的权势和地位。太祖当上皇帝，是在陈桥驿黄袍加身的，靠的是禁军将领和士兵的拥戴和支持，而禁军对太祖的拥护就是太祖的"天命"。后来宋仁宗曾下诏把太祖擒皇甫晖一役定为大宋受命的开始——"太祖擒皇甫晖于滁州，是受命之端也"。

太祖以武力得天下，在宋人心中，他当然是一个武人。这也是为什么徐铉会认为让李煜与太祖比诗，自己这一方会更有胜算。事实上太祖武夫的形象，深入人心。数百年后的明代军事学家们还在

---

1 （宋）司马光：《资治通鉴》卷二百九十二。

传颂太祖的拳脚功夫和棍法的了得。抗倭名将戚继光所著《纪效新书》的"拳经捷要篇"中载有"宋太祖三十二势长拳"，并称之为"古今拳家"的第一大家。何良臣在所著《阵纪》中也推许"赵太祖腾蛇棍为第一"。[1]

太祖的气质的确是个武人。当上皇帝以后，他政事之余，最大的爱好，就是外出打猎。太祖在即位的次年，就制定出了皇帝与群臣定期外出打猎的礼制。建隆二年（961年）十一月十九日，太祖首次带着群臣出宫到近郊一带打猎，为了行动更方便，随行的亲信重臣们，包括宰相、枢密使、节度使、观察使、防御使、团练使、统军、侍卫诸军都校等人，都换上了太祖御赐的"锦袍"。当天，先派出一支禁军前往要打猎的地方建立"围场"，"五坊"的人则带着打猎所需的鹰犬相从。

所谓"五坊"，乃是宫中专为皇帝打猎提供后勤保障服务的部门。五坊分别指雕坊、鹘坊、鹞坊、鹰坊和狗坊。据称太祖此次出猎，在大臣面前就展露了他的精妙箭法，"上亲御弧矢，射中走兔"。在还宫的路上，太祖还与群臣们找了个地方休息畅饮，一直喝到晚上才罢宴还宫。此后则形成了"田猎"的整套仪制，比如随行大臣都赏赐窄袍和暖靴，自亲王以下的将相大臣凡射中猎物者，都可以得到赏赐，通常的奖品就是马。[2]

连文臣司马光都知道，"太祖初即位，颇好田猎"。他还给我们讲述了一个太祖打猎受伤、迁怒于马的故事。据说太祖有一次行猎时从马上坠了下来，暴怒不已，立即从身上拔出佩刀往马儿的身上

1　参见范学辉：《大宋开国960—1020》，山西人民出版社，2022年，第49—50页。

2　（宋）李焘：《续资治通鉴长编》卷二。

图1-4 （宋）赵伯骕《骑上猎归图》局部　台北故宫博物院藏

刺了进去，马儿血溅当场，当即殒命。等过了一阵儿，气消之后，太祖才觉得这马死得冤枉，反思自己的行为，感叹道："我耽于逸乐，乘危走险，自取颠越，马何罪焉！"故事的最后，司马光说太祖"自是遂不复猎"。[1]

不过，"从此以后再也不打猎"这样的气话，恐怕当不得真。从史书的记载来看，太祖生前最后一次打猎是在开宝八年（975年）

---

1 （宋）司马光：《涑水记闻》卷一。

九月初三,十天前他还跟契丹使者一起打猎,玩得不亦乐乎。《长编》也记载了这个"打猎受伤从此不再打猎"的故事,并且把它放在九月初三这天的记事里。编者的解释是,因为此后官方记录中不再有太祖出猎的记载,所以顺便把这个事情记录在这一天而已,这叫做"因附见此事",并不表示这事儿就真的发生在九月初三这天。[1]所以,"从此以后再也不打猎"——这句气话,到底是什么时候说的,其实是一笔糊涂账。

除打猎以外,太祖最大的消遣就是带着一帮手下出宫去玩"微服出行",面对在宫外可能的危险,他毫不在乎,甚至不惜"以命相拼"。有大臣劝谏说:"陛下新得天下,人心未安,您现在经常轻装简从出宫闲逛,万一遭到什么不测,则后悔无及矣!"太祖闻言笑道:"帝王之兴,自有天命,天命强求是求不来的,反之,如果你不想要,你也拒绝不了。如果万一真的朕命中注定会发生意外,想躲能躲得掉吗?昔年周世宗见到诸将有长得方面大耳的,发现一个,就杀一个。然而我天天待在他身边,我却安然无恙。"劝谏的大臣竟一时语塞。[2]

打猎也好,微服出行也罢,体现的都是太祖的武人气质。他似乎是一个静不下来的人。他在宫中的娱乐活动,也是喜动不喜静。太祖朝的史料不多,他平时在宫中闲暇之时都在玩些什么,我们所知甚少。另外,此后虽然见不到他出宫游猎的记载,但他还是会时不时地在宫中玩玩射箭之类的"类打猎"活动。开宝九年(976年)二月,吴越王钱俶来朝,太祖除了设宴款待,还专门在御苑中安排

---

1 (宋)李焘:《续资治通鉴长编》卷十六。

2 《宋史》卷一《太祖本纪》。

了一场"宴射"的娱乐活动。[1]

不过有一个关于太祖纳谏的经典故事，似乎颇能说明他对打猎的爱好是至死不渝的。据说太祖有一次在后园"弹雀"，突然收到有大臣说有急事请见的报告，太祖心想既然是紧急事务，耽搁不得，于是立即召见他。结果他听完这个大臣的汇报后发现，报告的都是些日常工作，一点儿也不紧急。太祖于是很生气，而这个大臣居然理直气壮地说："臣以为尚急于弹雀。"这话一出，太祖听了更生气，顺手就拿起身边的柱斧就往这个大臣身上砸了过去，只听得咔嚓一声，这个大臣的两颗牙齿就被敲掉了。

这个大臣在史书上没有留下姓名，但他肯定是个人物。在牙齿被敲掉后，他竟然不慌不忙地从地上把这两颗牙捡起来放到怀里藏了起来。太祖一见，更是气得控制不住自己了，破口大骂道："汝怀齿欲讼我邪？"这个大臣的回答很巧妙，他说："臣不能讼陛下，自当有史官书之。"太祖这时终于被他的耿直逗乐了，想到自己以后在史书上的形象，当即转怒为喜，把他夸奖了一番，完事后，还"赐金帛慰劳之"。[2]

在这个故事里，我们可以看到，太祖平时在宫中没事儿的时候，喜欢弹雀打鸟，而且乐此不疲，被大臣打扰之后还很生气。其实弹雀也是一种"打猎"，只是因为猎物小，可以不限场地，成本更低，随时都可以玩。身为皇帝，喜欢弹雀打鸟，表面上看有点不成体统，但这恰恰反映了太祖的娱乐方式不是那么的劳民伤财。

太祖在玩这方面，是一个很容易满足的人。最有趣的事情是，

---

1 （宋）李焘：《续资治通鉴长编》卷十七。

2 （元）王罃：《群书类编故事》卷九。

太祖晚年对儿时的玩具竟还念念不忘。

开宝九年（976年）三月，太祖巡视西京洛阳，专程去了一趟赵家以前住在洛阳时的旧宅。在走到一条小巷前时，太祖停了下来，举着鞭子指着这条巷子说："朕记得以前曾得到过一个石马儿，经常骑着玩，很是开心。附近小孩儿见我有这么个好玩的东西，老是来偷，我就把这个石马儿埋在这条巷子里了，不知道现在这个石马儿还在不在？"说完后，就让人把巷子的地面挖开，结果真的找到了一个石马儿。后来他还对身边的人嘱咐说，等他死后，一定要把这个石马儿当陪葬品跟他埋在一起。[1]

巧的是，半年之后，开宝九年（976年）十月二十日夜，太祖不明不白地死在了万岁殿，一个属于太宗的新时代来了。

* * *

太祖喜欢打猎，太宗喜欢踢球。早年的军旅生活，深刻地塑造了赵家两兄弟在当上皇帝后的娱乐偏好。

太宗虽然早年跟随太祖在军中生活过一段不短的时间，但他于军旅之事，既不精通，也不喜欢。史书上说太宗即位后，"雅不好弋猎"，因此下诏宣布，除了朝廷必须举行的各种礼仪性的射猎活动，停止太祖时经常举行的近郊行猎活动，把五坊所蓄养的鹰犬都放散出去，各地不许再向宫中进贡猎鹰猎犬等物。就连表面上接受宋朝领导，实际上割据一方的定难军节度使李继捧派人送来打猎专用的"海东青"，太宗也给退了回去。从唐代经五代沿袭至宋初长达三百多年的"五坊"也跟着没落了——"五坊之职废矣"。[2]

---

1 （宋）僧文莹：《玉壶清话》卷七。

2 《宋史》卷一百二十一《礼志·田猎》。

太宗的箭法，如果只看官样文章的记载，可能也会觉得还不错。如雍熙三年（986年）三月二十二日，太宗与群臣在含芳苑举行"宴射"活动，太宗射完箭后，宰相宋琪夸赞说："陛下控弦矢，一如十五年前在晋邸时。"注意，这句马屁拍得很有技巧，也很有分寸。为什么这么说呢？你看，他没有夸太宗箭法好，如每发必中之类的，而是说中年太宗的气力跟青年时代一样。此时太宗已四十五六岁，气力绝不可能像三十岁时一样，显然这是一句吹捧的话，但吹捧得有节操，没有过分夸大太宗的箭法水平。

太宗听到宋琪的夸赞后的反应也很有意思，太宗的回答是："朕比曩时筋力诚未觉衰，然少喜马射，今不复为矣。"说完后还觉得意思没到位，又补了一句："此地三数年不一至，固非数出宴游也。"[1]意思就是：我虽然精力不减当年，但现在不喜欢骑马射箭，这个举行宴射的地方我也不是经常来，我就不好这一口儿。而且史书上还特意补了一句，宋琪之所以突然夸赞太宗的箭法，是因为当时北汉亡国之君刘继元，以及主动放弃割据银、夏等州的定难军节度使李继捧（其族弟李继迁就是西夏王朝实际开创者）这两个人刚好在场，说这些"赞颂神武"的话，也是为了在这些"降王"面前撑撑场面。

不过，对打猎射箭不感兴趣，并不意味着太宗不喜欢竞技运动。宋代流行"打球"，包括蹴鞠和马球等多种玩法，太宗都很有参与的热情。太祖时代，两兄弟应该就经常在一起玩球。宋末元初的画家钱选，在南宋亡国后，有机会见到一幅本来是宋代宫廷秘府旧藏的画——《宋太祖蹴鞠图》，他一见之后，大为喜欢，于是就自己

---

1 （宋）李焘：《续资治通鉴长编》卷二十五。

图1-5 《宋太祖蹴鞠图》 上海博物馆藏

临摹了一份，这幅画现藏于上海博物馆。正是有了这幅摹本，才让我们可以一睹太祖、太宗两兄弟在球场上的风姿。画面中，太祖、太宗正在比拼球技，而几个大臣则在一旁俯身围观，兄弟君臣之间的其乐融融洋溢在脸上。

不过从《宋太祖蹴鞠图》来看，太祖时代，踢球在形式上还比较简单，而太宗时代则更有仪式感。太宗即位后，还特令相关部门制订蹴鞠的仪制，决定把这项宫中的娱乐活动上升为宫廷礼仪的一部分。《宋史》记载了太宗时代的"打球礼"：

蹴鞠开始前，由相关部门派人去清扫场地，然后在东西两侧安放木制的球门，球门有一丈多高，门的顶部刻有金龙，底座为石制的彩绘莲华座。比赛时分为两队，由两个"承旨"做守门员，两个卫士拿着小红旗负责计算和公布比赛的得分，球场周围由穿着锦绣衣的御龙官手持哥舒棒维持秩序。参加比赛的人，大臣自亲王、节度使以下提前由"阁门"负责分队，左队的球员统一穿黄色的衣服，右队则穿紫色的衣服。球门两边放置二十四面绣旗，东西两侧都有一个架子，代表左右两队，每一队得分，就在相应的方位插上一面绣旗表示某队得了一分。

宫廷打球仪式制订完毕后的首秀，是在太平兴国五年（980年）三月十五日。当天，太宗召集亲王、宰相、淮海国王以及从臣，在大明殿中踢了第一场球。[1]

球赛开始前，太宗第一个出场，他骑着马缓缓而出，这时教坊属下的宫廷乐队开始齐奏《凉州曲》，参赛的群臣则分为两队，依次从两厢进入大明殿。然后由一个太监捧着"朱漆球"出来并将之扔到殿前。接着由太宗先亲自"秀"一轮球技，太宗一边击球，一边有教坊的乐队伴奏助兴。太宗的球技表演完结之后，才轮到参赛的"诸王大臣驰马争击"。

按史书的记载，参加这场球赛的重量级人物主要有三个群体。一是亲王，即赵宋皇室的核心成员。当时的亲王只有一人，即太宗的亲弟赵廷美，时任检校太师兼中书令、领永兴军节度使兼开封尹，爵封秦王，其地位跟太祖时代的太宗并无二致，是皇室中仅次于太宗的大佬。另外太祖之子、太宗之侄赵德芳，此时虽未封王，但已成年（时年二十二岁），且是皇室中地位仅次于他的两位叔叔的青年才俊，应该也参加了这次的球赛。

---

1 《宋史》卷四《太宗本纪》。

此时太宗的儿子们都还小，年纪最大的长子赵元佐，也才刚刚十六岁。不过赵元佐从小就有"运动天赋"，十三岁时（太平兴国二年，977年）随太宗出猎近郊，有一只兔子突然从太宗面前跑过，太宗趁机让赵元佐露一手，让他举箭射兔，结果"一发而中"。当时契丹使者正好在旁边，见了这一幕之后也被这位少年皇子的箭法震住，露出惊异的表情。太平兴国四年（979年）太宗率军亲征，灭北汉、伐幽燕，也都带着赵元佐同行，显然他深得太宗的喜爱。[1]

二是宰相，即文武百官的首领。此时的宰相有二人，一是开宝六年（973年）就已拜相的薛居正，另一个是太宗即位后新提拔的宰相卢多逊。

最后是淮海国王，这位淮海国王不是别人，正是大名鼎鼎的最后一任吴越王钱俶。他从后汉乾祐元年（948年）即位为王，历经后汉、后周和北宋，刚好当了三十年的割据两浙地区的土皇帝。太平兴国三年（978年）年初，他带着诸子和属臣一行离开杭州到开封朝见太宗。其时五代十国时期形成的各个割据政权，除北汉外，都已被宋朝次第削平，他眼见大势已去，遂于五月一日正式上表太宗，主动献出所管"两浙十四州军"，五代十国的"吴越国"至此终结。此后钱俶就留在了开封，成为地位尊崇的闲王。太宗第一次组织大规模的宫廷球赛就把他叫上，也是为了向世人表明自己对钱俶在大宋和平统一大业上巨大贡献的肯定。

这场比赛大家应该都玩得很高兴，最后尽兴而散，尤其是太宗在球场上展现了高超的球技，史书上记载，这场球，"上获多算"。[2]

---

1 《宋史》卷二百四十五《赵元佐传》。

2 （宋）李焘：《续资治通鉴长编》卷二十一。

唯一的遗憾是，太祖事实上的长子、赵宋皇室第二代的领军人物赵德昭，已经没有机会参加这场球赛了。去年（太平兴国四年，979年）太宗亲征太原，一举消灭了北汉政权，然后又挥师北伐幽州，试图一战收复幽燕失地，可惜最后兵败高梁河。这次败仗，给赵宋皇室埋下了一颗大雷。太宗即位之后，赵德昭二十六岁，拜京兆尹、永兴军节度使兼侍中，封武功郡王，成为当时赵宋皇室中数一数二的"大佬级"人物，在军民之中有很高的威望。

高梁河惨败后，由于太宗车技太好，跑得太快，一度脱离宋军北征大军的主力，军中将士因"不知上所在"，一时产生了拥立赵德昭为帝的想法，这些议论无疑置太宗于极为难堪的境地。古代的皇帝，都自以为天命攸归，可这事儿的发生表明，其实所谓真命天子，却并非不可替代，特别是有一个成年的侄儿可以随时候补自己的位置，这引起太宗对侄儿前所未有的忌恨。班师回朝之后，太宗因幽州之役的狼狈难堪而迁怒于前线将士，迟迟不肯施行攻灭北汉的军赏。其实攻下太原，灭亡北汉，终结了五代十国超过半个世纪的乱世，对一般将士来说，这已是不世之功，按例当有重赏。本来嘛，这次北伐，有胜有败，功是功，过是过，结果太宗却把太原和幽州的功过，混在一起，拒绝行赏太原之功，以致将士们都有些寒心。

这时赵德昭站出来为将士们打抱不平，提议奖赏太原之功，结果引得太宗大发脾气。太宗恶狠狠地对赵德昭说："待汝自为之，赏未晚也！"——"等你当了皇帝，再来行赏也不晚"。这话从太宗嘴里说出来，简直就是诛心了。赵德昭听完这话之后，一下子气不过，就跑回家自己抹了脖子。事后，太宗当然装模作样了一番，抱着侄儿的尸体大哭道："痴儿何至此邪！"[1]

此事对赵宋皇室的影响巨大，此前太宗皇位虽然有点来历不明，但太宗跟他的兄弟以及侄子的关系还算融洽，兄弟叔侄之间的亲情尚在。此后则猜忌渐生，不复从前。从太宗即位之初对赵德昭的安排来看，此前他对这个侄儿的确视如己出，虽然未必打算按"金匮之盟"的说法来个皇位轮流坐，不过保证兄弟和侄儿们一生的荣华富贵，还是不成问题的。但此后情况就急转直下了。

这是赵宋皇室还能在一起愉快地玩耍的最后时光。这场球赛之后不到一年，太平兴国六年（981年），刚刚二十三岁的赵德芳也英年早逝，至此太祖的两个儿子都不在了。赵德芳死后不久，太平兴国七年（982年），太宗又亲自导演了所谓的赵廷美谋反大案。事后，赵廷美被削夺一切官职，贬为涪陵县公，被流放到穷山恶水的房州软禁。两年后的雍熙元年（984年），他在房州愤懑成疾，吐血而亡。

更可惜的是，面对父皇在皇家亲族中制造的接二连三的悲剧，太宗的长子，早年那个深得父皇喜爱、十三岁就以箭法震惊契丹使者的赵元佐，受不了这样的刺激，从此发了疯——"被酒发狂"。他的后半生都是在半醉半醒中度过的。

只有太宗，还是接着踢球接着秀。他甚至还经常摆好pose命宫中的画师把他在球场上的风采画下来。

宋太宗有一天在御花园赏春，听说僧人元霭擅长画"写真"像，于是命人传召他前来为自己画像。当时太宗刚刚游览回来，头戴的乌巾上还插着刚刚摘下来的鲜花，呈现出一派温和舒畅的姿态。这时元霭来了，立即提笔作画，一挥而就，整个过程如行云流水，

---

1 《宋史》卷二百四十四《赵德昭传》。

图1-6 《清明上河图》中的"驴车"

毫无阻滞之处。在这幅太宗的御容画像中，太宗解开了戴着的幞头，在头上插了五六枝花，身穿金龙袍，腰间绑着玉束带，脚上穿着描有金龙的软靴，手拿球棍作打球状，"神采英武"得很。[1]

此时的太宗只是在宫廷花园里游玩，并没有打球，他让画家把自己画成正在打球的样子，可能是因为球场上的他，看起来更为英明神武。事实上，球场上耍帅还是比在战场上玩命安全得多。

太宗经常被现代人戏谑为"车神"。太平兴国四年（979年），还没有被战场毒打过的太宗，趁着宋军灭掉北汉的余威，兴致高涨地带着宋军精锐从太原直扑幽州，准备一举收复燕云十六州。结果他率领的宋军主力在幽州城外的高梁河被辽军重创，宋军几乎全线溃散，太宗差点当了辽军的俘虏。当时太宗驾着驴车一路南逃，才最终得以幸免，若非"车技"出神入化，太宗此役恐怕性命不保。

---

1 刘道醇：《宋朝名画评》卷一《人物门》，见云告编著：《宋人画评》，湖南美术出版社，1999年，第43页。

不过这个广为流传的桥段，并不见于宋人的记载，而是出于清朝人毕沅编写的《续资治通鉴》，书中有所谓的"帝乘驴车南走"[1]的描写。当然，这个江湖险恶、全靠车技的情节也不全是出于清人的胡编乱造，它很可能是根据《辽史》中"宋主仅以身免，至涿州，窃乘驴车遁去"[2]的记载改编而成的。

至于《辽史》的说法是真的，还是契丹人故意抹黑宋太宗，那就不得而知了。但有一个事实却很肯定，那就是这次惨败以后，宋太宗再也不敢亲自去前线"飙车技"了。从此他在战场上刷英武人设的副本，只能换到球场上去了。

可是，作为皇帝，太宗也不可能整天踢球，否则未免显得太不务正业，何况英明神武的形象，也有很多玩法。太祖在日常生活中不太静得下来，而太宗其实是喜静不喜动的，因此，他在"静"的方面，发展出更多更符合皇帝身份的爱好。

琴棋书画是文人雅士的必备技能，太宗在琴、棋、书三项上都有相当高超的造诣。江湖传言，太宗曾经亲自设计和制作过乐器中的极品"九弦琴"和"七弦阮"。

生活在北宋中后期的僧人文莹对太宗的九弦琴和七弦阮非常感兴趣。众所周知，古琴一般都是七弦，分别称为宫弦、商弦、角弦、徵弦、羽弦、文弦和武弦。他到处打听，才知道，太宗所制的这张九弦琴，"盖以宫弦加廿丝，号为大武；宫弦减廿丝，号为小武；其大弦下宫徵之一徵定其声，小弦上宫徵之一徵以定其声。"即以宫弦为基准略作损益变化，得以增加大武和小武二弦，加上原来的七弦，

1 （清）毕沅：《续资治通鉴》，中华书局，1957年，第241页。

2 《辽史》卷九《景宗下》。

从马上打天下到笔下治天下

是为九弦。但这只是一个传说，文莹并未见过实物。后来他到开封，遍寻九弦琴和七弦阮不获，有宫中的"待诏"（在皇宫里为皇帝提供文艺服务的伎术官）跟他说，九弦琴和七弦阮都收藏在宫中秘府，连他们都没看过，你就不用到处去找了。[1]文莹只得悻悻而归。

太宗的棋艺在当时也可称一流。太宗时代有名的神童才子杨亿，晚年回忆说"太宗棋品至第一"。平时陪他下棋的人很多，其中棋待诏贾玄水平最高，"臻于绝格"，时人都把他比作唐玄宗时名震天下的棋待诏王积薪。贾玄因好酒贪杯，英年早逝，太宗一度非常伤心。大臣之中，有潘慎修、蒋居才等人棋艺也不错，据说到了三品的境界。内侍宦官中，陈好玄的水平最高，达到四品境界，他们也经常陪太宗下棋。

由于宫中以太宗棋品为最高，没有敌手，自贾玄以下，都要"饶棋"（让棋）才行。其中大臣潘慎修与太宗对弈时，常受四道饶棋，而且即使如此，他也招架不住太宗的凌厉攻势，曾写诗感叹："如今乐得仙翁术，也怯君王四路饶。"[2]太宗的棋术是否真有如此高绝的水平，我以为当不得真，待诏和大臣们很可能是逗他玩的，看看潘慎修输棋输得这么开心就明白了嘛。

另外，太宗对棋局的套路布局也有深入的研究，相传他曾亲自设计了所谓的"弈棋三势"，一曰"对面千里势"，二曰"天鹅独飞势"，三曰"海底取明珠势"，并且画成"棋图"颁赐给近臣。大臣和待诏们最初都看不明白这是什么东西，经太宗指点解释后，才纷纷"叹服神妙"。此后宫中的待诏们还经常用太宗的"三势"进行演练，

---

1 （宋）僧文莹：《续湘山野录》。

2 （宋）杨亿：《杨文公谈苑》。

并且把每一局落子的过程都记录下来画成"棋势图"，一一收藏。

宋初著名的文学家王禹偁，在太宗晚年曾任翰林学士，正好碰到太宗赏赐这套三势棋谱，他后来还写诗夸赞太宗多才多艺，诗中有云：

> 太宗多材复多艺，万机余暇翻棋势。
>
> 对面千里为第一，独飞天鹅为第二。
>
> 第三海底取明珠，三阵堂堂皆御制。
>
> 中侍宣来赐近臣，天机秘密通鬼神。[1]

这首拍马屁的诗写得意趣干枯、用语粗糙，读起来真的是味同嚼蜡，就算在专门为了颂圣谀主的应制诗中也是写得较差的，显然作者是没怎么用心。诗人可能真的没法对太宗的才艺有发自肺腑的欣赏，反倒写出了被迫营业的无奈。虽然宋初承五代战乱之后，文坛一度有些萧索，整体来说，这个阶段的宋诗确实水准有限。但王禹偁却是宋初诗人群体中少数能够在文学史上留名的人，按理说不至于写成这样。

王禹偁在宋初大批白居易的追随者中是最出色的一个，宋人称许他是宋初诗坛的盟主，"国初沿袭五代之余，士大夫皆宗白乐天诗，故王黄州主盟一时。"[2]王禹偁的诗，特点是浅显易懂，清新自然，读着有一种娓娓道来的亲切感，这一点确实深得白居易的真传。"万壑有声含晚籁，数峰无语立斜阳"（《村行》），以及"稚子就花

1 （宋）吴曾：《能改斋漫录》卷十一。

2 （宋）胡仔：《苕溪渔隐丛话》（前集）卷二十二。

拈蛱蝶，人家依树系秋千"（《寒食》）等句，用一串平平无奇的词组，于司空见惯的意象中营造出流畅生动的趣味，对仗工整而不刻意，句法老练而不油腻，堪称清而不俗的典范。

＊　　＊　　＊

琴棋书画中，太宗最自豪的是书法。宋人夸赞太宗的琴技和棋艺，或许有帝王自带的主角光环，但太宗的书法是真拿得出手的才艺。

"文书行政"是中国古代王朝政治得以平稳运行的制度保障，每个合格的皇帝，应该每天都是处于奋笔疾书的状态。想必即便是太祖，在当上皇帝以后，他用笔的时间也远远多过于用剑。打天下要用剑，治天下得用笔。太祖最有名的写字故事，是开宝五年（972年）八月给京西转运使李符亲笔题写"李符到彼，似朕亲行"的八个大字，李符拿到这幅太祖的亲笔御书后，把这八字做成一面大旗，为一路上的视察工作增加了不小的助力。[1]

宋人很少有机会见到太祖的字，北宋末年，趁着改建秘书省的机会，徽宗曾经亲自捧出一些太祖的书法真迹给大臣们观赏，并且夸耀太祖的书法也是一流水准。他说："世人只知道太祖皇帝靠着神武平定天下，却不知太祖是天纵圣学，他的字其实也写得非常漂亮！"

蔡京的儿子蔡絛，正好参加了这次徽宗组织的秘书省观书会，因此有幸见过北宋宫廷中收藏的太祖书法。

他说："太祖书札有类颜字，多带晚唐气味，时时作数行经子语。又间有小诗三四章，皆雄伟豪杰，动人耳目，宛见万乘气度。"

1　（宋）王应麟：《玉海》卷三十三《御书》。

图1-7 石延年书杜甫《筹笔驿诗帖》 广西桂林摩崖石刻

有意思的是，太祖的落款，往往自称"铁衣士书"。[1]铁衣寒光，戎服挺立，如此自称，可见太祖始终不改武将的本色。有史料记载，太祖晚年曾私下抄写《金刚经》默默诵读，被前来奏事的赵普撞见，太祖特意叮嘱赵普不要向士兵们泄露此事，还说，"有人见到了这个事情，要是问起来，只需给他们说朕是在读兵书就行了。"[2]大概是因为抄写《金刚经》这种菩萨心肠，与杀伐果断的统帅形象不符。何况前方将士正在浴血奋战，怕他们知道了有损士气。

太祖的字，有唐代大书法家颜真卿的底子，同时又受到晚唐书风的影响。晚唐书家最有名的是柳公权，柳字的根基就是颜字，而在颜字的基础上又稍加变形，形成了严峻刚劲、锋芒凌厉的特点，正与蔡絛评太祖书法"雄伟豪杰"的特点相合。太祖传世书迹不存，不过如想体会太祖书法的风貌，可以去看在以苏黄米蔡为代表的宋

1 （宋）蔡絛:《铁围山丛谈》卷一。
2 （元）陶宗仪:《说郛》卷二。

代尚意书风之前，一般的书法家的字。如北宋前期的石延年（字曼延）的书法风格，范仲淹说他是典型的"颜筋柳骨"，刚劲挺拔，气势撼人。后人从中大概可以看到太祖书法的影子。

宋人看重太祖的字，是书以人贵，而太宗的字却是真的好，他在书法上是下过大功夫的。大中祥符二年（1009年）十一月六日，真宗把太宗的遗物——"镂文红管御笔"，拿出来赏赐给宰相王旦等人，顺便跟他们聊起自己多年来看着父皇勤练书法的往事。他说："先帝处理完政事，常常一有空就拿起书法字帖开始观看揣摩，没事时就一心钻研笔法，只要看到某个书法家的字体精妙，就一定会花功夫去学，而且只要想学，就一定能学得成。朕以前在宫中陪侍先帝的时候，曾见他为了学好古代大书法家钟繇的字，从早到晚都在练，到了手不释卷的地步。"[1]

为了练好字，太宗经常于深夜在内东门北偏的小殿里点上蜡烛，召集侍书和待诏、书艺等宫廷伎术官前来和他一起切磋，经常搞到半夜三更才肯就寝。[2]太宗身为皇帝，写字虽是必备的技能，但稍微写得差一点，其实也无妨。但太宗写字，显然是奔着成为一流的书法家的目的去的，太宗何以在练字这个事情上如此苦心孤诣呢？

对此，太宗晚年有一段独白，道出了其中的奥妙。至道二年（996年）六月五日，太宗让身边的宦官拿着他写好的飞白书作品二十幅赏赐给宰相吕端等，吕端等人得到太宗的"御书"后，一起跑到便殿来"称谢"。太宗趁机跟大臣们聊起了他自己练习书法的初

---

1 《宋会要辑稿》崇儒六之五。

2 （宋）杨亿：《杨文公谈苑》。

衷："朕君临天下，复何事于笔砚？但中心好之，不能轻弃。岁月既久，遂尽其法焉。向来有江浙人称能小草书，朕因召问之，殊未知向背，但务填行塞白，装成卷帙而已。"[1]

此时离太宗去世不到一年，这段独白可谓是他对自己一生练字的总结。这番话概括起来，要点有三：一是自己真的喜欢书法；二是自己长期写字练字，时间久了，自然就掌握到了书法的诀窍；三是可以在江南文人面前显摆一下。我认为，在这段总结里，以自己的书法成就去跟江南文艺界争胜，才是太宗几十年如一日地勤学苦练的真意。

宋人朱长文赞许太宗的书法，"体兼数妙，英气奇采，飞动超举，圣神绝艺"。流行的篆、隶、草、行、飞白、八分等多种书体，

---

1 （宋）钱若水：《宋太宗实录》卷七十八。

太宗无不精通，"而草书冠绝"。[1]太宗的书法以草书为最佳，他也颇以此自负。太宗早年学习二王的书法打下了不错的根基，之后靠着丰富的宫廷收藏，得以遍观晋唐以来草书名家的笔迹，吸收各家之所长。加上身为皇帝，可以高价打造专用的书写工具，如前文提到的太宗御用的镂文红管笔，在笔墨精良和笔法精妙的双重加持之下，太宗的草书确实粲然可观。

从收录在北宋人潘师旦所刻《绛帖》中的太宗草书诗帖中，可以见到，太宗的草书下笔果断明快，线条匀净爽滑，结字雍容华贵，文雅之气跃然纸上。

江南文化的发达给宋初宫廷造成的压力，太祖已领教过。太宗时代，放眼天下，最有名的书法家，正是那个在亡国之际还幻想着以江南的文采风流与太祖争胜的徐铉。

一天晚上，太宗突然把陪他写字的"书学"葛湍叫来，问道："徐铉的草书写得怎么样？"葛湍回答说："徐铉一向用心于籀篆书体，草书不出名。"太宗于是兴致大好，继续问葛湍："徐铉见过朕写的字没有？"葛湍说："陛下的书法深藏宫中，臣子们除非得到诏书赏赐，否则没有机会见得到。"太宗听后大喜，当即从一堆自己的书法卷轴中抽出两幅递给葛湍，说："一幅赏赐给你，另一幅你带去赏给徐铉。"[2]

徐铉一向以篆书写得好而闻名，因此与唐代的李阳冰齐名，《宣和书谱》认为，"识者谓自阳冰之后，续篆法者惟铉而已"。[3]篆书在唐宋时代，在士大夫的日常书写中基本用不上，因此没有太大

1 （宋）朱长文：《墨池编》卷九《宸翰述》。

2 （宋）王应麟：《玉海》卷三十三《雍熙草书》。

3 《宣和书谱》卷二。

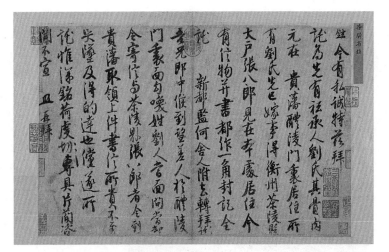

图1-9　徐铉《私诚帖》　台北故宫博物院藏

的书写实用价值，所以大多数人都弃而不学，精于篆书者寥寥无几。徐铉精于字学，又喜欢写篆书，还有一定的功底，因此擅名士林。

　　事实上，行草书才是宋人日常书写中最常用的书体，徐铉平时作文写字经常用到的肯定也是行书或草书，这方面的水平应该也不会太差。现存台北"故宫博物院"的《私诚帖》，是唯一一份传世的徐铉书迹，虽然称不上一流水准，但也颇得颜体行草书的精髓，同时又用笔有籀篆意，结字舒展而丰腴，正是晚唐五代以来流行的书风。

　　抛开篆书不谈，太宗在行草书上的造诣终是略胜徐铉一筹，大宋皇帝在文艺才能上胜过江南才子，足以震撼宋初的文艺圈。

　　除此之外，太宗在书法上还有一重要成就是将几近失传的"飞白书"重新发扬光大。雍熙三年（986年）十月，太宗以"飞白书"

图1-10　武则天飞白书
《升仙太子碑》碑额

写了几幅字送给宰相李昉，并说："朕退朝以后，并没有虚度光阴，除读书以外，也经常练字，楷书、草书都在练，最近又学习了飞白书。写字虽然谈不上是什么帝王事业，但也好过打猎听歌吧！"[1]这话有点"内涵"自己写字的娱乐方式，至少比太祖打猎的消遣要有档次得多的意思。

但这番对话里，更重要的是表彰自己的"帝王事业"。太宗虽然嘴上说练字不算帝王事业，但实际上他晚年用心于飞白书的学习，

---

1 （宋）李焘：《续资治通鉴长编》卷二十七。

正是独辟蹊径的帝王事业。

至道二年（996年）二月间，太宗说起自己学习飞白书的初衷，是因为飞白书要以小草书的功底为基础，"小草书字学难究，飞白笔势罕工"，一般文人士子，没有这样的功力，也没有这样的功夫去钻研和传承飞白书。太宗的草书功底好，又有书法的天赋，把飞白书学成了，能够延续这项濒临失传的绝技，对书坛来说，那就是大功一件。太宗自己也以此自许地说："朕习此书，使不废绝耳。"[1]

太宗的书法成就，在帝王形象的塑造上是给他帮了大忙的。太宗曾把自己所写的草书作品送给宋初的文学家王禹偁，后来王家把这幅字当成传家宝一直收藏着。百年之后，王禹偁的子孙王奥与大文学家苏轼做了朋友，一次偶然的机会，苏轼看到了王家收藏的这幅太宗书法，在睹物思人之际，苏轼竟然发出了"太宗皇帝以武功定祸乱，以文德致太平，天纵之能，溢于笔墨"的感慨。[2]"武定祸乱，文致太平"竟成了后人想起不会打仗的太宗时最习以为常的标签。所以说，写得一手好字怎么就不是帝王事业呢！

太宗身为皇帝，而能做到文人士大夫都做不到的事，以自己独步书坛的书法成就引领新时代崇文尚雅的新风尚，大宋皇帝从需要与江南士子争胜，一下子成为天下士人的榜样了。

*　*　*

太宗不但喜欢写字，也喜欢看书，更喜欢写诗。宋代几部大的类书，如《太平广记》《文苑英华》《太平御览》都是太宗组织文臣们编写的，而且从书名上就在潜移默化地塑造自己"太平天子"的

1　《宋会要辑稿》崇儒六之五

2　苏轼著，孔凡礼点校：《苏轼文集》，第三册，中华书局，2013年，第2200页。

图1-11　宋太祖与宋太宗的肖像　台北故宫博物院藏

形象。另一方面，编写这几部大书，也树立起了太宗"锐意文史"的读书人人设。相传太宗在《太平御览》编成后，发下狠话，宣布自己每天看此书三卷，打算用一年时间将之读完，使自己也成为读书万卷的"好学之士"。他的"开卷有益，朕不以为劳也"的名句也随之流芳百世。[1]

太宗的气质本来与太祖就大不相同，我们看传世的太祖和太宗的画像就可一知端倪。现存太宗御容画像中的太宗长相，跟太祖比起来，略显年轻，没有了太祖脸上那种明显的饱经沙场的风霜。太祖的眼神中透露出不怒自威的霸气，而太宗的眼神中却是一种深不可测的心机，两者虽然都是帝王气度，但却各有千秋。特别值得细看的是，太宗面容秀雅，脸色圆润，既端重大气，又雍容华贵，透露出时人最期盼的"太平天子"气象。

不过，太宗身上这种太平天子的气象，可能并不是一开始就拥有的。从某种程度上说，太宗的太平天子的帝王气度，是和文臣们

---

1 （宋）王辟之：《渑水燕谈录》卷七。

一起写诗写出来的。

太宗从武功转向文治，其实也很符合他本人的气质。太宗北伐契丹以败仗告终，大家可能会以为太宗会一路垂头丧气地回到京城，但实际的情况却是，他班师回朝的途中，也在一路"高歌"猛进。在从前线跑回开封的路上，他居然在写诗——"銮舆临紫塞，朔野冻云飞"。

太宗如此豪气干云，他手下的文臣们自然也勇气倍增。有人就以这两句诗为题，写了一篇赋和一首诗，赋名《銮舆临塞赋》，诗名《朔云飞》。赋具体写了什么，没人知道；诗只留下了一些残句——"塞日穿痕断，边云背影飞。缥缈随黄屋，阴沉护御衣"[1]。太宗喜欢写诗，甚至不肯放过任何一个写诗的机会，在抓住任何一个可以写诗的机会这一点上，大概只有从数量上碾压"全唐诗"的乾隆皇帝可以跟他一较高下。

当然，太宗的诗，虽然不能比肩一流的大诗人，但整体水平还是不错的。太平兴国七年（982年）十二月十七日当天下起了大雪，太宗与翰林学士们一起赋诗喝酒，聊得很开心，写下一首咏雪的诗送给学士们，诗曰：

> 轻轻相亚凝如酥，宫树花装万万株。
>
> 今赐酒卿时一盏，玉堂闲话道情无。

这诗首写雪景，用语浅显易懂，不故作高深奇绝之语，但其意象又非常人所能及，"凝酥""宫花"之语，营造的是宫廷富贵、天

1　（宋）僧文莹：《玉壶清话》卷八。

下太平的景象。词臣们在得到太宗的赐诗后，一般也会以同样的主题与太宗唱和，如徐铉有《奉和御制雪》诗一首：

> 丰登盈尺瑞，物象九门深。
> 璧照环丹砌，梅花满上林。
> 茶香偏自得，酒力讵难禁。
> 别有寒郊外，银河映玉岑。

从技巧上来看，徐铉的诗的确比太宗好很多，全诗无一雪字，却处处在写雪景。与太宗一样，徐铉此诗也浅显明白，所用意象都是常见之物，但却能于平常处见富贵人，诗中"丰登盈尺瑞"，点明了身处太平盛世的幸福，"梅花满上林"揭示了诗人所处的显贵处境。更绝的是最后一句，"别有寒郊外，银河映玉岑"，勾勒出大雪之夜的盛世美景，虽然天气微有寒意，但社会充满温暖。

太宗与文臣的诗词唱和，促成了宋代诗坛一个新的诗歌类型的诞生。宋末元初的诗评家方回将其总结为"升平诗"。这类诗通常以明白晓畅、富贵闲适为特点。太宗君臣的诗，都有白居易的影子，因为宋初流行"白体"，即白居易晚年闲居时所写的那些明白晓畅、清新闲适的诗。

"笙歌归院落，灯火下楼台"（白居易《宴散》），于悠闲恬淡之中透着浓烈的富贵气息。这种诗风经宋初君臣的提倡，成为太平盛世的必需品。尤其北宋中期的诗人晏殊那句"梨花院落溶溶月，柳絮池塘淡淡风"（《寄远》）最得其神髓。而且这样的富贵，不是暴发户式的炫耀，而是以富贵生活表现社会的安定繁荣，因为"必有升平而后有富贵"。方回说，很难想象，社会动荡、民不聊生的时代，君臣上下、亲戚朋友之间，可以写出这样"逸乐昌泰"的诗来。[1]

这种所谓的升平诗，用语简单平常，意境清闲富贵，特别适合描写宫廷生活的富丽堂皇和其乐融融。

雍熙元年（984年）三月十五日，太宗召集宰相近臣一起在皇宫的"后苑"赏花，他趁着兴趣对大臣们说："春风暄和，万物畅茂，四方无事，朕以天下之乐为乐，宜令侍从词臣各赋诗。"[2]从此，太宗与文臣定期在宫中赏花赋诗的传统开始形成。

诗词唱和，太宗君臣在一起常常玩得很开心。

宰相李昉晚年退休闲居，但只要是办宴会，太宗一定会请李昉来参加，李昉也往往会当场献诗。如李昉自称"微臣自愧头如雪，也向钧天侍玉皇"，太宗则回诗"珍重老臣纯不已，我惭寡昧继三皇"。二人的诗，表面都在谦虚，实则互相吹捧，全是现如今最流行的"凡尔赛体"！还有一次，太宗召见翰林学士苏易简，他一边端着酒杯请苏易简喝酒，一边吟诗说："君臣千载遇"。苏易简反应极快，马上回答："忠孝一生心"。他俩这"一千年的皇帝大臣"和"一辈子的忠臣孝子"简直配合得天衣无缝！[3]

有人看准了太宗与文臣们诗歌互吹的日常，于是投其所好。有个名叫赵昌国的人，自称能够一口气写一百首诗，要求参加"百篇举"这种特别的考试。太宗一听也很来劲，当即自己写了一首诗交给赵昌国，太宗的诗为：

---

1 （元）方回：《瀛奎律髓》卷五。

2 （宋）李焘：《续资治通鉴长编》卷二十五。

3 （宋）陈岩肖：《庚溪诗话》卷上。

秋风雪月天，花竹鹤云烟。

诗酒春池雨，山僧道柳泉。

说实话，太宗这首诗，还挺有画面感的，情景与意境，都不输唐人，远胜几百年后最喜欢写诗的皇帝——乾隆的那些诘屈聱牙的押韵散文。太宗写完后，就让赵昌国以自己刚写的这首诗里的每个字为韵脚来写五首诗。太宗的这首五言诗，刚好二十个字，每个字为韵脚，写五首诗，恰可凑成一百首。

可惜，赵昌国的诗才平平，据说即便秉烛挑灯地写到晚上，他也才只写出几首而已。但太宗还是宣布赵昌国考试合格，原因是他希望可以通过此事来"劝学"。说白了，也就是鼓励大家来跟他玩写诗。可见太宗很喜欢这类文人雅士的活动。

可以说，太宗凭一己之力，打造出了大宋王朝宫廷生活的文艺趣味。而且太宗不但自己以身作则，还用心培养自己接班人的才艺，要让文艺传家，在赵宋皇室代代相传。真宗在东宫的时候，太宗曾劝真宗跟他一起练习草书，大概是想把自己一手草书的绝技教给儿子。可惜真宗对成为一个书法家不感兴趣，反倒劝太宗不要沉迷于草书，耽误了正事儿。真宗说："臣闻王者事业，功侔日月，一照使隐微尽晓。草书之迹，诚为秘妙，然达者盖寡。傥临事或误，则罪有归焉，岂一照之心哉！谨愿罢之。"[1]

真宗不想继承太宗在草书上的成就，但真宗还是按部就班地在太宗指导下进行了刻苦的书法基本功训练。真宗的楷书严整有法度，显然深得唐代大书家虞世南的楷法，虽然算不上一流的书法家，但

---

1 （宋）夷门君玉：《国老谈苑》卷一。

图1-12 宋真宗书《汾阴二圣配飨铭》局部

也还是既中看又中用的。

　　真宗虽然无意于像太宗那样立志成为一个皇帝中的书法家，但他却深知太宗的书法成就，对于提升皇室在士大夫心目中的文艺地位是大有裨益的。他即位后，开创了一个传统，就是为已故皇帝修建一座"藏书楼"，以收藏先帝创作的书法、字画、诗词、文章。即把上一代皇帝创造的文艺成就通通收集起来，让天下臣民顶礼膜拜，让大家知道，大宋皇帝也是一个文化人。

　　咸平四年（1001年）年底，经过多年筹备，收藏太宗御制文物珍藏的"龙图阁"终于建成。并且还为龙图阁设置了学士、直学士、待制、直阁等馆阁之职，由文臣中以文学知名者担任。著名的包青天包拯包大人，又被俗称为"包龙图"，就是因为他曾以龙图阁直学士之职知开封府。

　　景德四年（1007年），真宗又将收集到的太宗诗文墨宝以及四部图书典籍共计三万多卷一起收藏到太清楼，并举行盛大的太清楼

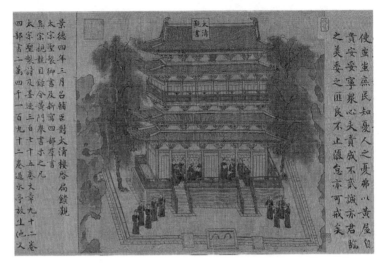

图1-13 《景德四图》之"太清观书" 台北故宫博物院藏

观书活动。太清楼位于皇宫崇政殿西北的迎阳门后苑中，始建于太祖建隆三年（962年），一直以来是宫廷中最大的一个藏书楼。太清楼因此成为宋代皇帝宫廷生活中崇文表演的重要场所。真宗在此召集群臣举行了一场观书活动，还命画师将这次隆重而盛大的宫廷文艺盛会画了下来。传世的宋代名画《景德四图》中就有一幅名为"太清观书"的画，可以让我们有幸领会一下这个重要的文艺场面。

真宗在太宗的培养和熏陶之下，继承了太宗喜欢读书和写诗的爱好。史称"真宗听政之暇，唯务观书"，而且每看一本书，就要写一首诗以为纪念。所以真宗的御制诗集里，收录有许多他看书后写的诗，计有：《看尚书诗》三章、《看春秋》三章、《看周礼》三章、《看毛诗》三章、《看礼记》三章、《看孝经》三章。复有御制《读史记》三章、《读前汉书》三首、《读后汉书》三首、《读三国志》三首、《读晋书》三首、《读宋书》二首、《读陈书》二首、《读魏书》三首、《读北齐书》二首、《读后周书》三首、《读隋书》三首、《读唐书》三首、《读五代梁史》三首、《读五代后唐史》三首、《读五代晋史》二首、《读五代汉史》二首、《读五代周史》二首。[1]

此外，读书学习也为真宗的宫廷生活增添了不少乐趣。

据说有一次真宗召见近臣在宫中宴饮，群臣吃得正高兴的时候，真宗突然跟他们聊起了《庄子》，搞得大家一时摸不清这是什么套路。只见真宗忽然对手下下令，让他们去把"秋水"叫来。不一会儿，手下人果然引来一名小女童，该女童作"翠环绿衣"打扮，当着大家的面，背诵起了庄子的《秋水》篇。大臣们都被这一幕惊呆了，纷纷暗自感叹真宗是真会玩。[2]

真宗还喜欢与大臣们一边喝酒，一边讨论学问。侍读学士李仲容身材高大，酒量特好，禁中号为"李万回"。而真宗的酒量，据说在近臣中也无人可及。真宗经常召见他来宫中喝酒聊天，而且奇怪的是，李仲容平时是一个沉默寡言的闷葫芦，可只要喝酒喝得高兴了，立即变成一个能说会道的社交达人——"公居常寡谈，颇无记论，酒至酣，则应答如流"。

一天晚上，真宗又召他来畅饮，为了看他到底有多大的酒量，这次真宗居然用"巨觥"来跟他喝酒。这下李仲容真招架不住了，几杯下肚之后，趁着醉意，站起来向真宗求情，说这种大杯子他是真的遭不住了，只得求饶："告官家撤巨器。"这时真宗也有点醉了，

1 （宋）吴处厚：《青箱杂记》卷三。
2 （宋）张端义：《贵耳集》卷下。

乘着酒兴，就顺着他刚才的话问他："何故谓天子为官家？"

李仲容竟然立即掉起书袋，一本正经地答道："臣尝记蒋济《万机论》言，三皇官天下，五帝家天下，兼三五之德，故曰'官家'。"真宗见他酒醉之后，尚能对答如流，而且还可以引经据典地夸赞宋人把皇帝叫官家，是因为我大宋天子兼有三皇五帝之德，当然非常高兴，二人接着又干了好几杯。喝到最后，真宗突然说："正所谓'君臣千载遇'也。"李仲容马上接话说："臣惟有'忠孝一生心'。"这反应能力，简直绝了。因为这两句诗，正是当年太宗和苏易简互述衷肠的典故，同样的诗句，竟然创造了两代君臣之间的佳话。

另外，真宗也继承了太宗喜欢写诗的爱好。著名的澶渊之盟达成后，真宗在行宫摆宴大会群臣，即席赋诗一首，其辞曰："锐旅怀忠节，群胡窜北荒。坚冰销巨浪，轻吹集佳祥。继好安边境，和同乐小康。"[1]从诗中可以看到，虽然当时处于隆冬之际，真宗却也因为宋辽和议的达成，而心情大好。

当然，说起真宗的诗，最有名的就是那首"书中自有黄金屋"和"书中自有颜如玉"的《劝学诗》。这首诗不是宋代宫廷流行的"近体诗"，不讲求平仄、对仗，有点像普通老百姓玩的打油诗，形式自由，通俗易懂：

> 富家不用买良田，书中自有千钟粟。
>
> 安居不用架高堂，书中自有黄金屋。
>
> 娶妻莫恨无良媒，书中自有颜如玉。

---

1 （宋）王应麟：《玉海》卷二十。

出门莫恨无人随，书中车马多如簇。

男儿欲遂平生志，五经勤向窗前读。

　　有意思的是，真宗劝学，是这么说的，也是这么做的。他曾经身体力行地教导自己身边的亲信好好学习、天天向上，在宫中搞了一个高级亲信官员的培训班。有一次，真宗把他当太子时的一班亲信旧臣张耆、杨崇勋、夏守赟、张景宗、安守中等人叫来，对他们说："知汝等好学，文笔甚善，吾当亲为教授。"得知真宗要亲自当他们的老师，教他们读书，这帮人高兴坏了，张耆等人立即拜于庭下，积极表态说："实臣等之幸也。"

　　张耆十一岁就成为真宗的跟班，在他身边服侍几十年，深得真宗的信任。真宗当皇帝后，他一无武略，二无文采，却官运亨通，一路做到了马军副都指挥使、枢密使等要职。杨崇勋出身武将世家，其父杨全美，是太宗朝的殿前指挥使。杨崇勋早年在真宗的东宫供职。真宗即位后，他也一路高升，成为殿前都虞候，至仁宗朝官至枢密使。夏守赟也是早年在真宗的东宫供职，真宗即位后，也一路高升，官至殿前都指挥使。可以说，这群人就是作为真宗的亲信，帮皇帝管理军队的，可即使他们是"武将"的身份，真宗也希望他们能多读书。

　　真宗给他们编了一个学习班，让张耆当学长，张景宗当副学长，杨崇勋和夏守赟为学察，安守中以下就当学生，一个以亲信武将群体为主体的"文化提高班"就在皇宫中开班了。真宗亲自当他们的老师，给他们讲授《孝经》《论语》等儒家经典，同时也教他们练习书法。真宗不喜欢草书，教他们练的是自己最拿手的唐初大书法家虞世南的楷书。[1]

不过话说回来，真宗对他们的教导，似乎没啥用。在真宗的督导下，他们虽然也读了一些书，如夏守赟还趁机读了些兵书，略通一点兵法。但他们管理军队，多以贪财著称，弄得军政废弛，上了战场，也基本不会打仗，前方将士多不服他们。他们只是因为是真宗的亲信，才得以把持军权，位居要职，成为真宗朝大宋军界最有权势的一群人。这帮无能又无德的人，能够在大宋军界身居高位多年，简直毫无天理可言，以致宋代舆论只能解释为他们是有福之人。

相传真宗当太子前，太宗听说著名的道士陈抟看相的功夫一流，于是让他去给当时还是寿王的真宗看相。陈抟奉命前往寿王府，刚走到门口，竟然掉头就往回走，连真宗的面都没见一下，就回到太宗跟前复命去了。太宗当然早已得了相关情况的汇报，于是问陈抟何以不见真宗一面就回来了，陈抟答道："不必看了，寿王就是将来的天下之主。因为我在王府门口看到两个打杂的小厮，观其骨相，全都是将相大臣的命，又何必再见寿王殿下本人呢！"有意思的是，这两个在王府门前打杂的小厮，正是张耆和杨崇勋。[2]

真宗的劝学诗写得太过直白，从诗的角度来说，犹如白开水索然无味。真宗因这首诗而出名，也因为这首诗而被低估。[3]因为这首诗是面向大众搞宣传用的，简单直白才有效果。事实上，真宗的诗品，面对高人雅士时，其实也不低。

大中祥符四年（1011年），真宗导演并主演了一出捧着天书祭

---

1 （宋）吴曾：《能改斋漫录》卷十三。

2 （宋）魏泰：《东轩笔录》卷一。

3 当然，这首诗如此"浅俗"也有可能是因为根本不是真宗所作的。近来已有学者指出这首诗应是一首托名真宗的伪作。参见廖寅：《宋真宗〈劝学诗〉形成过程及伪作原因考述》，《中国高校社会科学》2018年第3期，第145—154页。

祀"后土"于汾阴（在今山西省运城市万荣县）的闹剧。完事之后，真宗路过华阴时，碰到了在华山隐居的道士郑隐。此人早年曾经也是个儒生，后来因为有道士传授给他辟谷练气之法，他修习之后，觉得效果明显，于是就留在华山当了道士。真宗写了一首诗送给他，诗曰：

> 尽日临流看水色，有时隐几听松声。
> 遍游万壑成嘉遁，偶出千峰玩治平。[1]

真宗这首诗写得真清新出尘，很是不错。表面上是在描绘一幅隐居于山水之间的世外高人的生活状态，其实是在告诉世人如此美好的生活，其前提正是我给你们创造的太平盛世。前三句，看水、听松、游山，把仙风道骨深藏不露于寻常事象之中，造景抒情，意境深湛。当然最重要的是最后一句，真宗劝郑隐虽然身为隐士，也应该偶尔出来看看大宋王朝的太平盛世，实为点睛之笔！看来真宗把太宗开创的"升平诗"是学到家了的。

* * *

经过三代人的培养，宋代皇帝身上的文艺范儿基本上建立起来了。真宗的儿子仁宗，就完全是一个符合士大夫想象的文德之君。

仁宗喜欢读书，据说他读《五代史》，读到"周高祖幸南庄，临水亭，见双凫戏于池，出没可爱，帝引弓射之，一发叠贯，从臣称贺"的时候，仁宗突然合上书卷，有些不忍地说："逞艺伤生，非

1　（宋）郑刚中：《西征道里记》。

图1-14 （宋）佚名《松溪放艇图》 故宫博物院藏

朕所喜也！"[1]周高祖的高超箭法，在当年人见人夸，而到了仁宗这里，却成了仗着箭法好而随便杀生的道德污点。从太祖喜欢打猎，到太宗、真宗对打猎没什么兴趣，再到仁宗厌恶打猎，宋代皇帝娱乐生活的去军事化彻底实现了。

仁宗从小接受的是文人士大夫的培养，他文采出众、言谈儒雅，文艺范十足。嘉祐六年（1061年）三月，仁宗在后苑召集宰相、

1 《玉壶清话》卷五。

执政、侍从、台谏、馆阁以下诸大臣举行"赏花钓鱼宴"。席间仁宗写下了一首七言律诗，成为整个宋代升平诗的代表作，诗曰：

> 晴旭辉辉苑籞开，氤氲花气好风来。
>
> 游丝罥絮萦行仗，堕蕊飘香入酒杯。
>
> 鱼跃文波时拨剌，莺留深树久徘徊。
>
> 青春朝野方无事，故许游观近侍陪。

诗的开篇，以晴朗的天气、花气的芳香，描写出诗人所处御苑百花盛开的美妙。中间两联对仗工整，所描绘的景致，色彩华美、富丽华奢，写尽了"御花园"的富贵闲逸之态。最后一句，以朝野无事点题，表明君臣游宴的欢歌笑语，是身处太平盛世好时代的结果。

当时陪侍在侧的近臣中，有宰相韩琦、枢密使曾公亮、参知政事张昇、孙抃、枢密副使欧阳修、何旭等人写诗与仁宗唱和。在众多的和诗中，仁宗最喜欢的是韩琦"轻阴阁雨迎天步，寒色留春送寿杯"一联。这句诗格律严整、对仗精谨，却用语平常，造意清新而又雍容华贵，确实最有太平盛世的宫廷气象。[1]

赏花钓鱼宴这种宫廷生活中最具文艺性的形式，最早也可以追溯到南唐。南唐中主李璟在位时，有一次跟近臣们一起在皇宫的后苑赏花，累了之后就与群臣到池边钓鱼。结果尴尬的是，陪侍的大臣们都钓到了鱼，唯独他们的主子李璟，钓了半天，却始终没有鱼肯上钩，搞得气氛开始尴尬起来。这时侍臣李家明突然跳出来献上了一首诗：

---

1 （宋）邵博：《邵氏闻见后录》卷十七。

> 玉甃垂钩兴正浓，碧池春暖水溶溶。
>
> 凡鳞不敢吞香饵，知是君王合钓龙。

李家明是伶官出身，这首诗的文学技巧并不高超，但胜在自然流畅，最关键的是他的马屁拍得恰到好处，以拟人化的手法，揣测鱼之所以不肯上李璟的钩，是为了让主子钓到更大的鱼——龙。这个解释，一下子轻松化解了李璟钓不上鱼的尴尬。史称李璟听他念了这首诗后，"大喜，赐宴极欢"。[1]

太宗即位后，宋代宫廷中君臣宴会赋诗渐成常态。从史料上看，宋代最早举行的一次赏花钓鱼宴发生在雍熙二年（985年）四月二日。当天，太宗召集宰相、参知政事、枢密使、三司使、翰林学士等高级官员，"宴于后苑，赏花钓鱼，张乐赐饮，命群臣赋诗习射。"[2]这些活动中，赏花钓鱼是前奏，习射是做样子，君臣之间的赋诗唱和才是重头戏。

太宗、真宗朝的文臣都以参加这样的赋诗宴会为荣。著名的文臣几乎都有几首写得极为漂亮的宴会诗传世。如主持澶渊之盟为北宋赢得百年和平的寇准，在赏花钓鱼宴上曾赋诗曰：

> 龙禁含佳气，銮舆下建章。
>
> 碧波微荡漾，红萼竞芬芳。
>
> 玉罂春醪满，金枝昼露长。
>
> 逢时空笮拊，万宇正欢康。

---

1 （宋）马令：《南唐书》卷二十五《李家明传》。

2 （宋）李焘：《续资治通鉴长编》卷二十六。

这首诗写得中规中矩，虽不出彩，但也足以交差。全诗声韵合律，中二联对仗工整，碧波、红蓉之间，透露出宫廷生活中赏花钓鱼的富丽华贵，佳气、欢康之辞，又不忘对天下太平盛世的点题，非常符合升平诗的调子。

赏花钓鱼宴的重头戏虽然是赋诗，但参加者却不是以文采为标准，而是以官场地位为标准，有资格参加者，多是重臣或近臣，级别不到的官员，是没有机会"上林看花"的。当然，如果你有足够的才华，能够借机引起皇帝的重视，那就自当别论了。如驰名太宗、真宗、仁宗三朝文坛的杨亿，早年官职不够，没有资格参加赏花宴。一天，太宗与诸臣在后苑举行赏花宴，看着太宗与大臣们在后苑玩得如此热闹，杨亿心有不甘地写了一首抱怨的诗"群发"给任职馆阁的大臣们，诗曰：

> 闻戴宫花满鬓红，上林丝管侍重瞳。
>
> 蓬莱咫尺无因到，始信仙凡迥不同。[1]

诗中渲染了参加赏花宴是多么地令人艳羡，宫花丝管，君臣悠游，犹如仙境一般的美妙。可是眼见蓬莱仙山就近在咫尺，自己却没法去，诗人才明白神仙（达官贵人）和凡人（官场小角色）终是殊途。这首诗尽管有些小小的抱怨与失落，但又真情实感地写出了对宴会赋诗的渴望。馆阁诸臣们将这首诗转呈给太宗，太宗读后略有些生气地问负责筹备宴会的相关部门官员，有如此诗才的人，为什么没叫他参加？得到的回复是杨亿没有担任馆阁诸职，按例无缘

---

1 （宋）王辟之：《渑水燕谈录》卷七。

与会。太宗立即下诏提拔杨亿"直集贤院"（拥有了馆职身份），并且命人通知他可以参加晚上的宴会。

把富贵升平的废话说一千遍，还要不重样，并不是一件容易的事。对于文采出众的人来说，参加赋诗宴是在皇帝面前崭露头角的好机会。相反，对于文学才华一般的人来说，这样的场合，往往也容易暴露自己才学的庸劣，从而弄得出丑当场，难堪收场。如仁宗天圣八年（1030年）的一次宴会，因为正好碰上有人进贡"山水石"入宫，于是皇帝临时换了"题目"，不写赏花钓鱼，改写"山水石"。结果很多大臣措手不及，冥思苦想半天，也写不几个字，勉强成篇的，也"多荒恶"。

席间还出现一段有趣的小插曲，宫中的优伶们趁机以此做调笑的戏目，表演诸臣的狼狈相。最精彩的一段是，一个大臣走着走着突然倒地不起，正好摔在一块大石上，众人赶忙过去把他搀扶起来，这人站起来后，又气又恼地说："数日来作一首赏花钓鱼诗，准备应制，却被这石头擦倒！"这话一语双关，观者纷纷大笑不止。事后"中书铨定"，秘阁校理韩羲写的诗"最为鄙恶"，遭到"落职，与外任"的处罚。[1]

"赏花钓鱼宴"的盛况，我们可以通过徽宗时期创作完成的《文会图》来感受一下它富贵华丽的画面。画中的环境，杨柳依依，曲苑池塘，一看就是皇宫后苑的风光。画中有九个文人雅士围坐于一个大桌子边，桌上果盘、菜肴、杯盏、插花，交错满席，旁边还有仆从侍女服务，文人们互相三三两两的交头接耳，聊得很是起劲。只看画面，可能看不出君臣赋诗的主题，这一点需要我们把目光上

---

1 （宋）范镇：《东斋记事》卷一。

图1-15 《文会图》局部 台北故宫博物院藏

引到画幅的顶端，看一下徽宗亲笔题写的诗句才能明白，这是一场由皇帝主持的，由亲近大臣参加的赋诗宴。徽宗的诗曰：

> 儒林华国古今同，吟咏飞毫醒醉中。
>
> 多士作新知入彀，画图尤喜见文雄。

徽宗以书画天赋知名于文艺圈，文学才华并不突出。这首诗文采平平，立意也很普通，无非是吹嘘大宋王朝在自己的治理之下，文儒之盛、人才济济。可他以文为诗，抒情状物搞得跟喊口号一样，了无诗味。赋诗、写字、喝酒，这些宴会上常见的套路，徽宗居然用吟咏、飞毫、醒醉这些简单的同义词替换一下，如此低劣的堆砌词语的写法，毫无诗意可言。

同样是写喝酒，仁宗"堕蕊飘香入酒杯"一句，用散落的花蕊随风飘入香气四溢的酒杯中，写出了花香与酒香融为一体的美妙感，显然比徽宗的口水话要高明得多。

写诗讲究押韵，不同的韵目，字数的多少是不等的，字数多的韵，意味着诗人在组词成句的时候可选择的机会多，写起诗来的难度就小得多，反之，如果可选的韵字数量太少，写起来那就难得多。徽宗的题诗在技法上也比较简单，因为全诗押的韵是字数较多的"东韵"，可选的韵字很多，且多是常用字，很容易组词，如"风""中""空""红""同""东""翁""宫""通""公""穷""功""雄""工""鸿""终""融"等等，不胜枚举。而仁宗的那首诗则是用的"险韵"，即字数很少的韵，仁宗押的是"灰韵"，韵字不多，且常用的可组词的字极少，只有"来""开""台""才""栽"等少数几个字能够勉强组词成句。

图1-16 《文会图》宋徽宗题诗

赏花钓鱼宴的场面华丽，气氛欢快，用文艺之盛，共君臣之乐。看似大家都在说废话，互相吹捧，无聊得很，其实这个过程，不但联络了君臣之间的感情，也大大地提高了文学之臣在官僚体系中的地位，引领着宋代文治主义的走向。宴会上，皇帝和大臣们一起赏花、钓鱼、吃饭、喝酒，兴致高涨的时候，皇帝还会亲自剪下御花园中的花给近臣戴上。皇帝每吟成一首诗，大臣们也要以同样的韵应和一首诗，互相唱和，以文会友。威严的皇权在这个时候隐藏到了温情脉脉的文学互动之后，这样的欢愉，对君臣双方来说，都是非常美妙的调和剂。

连工作狂神宗也意识到，赏花钓鱼宴这样的"团建"活动，还是有必要搞一下的，因为它可以联络感情，活跃气氛，有助于增加工作效率。神宗朝由于忙于变法政务，无暇宴会，赏花钓鱼宴停办多年。宋神宗本人不像大多数宋代皇帝那样有文艺生活的情趣，他是一个一心一意搞事业的皇帝，就连政事之余与文臣聊起诗歌，也少有吟诗作赋的雅兴，反倒是经常借着聊诗的话头，跟大臣们继续加班聊工作。

如有一次他问身边饱读诗书的大臣："《诗经》里'青青子衿，悠悠我心'这首诗，为什么会放在《郑风》的最后？"大臣们从未想过这种问题，一时都回答不上来。神宗这时悠然地说道："这事儿没有什么别的原因，就是应了'虐政虐世，然后知圣人之为郛郭也'的这句名言。"众大臣听后都大为叹服。[1]

现代人读到《子衿》这首诗，想到的是一个遇人不淑的女子在那里抒发自己的相思之苦。诗中的名句是"纵我不往，子宁不来？""一日不见，如三月兮"，都是些单相思的"虎狼之辞"。南宋理学家朱熹就说"此亦淫奔之诗也"。当然，古人，特别一本正经的儒家学者，不会，也不许这么想。儒家经典，如《毛诗序》认为这首诗是在说郑国在衰乱之际，学校荒废的衰落景象。"虐政虐世，然后知圣人之为郛郭也"这句话，源出扬雄的《法言》，意思是碰到暴君统治，世道大坏的时候，才知道圣人的礼乐教化的重要。神宗把扬雄的话拿来解释诗经的"编次"问题，信手拈来又恰到好处，不得不让人拍手称绝。

更有意思的是，别的皇帝写诗，大多是吟风弄月，或为消遣娱乐，或为附庸风雅，神宗写诗却是为"存钱"。神宗曾写过一首诗：

---

1 （宋）吴曾：《能改斋漫录》卷十三。

每虞夕惕心，忘意遵遗业。

顾予不武资，何以成戎捷？

这首诗的意思，是神宗在提醒自己，要时刻不忘要完成太祖遗志，收复汉唐旧疆，真正实现一统天下的宏愿。但打仗没有钱，怎么打得了胜仗呢！要论诗的水平，这首诗简直就是以文为诗的典型，太过直白，确实不怎么样。但有此志向，在宋代的皇帝中实属难得。不过要继承太祖收复汉唐旧疆的遗志，就要去开疆拓土，而打仗是很花钱的，"顾予不武资，何以成戎捷？"这句可翻译为："要不是我为动武存够了钱，国家又怎么可能打胜仗呢！"

神宗把每年收上来的金银财宝分库收藏，每一个库房就用这首五言绝句的一个字命名，只要齐集二十库的财宝，那就可以为开疆拓土累积到足够的军费了。他用这样的方式来激励自己好好存钱，可谓在"诗坛"别开生面了。这笔钱后来确实成为用兵西夏、开拓青唐的军费补贴，这个库藏，最后也形成了历史上著名的"御前封桩库"。[1]

神宗这样一本正经地谈诗和写诗，随时随地都想着治国理政之道。脑补一下神宗的日常，跟太宗、真宗、仁宗常常与大臣赋诗唱和的流风雅韵比起来，其宫廷休闲生活真是毫无乐趣可言！

元丰七年（1084年）二月十三日，神宗与宰相聊完政事之后，和宰相们畅想起祖宗时宫廷生活的美好。他说："祖宗时，数召近臣为赏花钓鱼宴。朕亦欲暇日命卿等小饮。"意思是赏花钓鱼宴这种大场面现在办不成了，咱们君臣之间偶尔抽空喝喝小酒也是可以联络

---

1 《挥麈后录》卷一。

一下感情的嘛。神宗接着说："君臣不相亲，则情不通，早朝、早奏，事止顷刻间，岂暇详论治道，故思与卿等从容耳。"

可惜，神宗还是明白得太晚，说完这些话后的第二年，他就去世了，终年三十八岁。

二

两首新诗千里道

——诗词与宋代士大夫的社交生活

嘉祐六年（1061年）十一月十九日，郑州西门外，只见一个二十来岁的青年书生，骑着马正在山道间缓步徐行，口中还一直念念有词，其辞曰：

　　　　不饮胡为醉兀兀，此心已逐归鞍发。
　　　　归人犹自念庭闱，今我何以慰寂寞。
　　　　登高回首坡垄隔，但见乌帽出复没。
　　　　苦寒念尔衣裳薄，独骑瘦马踏残月。
　　　　路人行歌居人乐，童仆怪我苦凄恻。
　　　　亦知人生要有别，但恐岁月去飘忽。
　　　　寒灯相对记畴昔，夜雨何时听萧瑟。
　　　　君知此意不可忘，慎勿苦爱高官职。

　　这是一首古体诗，不讲究声韵平仄对仗，没有格律诗的那些限制，可以直抒胸臆。诗的第一句，"不饮胡为醉兀兀，此心已逐归鞍发",说的是诗人还没有喝酒,却已经像醉了酒一样迷迷糊糊、心不在焉,因为他的心已经随着那个骑马归去的人一起远去了。

清代最有名的才子纪晓岚读了这首诗后说,这第一句,就"起得飘忽"。诗的第一句,就化用了唐代大诗人白居易的两句诗:一为"所以刘阮辈,终年醉兀兀",二是"不饮长如醉,加餐亦似饥"。前者说的是,刘伶和阮籍在魏晋名士中同列竹林七贤之列,蔑视礼法、放浪不羁,刘伶更是平日嗜酒好饮,醉的时候多,醒的时候少,人称"醉侯"。后者以"没喝就醉、久吃不饱"的反常状态衬托出诗人心情的郁结。

起句之后,全诗的主题次第铺开,"归人犹自念庭闱,今我何以慰寂寞",点明了离别之思,诗人孤身上路,寂寞难慰。"登高回首坡垄隔,但见乌帽出复没",人已走远,诗人却迟迟不肯离去。登上山坡,远远望去已看不见那人的身影,只能看到头上所戴的乌帽随着人头上下攒动,在崎岖不平的山路上时隐时现。

如此活灵活现的画面感,实在太催人泪下了,这就是点评家常说的"此真可泣鬼神矣"。这不禁让人联想到《诗经》里述说离别的另一幅相似的画面,"燕燕于飞,差池其羽。之子于归,远送于野。瞻望弗及,泣涕如雨。"看着关心的人离自己远去,这样的伤感,在任何时候都是情难自抑的。

"苦寒念尔衣裘薄,独骑瘦马踏残月",农历的十一月,正值寒冬,想着牵挂的人穿着单衣,独自骑着瘦马赶夜路,诗人的心里一阵酸楚。"路人行歌居人乐,童仆怪我苦凄恻",一路上别人都欢声笑语,只有诗人闷闷不乐,引来童仆奇怪的眼神。"亦知人生要有别,但恐岁月去飘忽",诗人当然也知道离别是人生必经的阶段,可岁月的飘忽不定,命运是如此难料,再见又谈何容易。

"寒灯相对记畴昔，夜雨何时听萧瑟"，诗人想起与"他"一起夜雨听曲的曾经，不知何时才能重现，只能点上一盏寒灯，独坐回忆过去有他相伴时的美妙夜晚。"君知此意不可忘，慎勿苦爱高官职"，最后诗人希望"他"不要忘记了两人早日从官场上退下来，共为闲居之乐的约定，叮嘱他不要被官场上的浮云富贵迷失了本心。

读完全诗，我们不禁想问，这是一种什么样的分别？这位旅途中的诗人是谁？让他如此牵肠挂肚的"他"又是谁？

这位青年诗人，正是宋代最大名鼎鼎的大才子苏轼，而他在旅途中日思夜想的"他"，不是他的老婆，而是他的弟弟苏辙。苏轼和苏辙在这一年的秋天参加了科举考试中最难的"制科"考试，苏轼取得"入三等"的绝佳成绩，苏辙也取得了"入四等次"的好成绩。宋代制科考试的成绩，虽说分为五等，但前面两等从未有人得到过，就连第三等，自大宋开国百年以来，也只有吴育一人曾得过。苏轼这次，是有史以来的第二次。

考中制科后，苏轼两兄弟的官位都得到了大大的提升，苏轼被任命为"将仕郎、守大理寺评事、签书凤翔节度判官厅公事"，苏辙也被任命为"商州军事推官"。兄弟二人虽然早在嘉祐二年（1057年）就考中了进士，但未及授官，就碰上母亲病逝，只得返回眉州老家奔丧和守孝。直到嘉祐五年（1060年）春天，两人才回到京城开封，首次获得朝廷授任的官职，苏轼任河南府福昌县主簿，苏辙任河南府渑池县主簿。

县主簿官小事多，干的又是催税查账的杂事，夹在上司与老百姓之间，两头受气，最是难当，宋代文人多不愿做。两兄弟随后就开始准备制科考试，并未真的前去赴任。

制科授官之后，苏轼辞别父亲苏洵西行前去陕西的凤翔府上

图2-1　苏轼像（左）与苏辙像（右）　台北故宫博物院藏

任，这是两兄弟第一次长时间的分别，苏轼启程之时，苏辙骑马陪同哥哥从开封走到了郑州。送君千里，终须一别，在郑州的西门外，他辞别了苏轼，独自返回开封。苏轼则继续他的西行之路，可苏辙刚走，苏轼就开始想念他了。于是在马上吟出了这首题名为《辛丑十一月十九日，既与子由别于郑州西门之外，马上赋诗一篇寄之》[1]的诗寄给苏辙。

接下来的几天里，苏轼从郑州走到了西京洛阳，然后再西行一百五十里，抵达渑池县。渑池历史悠久，在文人之中可称得上是如雷贯耳的地方。因为战国时，秦赵两国外交斗法中最精彩的"两王相会"的故事，就发生在这里。公元前279年，秦昭襄王约赵惠文

---

[1] 《苏轼诗集》卷三《辛丑十一月十九日，既与子由别于郑州西门之外，马上赋诗一篇寄之》，（清）王文诰辑注，孔凡礼点校，中华书局，1982年，第95页。

王在渑池相会，秦国趁着在战场上的新胜之威，想在外交场合占赵国的便宜，好在有蔺相如机智勇敢的回答，才在强秦面前保住了赵国的脸面。这场唇枪舌剑的拼杀，可谓是战国时代真刀真枪的战场之外的第二战场，一个属于文士的战场。渑池之会蔺相如的风采，令无数文人雅士神往。

早在五年前的嘉祐元年（1056年），苏轼和苏辙在老父亲苏洵的带领下一起入京赶考时，就曾路过渑池，二人曾借宿在县中寺院里，还在寺壁上一起题诗咏叹。这一次，苏辙在知道哥哥路过渑池后，寄了一首诗给苏轼，既伤感二人的分别，又感怀当年的同行。诗曰：

> 相携话别郑原上，共道长途怕雪泥。
>
> 归骑还寻大梁陌，行人已渡古崤西。
>
> 曾为县吏民知否，旧宿僧房壁共题。
>
> 遥想独游佳味少，无言骓马但鸣嘶。[1]

这是一首七言律诗，跟刚才苏轼那首"古体诗"不同，七律在写法上有一些基本的规则，从技巧上来说要难一些。如每句之中，用字要讲求平仄交替相对，即同一句中要平仄交替，跟对句又要平仄相对。如这首诗的第一句，"相携话别郑原上，共道长途怕雪泥"，上一句的"相携"为平声，下一句的"共道"则为仄声，接着平声"相携"的"话别"，就要是仄声，而接着"共道"的"长途"，则要是平声，如此平仄交错对应，方能体现出汉字的声韵之美。

此外，七律还有一个难点，就是中间两联要做到对仗工整。这

---

1 （宋）苏辙：《栾城集》卷一。

首诗中，"归骑还寻大梁陌，行人已渡古崤西"，其中"归骑"对"行人"，"还寻"对"已渡"，"大梁陌"对"古崤西"，词意相对，词性相近，是工整的对偶句。要满足上述这些条件，还要能够做到叙事抒情，其实并不容易。

苏辙这首诗的大意为：与兄长在郑州话别的情景，还历历在目，心中还有一丝温暖，但突然想到苏轼要一个人走那么远的路去凤翔，又时值寒冬，他开始担心，哥哥要在大雪之后的泥泞道路上艰难地行走。他在返回开封的路上，听到苏轼已经穿过了古崤关到了渑池县。这里是他怀念哥哥的伤心地，苏辙曾被任命为渑池主簿，虽然没有到任，但这也是自己和此时正在渑池的苏轼最为微妙的一点联系，何况两兄弟在五年前路过这里时，还一起在寺壁上题过诗呢！可是，现在只有苏轼一个人独游当年二人同行之地，这种苦涩的滋味，已是话到嘴边不堪说，只留下马儿的嘶鸣。

收到苏辙寄来的这首诗后，苏轼肯定激动不已，题笔写下了宋诗七律的名篇《和子由渑池怀旧》：

> 人生到处知何似，应似飞鸿踏雪泥。
>
> 泥上偶然留指爪，鸿飞那复计东西。
>
> 老僧已死成新塔，坏壁无由见旧题。
>
> 往日崎岖还记否，路长人困蹇驴嘶。[1]

这是一首典型的和诗。按例，苏辙寄来的是一首七律，苏轼也应该回一首七律，而且这首回诗的所有的韵以及韵字的位置都要与

---

1 《苏轼诗集》卷三《和子由渑池怀旧》，第97页。

"相和"的那首诗一样。这一点，我们可以看一下，两首诗的韵脚确实恰恰依次正是"泥""西""题""嘶"。

唐宋时代是中国古典诗歌发展的鼎盛期，不但诗家辈出，而且诗派众多，诗人之间的交流需求越来越频繁，以诗会友、以诗相交，成为文人骚客们日常生活中非常重要的内容。"唱和诗"在以前主要是"和意不和韵"，和诗看的是内容而不是形式，只要意思相和、情感相通，就行了。但唐宋时代，是我们古代格律诗的黄金时期。格律诗的形式感很强，诗人们在和诗的时候，越来越追求形式上的相同。声韵一致，是唱和的基本要求。

明代人徐师曾总结古人和诗的类型，认为可以分为三类："一曰依韵，谓同在一韵中而不必用其字也。二曰次韵，谓和其原韵而先后次第皆因之也。三曰用韵，谓其用韵而先后不必次也。"[1]其中所谓的"次韵"，是最难的，因为次韵的写法，不仅韵要相同，还要所用韵字的顺序也要相同，所以"最困人"。清代的诗人吴乔说，这种玩法，"如相殴而自縶手足也"。之所以束手束脚，就是因为，"盖心思为韵所束，于命意布局，最难照顾。"[2]

最早玩次韵诗的元稹就曾说，他之所以喜欢跟白居易往复次韵，就是因为这种玩法带有一种炫技的快感。他说："小生自审不能有以过之，往往戏排旧韵，别创新词，名为次韵相酬，盖欲以难相挑耳。"[3]向高难度挑战的刺激，为朋友间的文字游戏，增添了普通人无法会意的愉悦感。

对于这种过于注重技巧形式的"斗诗"，唐宋时代的诗人，也

1 （明）徐师曾：《文体明辨序说》。

2 （清）吴乔：《答万季野诗问》。

3 （宋）计有功：《唐诗纪事》卷三十七。

有不以为意者。如王若虚，生活在金朝末年，相当于南宋中后期，他就坚决主张，写诗当"写哀乐之真"，反对一味炫技，自我设限。在他看来，不能直抒胸臆的诗，就不是好诗。他说："次韵实作者之大病也，诗道至宋人，已自衰弊，而又专以此相尚，才识如东坡，亦不免波荡而从之。集中次韵者几三之一，虽穷极技巧，倾动一时，而害于天全者多矣。使苏公而无此，其去古人何远哉！"[1]

在王若虚看来，苏轼要是不从俗去写那么多的次韵诗，其诗歌成就当会更高。

其实诗写到最后，不是写押韵、对仗、平仄、辞藻、用典这些一般士人如数家珍的本事，而是写境界。我们看苏轼回复苏辙的这首次韵诗，可以发现，苏轼的诗境果然要高出苏辙一头。当苏辙的相思，还沉浸在过去的美好记忆中时，苏轼已经从哲学的高度看透了相思的真谛：人生一世，所到之处必多，相似之处也必多，我们不必对此有过多的牵挂。因为这就像天上的飞鸟，偶尔踏足于铺满雪花的泥地上一样，纯属偶然。在泥上不经意间留下爪印，对于生命不止就振翅不停的飞鸟来说，它根本不会在意。这句可谓全诗最具禅意之处，犹如佛家所说，"雁过长空，影沉寒水"，路过的大雁并无意于在天空中留下自己的踪迹，平静的水面也没有留住倒影的心思。

这时才二十多岁的苏轼，竟然已经参悟到了需要数十年茫茫人生磨砺才能领悟到的哲理。

人生无常，世事难料。苏辙还在遥远的开封怀念两兄弟于寺壁上一起题诗的瞬间，而有幸身临其地的苏轼在寺壁前却发现，当年

---

1 （金）王若虚：《滹南诗话》卷二。

图2-2 （宋）马麟《溪山行旅图》局部 台北故宫博物院藏

招待他们的寺僧奉闲早已不在人世。故人已死，寺壁已坏，题诗也再也不见。他唯一可以怀念的只有怀念本身了，于是只能怅然所失地看着安葬僧人奉闲灵骨的新塔伫立在风中。兄弟分别，道路崎岖，诗人想起此前来这里时的狼狈——骑了一路的马累死了，只好骑驴，路途太长，人困驴乏，搞得那头瘦驴在山道上惨叫。

＊　＊　＊

苏轼与苏辙郑州一别之后，从此一生聚少离多，兄弟之情、相思之意，全靠写诗作词相寄托。二人的诗集中，留下了大量的唱和诗，仅像刚才所举的渑池诗那样的"次韵诗"，苏轼就给苏辙写过八十七首。同样地，苏辙写给苏轼的次韵诗更是多达一百七十一首，这成为二苏文学创作中占据中心地位的一个题材。这些诗往往以"赠""答""和""次韵""次韵和""戏""呈现"等字样题名，一眼便知唱和的主题。

　　有意思的一个现象是，在这些唱和诗中，苏轼因为到处做官的原因，常常可以游历名山大川、名胜古迹，所到之处，往往诗兴大发，必定寄诗给苏辙共享乐游，犹如我们今日在旅游之后，一定会发个朋友圈晒一下旅游的见闻一样。反过来，对于接到寄诗的人来说，这也可以起到虚拟的游览效果。早年的苏辙一直陪在父亲身边，没有机会在外做官，只有从苏轼的诗中欣赏远方的风景。

　　苏轼到凤翔后，公务之余也常常外出游山玩水。唐宋时代，凤翔附近最有名的是终南山（秦岭），苏轼自到任后，经常前去游玩。嘉祐八年（1063年）年初，苏辙听说哥哥打算重游终南山，他知道后竟然特别激动，寄诗给苏轼：

> 终南重到已春回，山木缘崖绿似苔。
>
> 谷鸟鸣呼嘲独往，野人笑语记曾来。
>
> 定邀道士弹鸣鹿，谁与溪堂共酒杯。
>
> 应有新诗还寄我，与君和取当游陪。[1]

　　苏辙在诗里想象寒冬之后，大地回春，终南山又是一派欣欣向荣的气象了，山中树木重焕生机，像绿色的青苔铺满了山崖。接下来，苏辙笔锋一转，开始调侃起哥哥来：山里的鸟儿喳喳叫，像是在嘲笑苏轼的独自出行，山野之人笑着问他怎么又来了。

　　这时苏辙开始有些郁闷了，他想到哥哥到了终南山，一定会和道士一起弹琴高歌，只是不知道是谁会和苏轼在当地的名胜"南溪堂"举杯共饮了。

---

1 《栾城集》卷二《闻子瞻重游南山》。

虽然不能与苏轼一起畅游山水间，但苏辙还是希望可以换个方式和哥哥一起游山玩水，在哥哥的诗里，与他同游。最后苏辙请求苏轼，在旅途中要是写了新诗，一定要寄给他，和哥哥的次韵和诗，也算是陪着哥哥去旅游了吧！苏辙虽然与苏轼同时获得朝廷"商州军事推官"的任命，不过为了照顾年迈的父亲，苏辙选择了留在开封陪苏洵编书。眼看着苏轼可以在外"看世界"，他也一定会有想出去看看的想法吧。

　　苏轼接到苏辙寄来的诗时，大概正在终南山中漫游，他提笔给苏辙回了一首次韵的七言律诗：

> 去年新柳报春回，今日残花覆绿苔。
>
> 溪上有堂还独宿，谁人无事肯重来。
>
> 古琴弹罢风吹座，山阁醒时月照杯。
>
> 懒不作诗君错料，旧逅应许过时陪。[1]

　　苏轼想说的是：去年的柳枝发了新芽，预报春天又回来了。今天的风景，只是一地残花覆盖在绿苔之上。我又留宿在了南溪堂，谁没有事儿会重来这里呢？还不是只有我一个人独自进入梦乡。我坐在山阁里，酌上一杯酒，弹着古琴，听着风声，渐渐醉去，醒来的时候，正好看见倒映在杯中的明月。你想不到吧，我偷懒没有写下新诗，以前答应的一起游山玩水的许诺，只有以后有机会再给你补上了。

　　苏轼的回诗，有些淡淡的扫兴，我们甚至看不到"旅游的快

1　《苏轼诗集》卷四《重游终南，子由以诗见寄，次韵》，第169页。

两首新诗千里道　—

乐"，大约是因为他体会到了苏辙的久困家中的心境，不想用山水之乐引起弟弟的躁动不安吧。所以他在和诗里，尽量压抑了自己游览终南山的兴致。苏轼虽然心疼苏辙不能像自己一样外出游玩，可又忍不住常常把自己的"旅游计划"告诉苏辙。

苏辙天天在家里想象苏轼在外的神仙生活。这年夏天，苏轼计划再去终南山一游，而且打算在山中的太平宫溪堂暂住一段时间，读书自娱。溪堂读书，何等惬意，苏辙接到这个消息后，又是一番激动不已，他给苏轼写了一首诗：

> 为吏岂厌事，厌事日堕媮。著书虽不急，实与百世谋。
>
> 问吏所事何，过客及系囚。客实虚搅人，囚有不自由。
>
> 办之何益增，不办亦足忧。嗟此谁不能，脱去使自收。
>
> 幽幽南山麓，下有溪水流。溪上亦有堂，其水可濯漱。
>
> 终日不见人，惟有山鹿呦。是时夏之初，溪冷如孟秋。
>
> 山楂黄笠展，林笋紫角抽。朝取笋为羹，莫以楂为羞。
>
> 溪鱼鲤与鲂，山鸟莺与鸠。食之饱且平，偃仰自佚休。
>
> 试探篚中书，把卷揖前修。恍如反故乡，亲朋自相求。
>
> 蔚如瓮中糟，久熟待一篘。为文若江河，岂复有刻镂。
>
> 尚何忆我为，欲与我同游。我虽不能往，寄诗以解愁。[1]

这首诗写得好长，如果没有足够的耐心，根本没法读完，足见苏辙有很多话想跟哥哥说。诗的开头，他劝解哥哥不必太过忧心吏事。他知道哥哥每天的工作，就是官场上的迎来送往和衙门里的审

---

1 《栾城集》卷二《闻子瞻将如终南太平宫溪堂读书》。

图2-3　（宋）李成《晴峦萧寺图》局部　美国纳尔逊·阿特金斯艺术博物馆藏

案断狱。这些琐事占据了哥哥太多的时间，哥哥可是举世公认的天才啊，还是要分点时间写文章、做学问的，要为后人留下传世之作。

　　然后画面一转，从尘俗到了仙境。终南山下，空谷幽幽，溪水潺潺。没有迎来送往的打扰，唯有山间的呦呦鹿鸣。山里有竹笋，溪中有鲤鱼，林中还有鸟鸠，山珍美味，尽收腹中。苏轼此次入山读书的太平宫，全称上清太平宫，是北宋最有名的皇家道观，太宗即位，得到终南山的"神棍"张守真的鼎力相助，事成之后，为了答谢张守真，太宗出资为他修建了这座宏伟的道观。

深山中的寺观，一向是宋人理想的静读之地。有山有水，吃喝不愁，深山无人，俗事尽忘，这是一个读书的好地方啊！在这里既可以安静地读书，又可以继续写书。在这样的溪边读书，神清气爽；在这样的堂前写书，文思泉涌。"尚何忆我为，欲与我同游。我虽不能往，寄诗以解愁"，苏辙开玩笑地对苏轼说：你就安心在山里待着吧，不要再想着跟我游山玩水了，我虽然不能陪你同游，但我可以写诗寄给你，以解不能出门之愁。

其实当时苏轼的日子，并不像苏辙想象的那样舒适。自两年前到任凤翔签判以来，他天天忙于应付朝廷和上司交派的各种杂务，巡视府属各县，日常公务多是催税、判案之类的苦差。他既为这些杂事所苦，常常开玩笑想要"躺平"，可当他亲见了当地老百姓的生活艰难，他又激起了自己的斗志，想要为人民做点有益的实事，因此再苦再累，也坚持不放弃。所以在苏轼看来，这次到终南山太平宫读书，只是忙里偷闲而已，谈不上有多安逸。

苏辙寄来的这首诗很长，一共有二十句。也就是押了同韵的二十个字，苏轼要"次韵和诗"，难度其实挺大的。因为他不但要在诗里把想对弟弟说的话说清楚，还必须在每句话的押韵上都跟苏辙的诗一样。当然，这种"雕虫小技"自是难不倒天才的诗人。我们来看一下苏轼的回诗吧：

> 役名则已勤，徇身则已媮。我诚愚且拙，身名两无谋。
>
> 始者学书判，近亦知问因。但知今当为，敢问向所由。
>
> 士方其未得，惟以不得忧。既得又忧失，此心浩难收。

譬如倦行客，中路逢清流。尘埃虽未脱，暂憩得一漱。

我欲走南涧，春禽始嘤呦。鞅掌久不决，尔来已徂秋。

桥山日月迫，府县烦差抽。王事谁敢愬，民劳吏宜羞。

中间罹旱暵，欲学唤雨鸠。千夫挽一木，十步八九休。

渭水涸无泥，蒭堰旋插修。对之食不饱，余事更遑求。

近日秋雨足，公余试新篘。幼劳幸已过，朽钝不任锼。

秋风欲吹帽，西阜可纵游。聊为一日乐，慰此百日愁。[1]

苏轼感叹，自己两年来的官场生涯，是"我诚愚且拙，身名两无谋"。当我们正惊讶于苏轼居然刚踏入官场，就发现了自己并不是一个混仕途的料的时候，他又话锋一转，说自己这两年在官场上虽然不适应，但还是学到了不少东西——"始者学书判，近亦知问囚"。他学会了审问罪犯，也学会了写庭审判决书，这些是以前读书求学时所不曾有过的经历。就在上一年，即嘉祐七年（1062年）二月，苏轼奉命巡视凤翔府下属的宝鸡、虢、郿、盩厔四县，"减决囚禁"，当时他曾写诗寄给苏辙，聊到自己外出公干，顺便游览终南山的事，这就是"远人罹水旱，王命释俘囚。分县传明诏，寻山得胜游"。

接下来苏轼在诗中向苏辙吐槽自己任职以来，患得患失的心态。没当上官的时候想当官，当上官之后，又怕当不好。他把自己比作宦海生涯中的"倦行客"，一遇到机会，就想停下来暂时休息休息。可是事情却多得做不完——"鞅掌久不决"。这时为什么会这么忙呢？原因是"桥山日月迫"。相传黄帝死时葬于桥山，故以此代指帝王之葬事。当年正好碰到仁宗驾崩，为了筹集朝廷摊派下来的给

1 《苏轼诗集》卷四《和子由闻子瞻将如终南太平宫溪堂读书》，第179—180页。

仁宗办丧事的各种物资，地方上疲于应付。

才忙完了朝廷征收摊派的任务，又碰上这年夏天的旱灾。为了求雨，苏轼在七月底代表官府到磻溪[1]向传说中的"姜太公"求雨。因为遭逢大旱，苏轼又负责修治渭河的水利，在工地上他看到了民工们的辛苦，体会到民生之艰难，忧心得吃不下饭、睡不着觉。直到后来秋雨下了下来，他才终于松了口气，有了品尝新酒的兴致。秋风已起，是时候进山纵游了。最后他对苏辙说，你不要羡慕哥，哥这不过是天天"九九六"后的一点可怜的快乐罢了！

＊　　＊　　＊

距离，是我们对抗孤独最大的障碍。写诗，的确已成为苏轼与苏辙两兄弟分隔两地后最常见的交流方式。不过，比起诗歌，苏轼更为名满天下的是"词"。词是唐末五代以来兴起的一种崭新的诗歌体裁。当时的人在唐代流行的近体诗（绝句和律诗）的基础上，增减字词，变化句式，使得整齐划一的诗句变成错落有致的长短句，再配以固定的乐曲吟唱，渐渐形成固定的"词牌"，这样词就诞生了。词跟绝句、律诗一样，仍然要讲求平仄对仗，只是用韵没有近体诗那么严格，因此词的韵比诗的韵要宽泛一些。

词产生以后，很长一段时间里，都是在烟花曲巷间传唱。最初，士大夫之间以词的方式来寄情交往的并不多见。早期的词，一般用在酒宴上伴着乐曲由歌妓们演唱，助酒兴、搞气氛，后来文人雅士们参与词的创作以后，词成为文人聚会时炫耀才华或抒发感情的载体。在歌舞之间，即席赋词以助兴，成为时人聚会时最常见的消遣方式之一。这决定了词最初带有较强的"即时性"，加上词产

1　磻溪：流经今陕西宝鸡东南的一条小河，传说是历史上著名的姜太公钓鱼处。

生和创作的过程，没有诗那么正式，其地位在宋初是不能和诗相比的。

词往往是写给佳人的，诗才是写给兄弟的。宋词里出现酬唱应对的情况，已是北宋中期以后的事了，而大规模的、普遍的以词唱和的活动，要直到南宋才真正兴盛起来。

苏轼是开宋词一代风气之先的人物，他在词方面的成就远远大于诗。不过有意思的是，他与苏辙用"词"的形式来互述衷肠，比用诗要晚很多年。

熙宁四年（1071年），苏轼因上书直指新法之弊，遭到朝中掌权的变法派的抨击，被赶出了京城，外任杭州通判。虽然被贬，但杭州是个好地方，他以通判之身，在烟雨江南过了好几年神仙般的日子。熙宁七年（1074年）秋，苏轼杭州通判任满，他想念弟弟了，上书朝廷，请求把自己调到离苏辙较近的地方。苏辙在熙宁初年也因为反对变法而被外贬，这时正在齐州（今山东济南）任"掌书记"。朝廷满足了他的愿望，当年九月，下诏擢升他为密州（今山东诸城）知州。

齐州与密州相距不远，同属京东东路。想到离弟弟越来越近，苏轼也越来越激动。在快到密州的时候，他有一天天还没亮就起来赶路，盼望着可以早一点与弟弟相会。他在急驰的马上吟出了一首《沁园春》的词寄给苏辙，这是两兄弟第一次用词遥相唱和：

孤馆灯青，野店鸡号，旅枕梦残。

渐月华收练，晨霜耿耿，云山摛锦，朝露漙漙。

世路无穷，劳生有限，似此区区长鲜欢。

微吟罢，凭征鞍无语，往事千端。

当时共客长安。

似二陆初来俱少年。

有笔头千字，胸中万卷，致君尧舜，此事何难。

用舍由时，行藏在我，袖手何妨闲处看。

身长健，但优游卒岁，且斗尊前。[1]

清晨孤单的旅舍还亮着青灯，乡村野店的鸡鸣把苏轼从睡梦中惊醒。月色渐收，寒霜照人，远处的云山依稀可见，早上的露水沾湿了马蹄。月光、山色、晨霜、朝露，这本来也是一幅美妙的图景，可一想到还有做不完的工作和有限的人生时光，他又怎会有心情欣赏路上的风光。诸般往事浮上心头，诗人策马前行，低声叹息，说不出一句话来。

苏轼想到与苏辙在一起的高光时刻，就是当年一起进京赶考，名动中原之时。那时的他们，犹如西晋初年陆机、陆云兄弟同入洛阳，名震华夏之际，少年才子，何等的意气风发。彼时的两兄弟，下笔如有神，读书破万卷，天真地以为凭着自己的才华，把大宋皇帝变成尧舜之君，也不是什么难事。可是现实却是残酷的，十多年来，两兄弟虽然名满天下，却始终不得重用。可是想不到的是，就算混得不怎么样，诗人竟还有"用舍由时，行藏在我"的豪气，不愿掺和朝中看似热火朝天的变法事业，宁愿做个袖手旁观之人。

最后他打趣地总结道，宇宙的尽头是养生，一切都不重要，活得长才是王道。举起酒杯，只管好好生活吧。

熙宁七年（1074年）十二月，在一千多里的起早贪黑的长途跋

1　邹同庆、王宗堂：《苏轼词编年校注》，中华书局，2007年，第134—145页。

相逢幸遇佳時節
月下花前且把盃

图2-4 （宋）马远《月下把杯图》 台北故宫博物院藏

涉后，苏轼终于抵达期待已久的密州，正式就任密州知州。到熙宁
九年（1076年），苏轼在密州任上已快两年，当初调到密州，就是
想着密州离齐州较近，能与苏辙经常相见。可结果事与愿违，密州
与齐州虽说同属今天的山东省，可也有近三百公里的距离，就算以
今时今日的交通条件，开车自驾走高速也要三个小时，说远不远，
说近也不近。这两年来，兄弟二人各忙于公务，竟然无缘得见一面。

　　这一年的中秋之夜，苏轼与亲朋"欢饮达旦"，酒醉之际，想起团圆之夜，弟弟苏辙不在身边，一时感触，写下了那首千古传诵的《水调歌头》，成为诗词中写"中秋"心境的古今第一名篇：

> 明月几时有，把酒问青天。
>
> 不知天上宫阙，今夕是何年。
>
> 我欲乘风归去，又恐琼楼玉宇，高处不胜寒。
>
> 起舞弄清影，何似在人间。
>
> 转朱阁，低绮户，照无眠。
>
> 不应有恨，何事长向别时圆。
>
> 人有悲欢离合，月有阴晴圆缺，此事古难全。
>
> 但愿人长久，千里共婵娟。[1]

这首词，自一问世，便惊艳文坛，成为无数文人墨客模仿的对象。特别是上阕的"我欲乘风归去，又恐琼楼玉宇，高处不胜寒。起舞弄清影，何似在人间"一句，情景相交，如虹贯日。与苏轼差不多齐名的大词人黄庭坚后来曾仿此句作词，有"我欲穿花寻路，直入白云深处，浩气展虹霓。只恐花深里，红露湿人衣"等语，格调仿佛，一样精彩。

这首《水调歌头》后来传到京城开封，都下人人传唱，乃至惊动了神宗本人。文人间相传，"元丰七年（1084年），都下传唱此词。神宗问内侍外面新行小词，内侍录此进呈，读至'又恐琼楼玉宇，高处不胜寒'，上曰：'苏轼终是爱君'，乃命量移汝州。"[2]

---

1 《苏轼词编年校注》，第173—174页。

2 （宋）陈元靓：《岁时广记》卷三十一。

神宗一向爱惜苏轼的才华，只是苏轼对于神宗主导的变法事业，一直不肯全心全意地支持。后来更因"乌台诗案"被贬，潦倒官场。幸得神宗从这首词中读出了他一片忠君爱国之心，贬谪的待遇才有些许提升。当然，这个故事，很有可能是穷酸秀才们的臆想，不过，他们相信，苏轼的这首词能够打动神宗，足以说明大家是有多么地喜欢这首词了。

宋代著名的诗评家胡仔在他的《苕溪渔隐丛话》中说："中秋词自东坡《水调歌头》一出，余词尽废。"明代大才子杨慎在《草堂诗余》中评此词："中秋词古今绝唱。此等词翩翩羽化而仙，岂是烟火人道得只字。"可以说，苏轼一曲"明月几时有"，和别的写中秋的词比起来，确有仙凡之别。

苏轼的一生，其实写了很多首《水调歌头》，即便是写中秋的，也不只这一首。但独有这首词，家喻户晓，它究竟好在哪里呢？

我以为，它好就好在回望人间，缥缈天外，无所用心，不着痕迹。用语浅显平常，但意象却大开大合，气象万千。而且意味无穷，不同的人读来，可以有不同的味道。表面上像是在讲中秋团圆，实际上是在讲人生在世，岂能事事如意。可稍加细思，又像是在向我们述说人生态度的豁达。而忠臣孝子们又可以从天上宫阙、高处不胜寒中读出忠君爱国的一片赤诚之心。

其实哪有那么多的意思啊，他只是想弟弟了而已！这世间，最能被这首词打动的，应该是苏辙，事实上也是如此。

第二年，也就是熙宁十年（1077年）的中秋节，分别了七年的两兄弟终于在徐州相见了。这年的中秋夜，兄弟俩一起饮酒赋诗，不用再隔空遥寄，可以即席吟唱了。席间，苏辙为苏轼写下了另一首抒写中秋心境的《水调歌头》：

离别一何久，七度过中秋。

去年东武今夕，明月不胜愁。

岂意彭城山下，同泛清河古汴，船上载凉州。

鼓吹助清赏，鸿雁起汀洲。

坐中客，翠羽帔，紫绮裘。

素娥无赖，西去曾不为人留。

今夜清尊对客，明夜孤帆水驿，依旧照离忧。

但恐同王粲，相对永登楼。

"去年东武今夕，明月不胜愁"，说的就是去年中秋夜，正是苏轼在密州（古称"东武"）写下"明月几时有"的寂寞夜晚。同样是写中秋，苏辙此词的基调是悲伤的。苏轼去年的《水调歌头》，全诗的情绪是旷达的，尽管中秋夜，弟弟不在身边，他有些许遗憾，可他感怀的同时，也在放下团圆的执念，一边说愁，一边消愁。按理说，今年的中秋夜，人月两团圆，应该高兴才对啊。可苏辙的这首词，为什么这么伤感呢？

苏辙此次来徐州，是趁候任"南京留守判官"的空档而来。按计划，他本来准备第二天离开徐州，启程前去南京（今河南商丘）赴任。今夜虽然在一起，可明早就又要分离了。"今夜清尊对客，明夜孤帆水驿，依旧照离忧"，对苏辙来说，今晚的高朋满座有多么的热闹，明晚独自上路的自己就有多么的孤寂。离别之忧，始终是他挥不去的阴影。在苏辙看来，相会的时间是短暂的，聚少离多才是两兄弟的真正命运。这首词的最后一句，用东汉末年名士王粲登楼的典故，点明了自己对未来无尽的离别之愁的焦虑。

苏轼大概是不想弟弟太过感伤吧，在见了苏辙的这首《水调歌头》后直言词意太过悲伤——"其语过悲"。其实两兄弟的相思之情，如果要细说的话，还是大有不同的。苏轼对苏辙是想念，见到好的风景，就想跟他同游；吃到好的东西，就想和他同食。而苏辙对苏轼是依恋，是时时刻刻都想黏在一起。

我们从苏辙自己的内心独白中可以体会得很明白，他曾说，"我从小跟着哥哥读书，我们没有一天分开过。长大以后，才发现，我们不得不因为要去各地做官而分别，当我第一次读到韦应物的那句'安知风雨夜，复此对床眠'的时候，不禁心下恻然。"[1]苏辙的梦想是，两兄弟最好可以一起辞官不做，回家共为"闲居之乐"，在风雨之夜，对床共眠。

苏辙之思念苏轼，比苏轼之思念苏辙要浓烈得多。这也是为什么苏辙写了一百七十一首次韵唱和诗给苏轼，而苏轼只写了八十七首给苏辙的缘故，苏辙写的整整比苏轼多了一倍有余。

苏轼当然知道弟弟为什么悲伤，在熙宁十年（1077年）这次中秋夜与苏辙的唱和词中，他只得尽量宽慰苏辙。显而易见的是，苏轼今年的这首和词《水调歌头》就没有去年那首出名，传唱度要低得多：

> 安石在东海，从事鬓惊秋。
>
> 中年亲友难别，丝竹缓离愁。
>
> 一旦功成名遂，准拟东还海道，扶病入西州。
>
> 雅志困轩冕，遗恨寄沧洲。

---

1 《栾城集》卷七《逍遥堂会宿二首并引》。

岁云暮，须早计，要褐裘。

故乡归去千里，佳处辄迟留。

我醉歌时君和，醉倒须君扶我，惟酒可忘忧。

一任刘玄德，相对卧高楼。

这首词其实也写得很不错，而且作为一首"次韵"的唱和词，它必须在韵脚和句意上跟苏辙的那首一一对应，可谓戴着镣铐跳舞，难度可想而知。苏轼并没有让我们失望，他在如此受限的情况下，仍然游刃有余，的确才气纵横。可这首词在大众中的知名度又很低，为什么呢？因为他的阅读难度较大，词里大量运用历史典故，普通人根本不知道这些历史故事是什么，更遑论从这些故事中体会作者的心境了。

苏轼起句就用了东山之志的典故。谢安出身门阀大族，又名重朝野，虽家门富贵，却恬淡安静，无意功名，高卧东山，隐居不出。到四十多岁时，他在官场上还一事无成，有人担心他的前途，劝他不要躺平，要奋发有为，说："丈夫不如此也！"意谓大丈夫还是应该去追求功名富贵。谢安听后，赶紧捂住鼻子，不屑地说："恐不免耳。"意指别人都以为拼尽全力也不一定能够功成名就，但以谢安的家世和才学，不要这世俗所谓的功名富贵才是难事，因为时势造英雄，功名富贵对他来说，恐怕是躲都躲不掉的宿命！[1]这话说得，属实有点太过凡尔赛了。

苏轼以谢安自况，宽慰苏辙，他们两兄弟的东山之志——青年时代相约辞官还乡、闲居共乐的约定，他一直记着，只要有机会，

---

1 《晋书》卷七十九《谢安传》。

他一定会辞官不做，跟苏辙一起回家同住，践行当初的夙愿。

而词的最后一句，用的是刘备的典故。刘备依附于刘表的时候，有一次东汉末年的名士许汜跟刘表闲聊，品评天下人物，许汜说陈登不是个东西，我之前逃难路过下邳去拜见他，他一点地主之谊都不尽，见了面，话都不跟我说，自己上了大床呼呼大睡，却让我睡下床，全不知道待客之礼。刘备一向看不惯许汜的为人，当场怼他说："你素来有国士之名。现今天下大乱，皇帝流离失所，大家都以为你是忧国忘家的人，一定天天想着怎么救世解难。结果你见了陈登，说的都是些求田问舍的事儿，谁想听你废话呢！陈登不理你，让你睡下床，已经很照顾你面子了，要是我的话，直接自己登上百尺高楼呼呼大睡，而你只配睡地下，何止是上下床的差别而已！"[1]

说到这里，大家猜一猜，苏轼觉得，自己是这个故事中的刘备呢？陈登呢？许汜呢？还是刘表呢？

尽管两人马上就要被无聊的仕途分开，但苏轼不是一个悲观的人，和苏辙在中秋夜想到明天就要与哥哥分离，立即抑制不住悲伤不同，苏轼虽然也有些伤感，但他却有一股苦中作乐的坦然。他善于从困难的生活中找到乐趣，常常能够把不如意的事，变成无所谓的事。

"中年亲友难别，丝竹缓离愁"——想我了，你就听听歌吧。"故乡归去千里，佳处辄迟留"——想家了，那就把他乡作故乡吧。他是这么说的，也是这么做的。比如他到杭州，见到江南好风景，他就把思乡之情抛诸脑后了，甚至说出了"我本无家更安住，故乡

1 《三国志》卷二十九《陈登传》。

两首新诗千里道

无此好湖山"这样没心没肺的话来。

"我醉歌时君和，醉倒须君扶我，惟酒可忘忧"——世上真的没有什么坎儿是一顿酒解决不了的。如果不行，那就再喝一顿，直到喝醉为止，一醉解千愁。

* * *

诗词既是宋代士大夫的必备技能，又为宋代士大夫搭建了一个独享的社交平台。苏轼与苏辙的诗词唱和，是熟人社交和远程社交的典范，诗词唱和在这个场域中起到的是网络时代微信朋友圈的效果。唱和的双方，可以借此知悉对方的动态，喜怒哀乐，感同身受。

元丰七年（1084年），因乌台诗案被贬黄州多年之后，苏轼终于得到朝廷的优待，将贬所改移到离京城更近一点的汝州（今河南汝州）。他在北返之时，于当年七月路过金陵，拜访了已经退休多年的王安石。苏轼对王安石主持的熙宁变法，颇多不满，也因此成

图2-5　王安石像　台北故宫博物院藏

为新法派的眼中钉。王安石罢相以后，新法派更没有政治底线，他们炮制了臭名昭著的乌台诗案，让苏轼受了不少苦头。

据说苏轼刚到金陵，与王安石一起游览蒋山，走累了找到一个地方休息喝茶，王安石见到几案上有一方大砚台，就跟苏轼玩起了即兴赋诗的游戏。王安石的诗才与苏轼不相上下，而且特别擅长"集句诗"，即将古人所写诗里不同的句子，凑在一起组合成一首新诗。集句诗的难点在胸中要装着足够多的古人诗句，还要能浑然天成地从本来不相关的诗句大数据库里选出合适的句子，组成一首诗，既要诗意相连，又要平仄相合，还要对仗押韵，绝对比自己写还难。

王安石是宋代"集句诗"的集大成者，现存王安石诗集里有大量的集句诗。王安石现存的集句诗将近七十首，不但数量多，而且开风气之先。在王安石之前，集句诗只是很小众的文字游戏，到王安石手上才发扬光大的。王安石的博学之才在集句诗中展现得淋漓尽致，试看下面这首《金陵怀古》：

> 六代豪华空处所，金陵王气黯然收。
>
> 烟浓草远望不尽，物换星移度几秋。
>
> 至竟江山谁是主，却因歌舞破除休。
>
> 我来不见当时事，上尽重城更上楼。

王安石的这首七律，用古人的诗句，写自己的感情，而无一句无来历。仔细看，诗中的每一句，都出自古人，其中不乏一些早已脍炙人口的名句，如"金陵王气黯然收"，出自刘禹锡的《西塞山怀古》，"物换星移度几秋"，则是把王勃《滕王阁》诗中"物换星移几度秋"稍作微调。"至竟江山谁是主，却因歌舞破除休"，词气畅达，对仗工整，浑然一体，完全想不到，这两句其实分别出自杜牧的《题横江馆》和晚唐诗人李山甫的《上元怀古》。最后用"上尽重城更上楼"结束全篇，把怀古的气氛烘托得恰到好处，而这句则出自李商隐的《夕阳楼》诗。

用耳熟能详的诗句，达到耳目一新的效果，这就是王安石的本事。宋人胡仔评王安石的集句诗，说："荆公集句诗，虽累数十韵，皆顷刻而就，词意相属，如出诸己。他人极力效之，终不及也。"他举例说，王安石的《老人行》诗，有"翻手为云覆手雨，当面论心背面笑"，把杜甫两首诗中的名句合成一联，读来非常亲切。[1]

反之，我们去看苏轼的诗集，基本上看不到集句诗存世，可见苏轼平时不喜欢玩这个。所以王安石平时经常用集句诗的玩法为难别人，大家往往不是他的对手，可这次他却失算了。苏轼接招之后，立即大声唱出"巧匠斫山骨"，此句出自唐代中期的一个不知名的诗人刘师服，非常生僻，且立意险峻，又贴合制砚的主题，调子起得这么高，使得下一句极为难接。王安石沉思良久，也接不上来，只好顾左右而言他，假装没有斗诗这回事了。[2]

苏轼从此在王安石那里，一战封神。

苏轼与王安石以前在京城时，议论政事，常常意见不合，关系并不好。可这次见面，二人谈诗论学，却聊得格外畅快。王安石领教苏轼的风采后，不得不感慨说："不知更几百年，方有如此人物。"另一方面，苏轼对王安石的才学，也极为推崇和佩服，引为知己。苏轼谪居黄州时，曾作过一首咏雪的诗，其中有"冻合玉楼寒

1 《苕溪渔隐丛话前集》卷三十五。

2 （宋）朱弁：《曲洧旧闻》卷五。

起粟，光摇银海眩生花"之句，用典极为生僻，黄州的士子们都不知道是啥意思。

苏轼后来在金陵见到王安石，王安石随口就说出诗中典故的来历，原来"道家以两肩为玉楼，以目为银海"，这句诗说的不过是肩膀被冷得打抖，眼睛被雪花眩晕。苏轼听后会心大笑，后来对人说："学荆公者岂有此博学哉！"可见苏轼对王安石也是心服的。

二人这次见面的高潮，是次韵诗的唱和。两人现存有八首次韵诗，每人各四首，其中有六首是七言绝句，有两首是五言绝句，所吟皆为同一事情，即在金陵"池上看花"时所作。这八首诗四组中，以第三组的两首诗写得最好，我们先看王安石的诗：

北山输绿涨横陂，直堑回塘滟滟时。

细数落花因坐久，缓寻芳草得归迟。

王安石此诗，前半部分写景，写眼前的青绿山水、沟渠纵横，做足了气氛，后半部分突然从赏花转到哲思，看似在写花，其实是在借题发挥，引人深思。诗人对日常生活的细腻感知，令人拍案叫绝。

这首诗押韵的字是"陂""时""迟"，且最后一句"细数落花因坐久，缓寻芳草得归迟"，还是非常惊艳的对偶句，这使得这首诗的次韵和诗做起来相当有难度。可即便这样，也难不倒苏轼，苏轼的和诗是：

骑驴渺渺入荒陂，想见先生未病时。

劝我试求三亩宅，从公已觉十年迟。

苏轼这首和诗，从诗味上来说，远不及王安石的那首出彩。每句话都平平无奇，缺少像"细数落花因坐久，缓寻芳草得归迟"那样流传千古的金句。但这首诗恰恰是展现了诗歌唱和的精髓：唱和不是斗智斗勇，唱和是人情世故。

苏轼与王安石，本来因为政见有异，关系紧张而微妙。两人初见之时，苏轼就曾对王安石说，"相公门下用不着我"，以此表明自己的立场。两人不但政治见解不同，人生观和价值观也相差很大。王安石是个非常一本正经的儒家信徒，立身行事常常被人诟病为"不近人情"，而苏轼则是个非常率性洒脱的人，最不喜欢一本正经。两人有一次聊天，王安石说："人须是知'行一不义，杀一不辜，得天下弗为'，乃可。"这个理念出自《孟子》，意为哪怕是做大事，也不能不拘小节，任何正义的事业，都不能用非正义的手段去实现。这是儒家道德严格主义者最起码的自我要求。

苏轼对这种唱高调的高标准、严要求的道德宣传，是很反感的。他认为不近人情的东西，讲了也是白讲，除了整出一些伪君子，没有任何价值可言。用做不到的事去要求人，只能逼良为娼、败坏人心。可他这次并没有直接从学理上反驳王安石的主张，他没有接过王安石的话头，而是另起话题，开玩笑说："今之君子争减半年磨勘，虽杀人亦为之！"[1]

宋代官员的升迁，有基本年限的限制，所谓"减半年磨勘"，即意味着可以提前升官。在苏轼看来，现实的政治生活中，大家升官发财唯恐落后，凭什么可以相信"行一不义，杀一不辜，得天下弗为"这种道德完人的存在，这种高调子，不唱也罢。他的这个比

---

1 《邵氏闻见录》卷十二。

喻太过生动，连王安石听后也哈哈大笑。尽管这则佚闻的重点是想表现苏轼的幽默气质，但也从侧面反映出王安石与苏轼的三观确实不合。

"劝我试求三亩宅，从公已觉十年迟"，王安石与苏轼这次见面聊得高兴时，曾戏言说想跟苏轼做邻居，劝他在金陵买房置业。这句玩笑话，可以说是二人这次见面最大的收获，这表明了三观不合的两个人，因为相互欣赏也可以成为相谈甚欢的好朋友。可是这种话，只是一个态度，却不能太当真，王安石与苏轼，关系并不像他们在诗里写的那样好，真要住到一起，不天天吵架才怪！

妙的是，苏轼在和诗中，没有再用华丽的技巧与王安石在诗才上一争高下，而是降低姿态，表现出愿意用余生来追随王安石，这大大改善了二人的社交关系。

苏轼虽然不愿跟着王安石搞变法，但苏轼与变法派的中坚力量章惇的关系又很不错。二人为嘉祐二年（1057年）科举的进士同年，相识很早。嘉祐七年（1062年）秋，苏轼时任凤翔节度判官，章惇时任商洛令，当年陕西举行科举考试的发解试，他们二人被借调到长安当考官，一起待了很长的一段时间。除工作以外，二人曾一起探险登山，谈天说地，感情好得很。熙宁年间，章惇因为积极参与变法成为朝中红人，没几年就当上了主管全国财政工作的三司使，前途大好，意气风发。

这期间，苏轼则因为反对变法而被排挤出朝廷，远离了权力中心，不过二人的关系却没有因为政治立场的龃龉而受到影响。二人靠着诗词唱和，在这个政治上比较敏感的特殊时期，继续维系着朋友之谊的初心。

熙宁七年（1074年），苏轼时任杭州通判，奉两浙转运司之命，

图2-6 （明）仇英《莲溪鱼隐图》局部　故宫博物院藏

巡视常、润、苏、秀等州，赈济饥民。苏轼此行，一路风尘仆仆，在从常州去润州的路上，一路不停地写诗寄给当时的杭州知州陈襄。其中有一首，提到了宜兴土地肥沃，物产丰富，有"惠泉山下土如濡，阳羡溪头米胜珠"之叹。他跟陈襄开玩笑说，"卖剑买牛吾欲老，杀鸡为黍子来无"，流露出想在宜兴安居乐业的念头。

　　章惇听说苏轼有定居宜兴的想法后，非常高兴，因为宜兴离章惇老家所在的苏州非常近，此事若成真，他跟苏轼将来就是邻居了。他立即寄诗给苏轼，诗曰：

君方阳羡卜新居，我亦吴门葺旧庐。

身外浮云轻土苴，眼前陈迹付籧篨。

涧声山色苍云上，花影溪光蹩画余。

他日扁舟约来往，共将诗酒狎樵渔。[1]

　　阳羡为宜兴的古称，吴门为苏州的别称。章惇祖籍福建，其父徙居苏州，从此老家就在苏州了。苏轼"阳羡卜新居"，章惇"吴门葺旧庐"，宜兴与苏州隔太湖相望，将来两家做邻居，正可以"他日扁舟约来往"，两人随时可以"共将诗酒狎樵渔"。全诗洋溢着章惇幻想着与苏轼毗邻而居的激动心情。

　　可惜的是，现存的苏轼诗集中没有留下他给章惇的回诗。不过有趣的是，这事儿在当时竟然还成了文化界的"热点事件"。家在秀州的陈舜俞，此时正因为拒不奉令推行青苗法，而被罢官闲居在家。他与苏轼、章惇都有交情，算是两人共同的朋友。

　　去年，也就是熙宁六年（1073年）的中秋夜，陈舜俞独自漫步在太湖东边吴江县的垂虹亭，赋诗怀念苏轼，诗云："月光清极向中秋，千古松陵此夜游。寥沉更无云碍眼，沧浪合是我维舟。浮生未有明年约，浅酌聊资到眼留。辜负金波三万顷，诗豪草圣在杭州。"在诗中，他自己定下了与苏轼的明年之约，又夸赞苏轼是诗豪、草圣，足见他对苏轼的倾慕之情。

　　这时，他在听到章惇说苏轼准备定居宜兴的消息后，也是万分激动，因为宜兴、苏州、秀州都在太湖边上，将来朋友们见面就方便了。他有一首诗《和章子厚闻子瞻买田阳羡却寄》，像极了今日微信朋友圈里，一人发言，众人点赞评论的样子。他的回诗为：

1 《苏轼诗集》卷十三，第649页。

两首新诗千里道 —

卷画春流藻荇长，吴门莼米鳜鲈乡。

谋田问舍拙者事，寻壑买山君底忙。

出处两忘同旅寓，浊清一种付沧浪。

故人诗酒如驱使，别有甘泉绿野堂。[1]

在他看来，江南风景如画，又是天下知名的鱼米之乡，买田买房，只是俗人所为，苏轼该做的是"寻壑买山"，找一个好地方，过起"故人诗酒如驱使"的山居生活来。

不过苏轼此时其实并未有买田置业的打算，这纯属朋友们的误会，这时的他，不过是喜欢宜兴的风土，说了一些想要终老于此的大话罢了。但朋友们的附和，最终坚定了他定居常州宜兴的打算。十年之后，苏轼真的在宜兴买田置产，过上了他梦寐以求的江南地主的生活。"十年归梦寄西风，此去真为田舍翁"，这是他在《归宜兴留题竹西寺》的诗里说的话。

元丰七年（1084年）秋，颠沛半生的苏轼，在友人的帮助下，终于在宜兴买下了一个田庄，总算有一份自己的产业。当时苏轼自己到处跟人说："近在常州宜兴，买得一小庄子，岁可得百余硕，似可足食。"[2]同时苏轼也向神宗上表，请求将他的贬所就近改到常州。在表文中，他说自己"禄廪久空，衣食不继"，朝廷让他去的新贬所——汝州，路途太远，且他在汝州无产业，一家二十余口，"饥寒之忧，近在朝夕"。考虑到他的产业在宜兴，他在奏请中说："薄田在常州宜兴县，粗给饘粥，欲望圣慈，许于常州居住。"

---

1 （宋）陈舜俞：《都官集》卷十三《和章子厚闻子瞻买田阳羡却寄》。

2 《苏轼文集》卷五十二《与王定国》第十六简。

买田定居于宜兴后，他高兴地写下了一首《菩萨蛮》[1]以记其事：

买田阳羡吾将老，从来只为溪山好。
来往一虚舟，聊从物外游。

有书仍懒著，水调歌归去。
筋力不辞诗，要须风雨时。

熙宁八年（1075年）年底，变法派内部的斗争激化，章惇被排挤出京，外任湖州知州。此时苏轼任密州知州，写有《和章七出守湖州》诗两首，可惜章惇的原诗已不存，我们现在只能看到苏轼所"和"之诗，诗有两首，罗列如下。

其一：

方丈仙人出渺茫，高情犹爱水云乡。
功名谁使连三捷，身世何缘得两忘。
早岁归休心共在，他年相见话偏长。
只因未报君恩重，清梦时时到玉堂。

其二：

绛阙云台总有名，应须极贵又长生。
鼎中龙虎黄金贱，松下龟蛇绿骨轻。

1 《苏轼词编年校注》，第527页。

雪水未浑缨可濯，弁峰初见眼应明。

两厄春酒真堪美，独占人间分外荣。[1]

当时的小道消息说，章惇是他的父亲和丈母娘私通所生，章惇出生后，其母将他放在一个大水盒里送到他父亲家中。"方丈仙人出淼茫"，似乎是暗讽章惇不堪的出生。后世无聊的"解诗家"，理解不了苏轼与章惇的那种超越党派的友谊，故意曲解说这句诗是苏轼用来讥讽章惇的"传奇"身世的。

事实上，这句诗，不过是诗词唱和时常用的手法，因为章惇平时喜欢炼丹修仙，苏轼只是在和诗里，投其所好而已。第二首诗开头也有"绛阙云台总有名，应须极贵又长生"等句，说的也是修仙长生之事，与前相类。从和诗可见，当时二人的感情很好，一向反对用兵的苏轼，在诗中肯定了章惇在熙宁初年平定五溪蛮的功业。而且苏轼还在诗里表示了自己与章惇是心心相印的，并遥想着"他年相见话偏长"。

真正的社交达人，应该在陌生人社交中如鱼得水，诗词唱和更重要的功能，恰恰也是如此。他可以让相隔千里的人，心心相印、如影随形；也可以使互不相识的人，一言相合，倾盖如故。熙宁、元丰年间，客居江淮间的布衣名士、湖州人孙侔，在士大夫间颇有声名。元丰初年，苏轼在湖州任知州，他知道苏轼成了自己的父母官之后，曾寄诗给苏轼，二人虽然不认识，却因为诗歌唱和而结缘。苏轼诗集中收有一首次韵诗，是写给他的：

---

1 《苏轼诗集》卷十三《和章七出守湖州二首》，第651页。

十年身不到朝廷，欲伴骚人赋落英。

但得低头拜东野，不辞中路伺渊明。

舣舟苕雪人安在，卜筑江淮计已成。

千里论交一言足，与君盖亦不须倾。

这首七律是典型的应酬之作，此时的苏轼并未见到过孙侔，二人其实并无多少交情可言，他对孙侔的认知，也只停留在士林传闻的阶段。可这并不妨碍二人推心论交。

"十年身不到朝廷，欲伴骚人赋落英"，意思是说自己多年以来官场失意，朝廷大事轮不到我来做，自己的志向不在做大官，而是想找个诗人朋友一起吟诗作对。"但得低头拜东野，不辞中路伺渊明"，用了韩愈和孟郊、王弘与陶渊明相交的典故，把孙侔比作孟郊和陶渊明，是对他人品和才学的极大肯定。

"舣舟苕雪人安在，卜筑江淮计已成"，苕溪是当时湖州境内最有名的一条河（下游称雪溪），唐代诗人张志和曾隐居于此，以张志和的隐居比拟孙侔的居家不仕，这个用典真是精到无比。苏轼似在述说："我到了你的老家湖州，你却不在家，不过好在我已经决定定居常州，以后有的是见面的机会。"

"千里论交一言足，与君盖亦不须倾"，点明了唱和诗的主旨，结交朋友，距离不是问题，千里之远，一言既合，这朋友就交定了。最后还反用"倾盖如故"的典故，把这个意思化龙点睛。古语论及交友，有所谓"白头如新，倾盖如故"的说法。有一种人，虽然小时候就认识，但从没有真正的心灵交流，彼此到了头发花白的时候，还是互不了解，虽然在一起几十年，却不能算朋友，只能算熟人。而另外一种人，虽然从不认识，可第一次见面，聊天就能聊到心坎里，像是认识了几十年的老朋友一样。

在苏轼看来，倾盖如故的朋友，当然不易，但还不是最好的，因为见了面、聊了天，才一见如故，还是着了痕迹。真正的灵魂伴侣，是不着痕迹的。如果是天生一对的话，就不需要这些表面的套路，相隔千里，不见面、不聊天，也能成为会心一笑的知己良朋。苏轼的这个境界，我等俗人真的不能不服。

有了诗词唱和这样的形式，陌生人也可以做朋友，感觉有点像今天微信朋友圈里的"点赞之交"呢！

＊　　＊　　＊

宋代诗人之间的诗词唱和，某种程度上保留了宋代文坛的社交生活史，让我们可以像翻看朋友圈一样，看到士大夫们当时的生活样态，看到诗人们是如何从平淡无奇的生活场景中，发掘出动人的诗意来。宋代的诗人，大多数时候拥有的只是读书仕宦的平常人生，亲朋好友之间常常分隔千里，聚少离多，但他们仍然可以通过诗词唱和的方式，借助鸿雁传书寄诗往还，把平凡的生活化成诗境，处处彰显着文人生活的雅趣，活出了宋人的风韵。

诗人们在诗词唱和中，获得了普通人难以言说的愉悦。你来我往、次韵往复，这是一种诗艺的切磋，也是一种文人间势均力敌的双向奔赴。这种斗诗的情感，激发了诗人们的创作潜能，宋代诗人跟唐代诗人比起来，一个显著的特点就是，他们在创作上更加注重创新求变。陈寅恪先生评论白居易和元稹的诗歌唱和时说，"夫元白二公，诗友也，亦诗敌也。故二人之间，互相效仿，各自改创，以蕲进益。有仿效，然后有似同之处。有改创，然后有立异之点。"像元白这样，唱和斗诗，互相进步，兼具"诗友"与"诗敌"的关系，在唐代实属凤毛麟角，而在宋代则稀松平常得很。

秦观和黄庭坚是那个时代与苏轼不相上下的大才子，苏轼与他们亦师亦友，在诗词唱和上，同样既是"诗友"，又是"诗敌"。元丰元年（1078年），黄庭坚第一次给苏轼写信，寄了两首古风体的诗，他称赞苏轼，苏轼则次韵复诗给黄庭坚，并称其诗"真得古诗人之风"，二人正式定交。其后二人唱和不断，仅在元祐初期的三年中，二人留下的唱和诗就多达四十多首。[1]

元丰元年（1078年）初夏，三十岁的大龄青年秦观第一次见到了自己仰慕已久的文坛大佬苏轼，这一年苏轼四十三岁，正在徐州知州任上。秦观此行是进京参加科举考试的，专程到徐州来拜见苏轼。两人的第一次深入交流，是以诗开始的。秦观因为有事在身，在徐州只作了很短暂的停留，临行前他赋诗一首留给苏轼，诗曰：

> 人生异趣各有求，系风捕影只怀忧。
>
> 我独不愿万户侯，惟愿一识苏徐州。
>
> 徐州英伟非人力，世有高名擅区域。
>
> 珠树三株讵可攀，玉海千寻真莫测。
>
> 一昨秋风动远情，便忆鲈鱼访洞庭。
>
> 芝兰不独庭中秀，松柏仍当雪后青。
>
> 故人持节过乡县，教以东来偿所愿。
>
> 天上麒麟昔漫闻，河东鸑鷟今才见。
>
> 不将俗物碍天真，北斗已南能几人。
>
> 八砖学士风标远，五马使君恩意新。

---

1 黄宝华：《黄庭坚评传》，南京大学出版社，2005年，第32页。

黄尘冥冥日月换，中有盈虚亦何算。

据龟食蛤暂相从，请结后期游汗漫。

这是一首古风七言，每四句押一个韵，全诗一共押了六个韵。由于古人写诗多用以中古音为基础的"平水韵"，而非当时实际上的说话音，更与今天的普通话读音相去甚远，所以有些韵今天用普通话读来，已经一点也不押韵了。如这首诗所用的第二个韵，有三个韵脚，"力""域""测"，"域"字放在这里，明显很扎眼，那是因为平水韵中这三个字都属"职"韵，一般拟音为"uək"。还有诗里的第五个韵，韵脚"真""人""新"中，"新"的读音用普通话，跟"真""人"也不同韵，也是因为这个缘故。

这首诗虽然不停地换韵，但词意连贯，慷慨激昂，写出了一个追星青年对偶像的炽热感情。"我独不愿万户侯，惟愿一识苏徐州"，

图2-7　秦观像　台北故宫博物院藏

普通士人一生，无非是功名富贵，他却说愿拿一生的成就，去换与苏轼的一面之缘。"徐州英伟非人力，世有高名擅区域"，"天上麒麟昔漫闻，河东鸑鷟今才见"，"不将俗物碍天真，北斗已南能几人"这些话说得怕是苏轼自己都会不好意思吧。

苏轼对秦观也是很欣赏，第一次见面后，对他的印象就很好。他接到秦观的诗后，立即写了一首次韵的和诗：

> 夜光明月非所投，逢年遇合百无忧。
> 将军百战竟不侯，伯郎一斗得凉州。
> 翘关负重君无力，十年不入纷华域。
> 故人坐上见君文，谓是古人吁莫测。
> 新诗说尽万物情，硬黄小字临黄庭。
> 故人已去君未到，空吟河畔草青青。
> 谁谓他乡各异县，天遣君来破吾愿。
> 一闻君语识君心，短李髯孙眼中见。
> 江湖放浪久全真，忽然一鸣惊倒人。
> 纵横所值无不可，知君不怕新书新。
> 千金敝帚那堪换，我亦淹留岂长算。
> 山中既未决同归，我聊尔耳君其漫。

这首回诗，也可分为六组，每组一韵，与秦观所用的韵一一对应，而且苏轼在诗里发挥了他幽默自嘲的风格，把秦观对他的吹捧的尴尬，用开玩笑的方式一一化解了。如"将军百战竟不侯，伯郎一斗得凉州"，有人打了一辈子的仗，就是封不了侯，比如李广；有人靠着一杯酒，就当上刺史，比如伯郎。伯郎是东汉末年的一个小财主，他散尽家财，结交大宦官张让，结果没啥用。后来一个偶然的机会，他靠着一杯葡萄酒得了张让的欢心，被封为凉州刺史。

苏轼用这两个典故调侃秦观，意思是万户侯不是你想放弃就放弃的，这个得靠命，命中注定的富贵荣华，不求自来。没这个命，身经百战，也只能为他人的战功作嫁衣。这就叫"逢年遇合百无忧"——丰收的关键是要年成好，升官的关键是要官运好，别的都只能打辅助，这两个因素才是主力。

不幸的是，秦观就是那个运气不好的人。"翘关负重君无力，十年不入纷华域"，说的是秦观科场失意，考了十年也没考中进士。其实此时的秦观已经三十岁，还没考取功名，已算是科场不太顺利的了。像苏轼自己，嘉祐二年（1057年）考中进士的时候，才二十二岁，他的弟弟苏辙，也是同年考中进士，当时才十九岁。

尽管科场失意，但秦观的文学才华却得到士林的公认，"故人坐上见君文，谓是古人吁莫测"，说的是秦观的文章写得太好，被大家误会成古人的作品。"新诗说尽万物情，硬黄小字临黄庭"，则夸赞了秦观的诗词和书法。最后，苏轼也祝愿秦观此次上京赶考能够一举高中，一鸣惊人，"江湖放浪久全真，忽然一鸣惊倒人"。可惜秦观此去，又再次名落孙山。

秦观的科举之路是艰辛的，此后他又参加了几次考试，都失败了，直到元丰八年（1085年）才最终上岸。

好玩的是，苏辙听说哥哥与秦观一见如故，彼此次韵作诗，他也来凑热闹，也写了一首次韵诗，寄给苏轼和秦观。在诗中，他先是表达了自己错过了苏秦相会的遗憾，感叹路途遥远，所以赶不上这次聚会，"致之匹马恨无力，千里相望同异域"。他想象着秦观的出现，必以文才惊艳众人，"诵诗空使四座惊""袖中秀句淮山青"，这两句夸的是秦观"诗文俱佳"。

苏辙反观自己，只能苦哈哈地天天对着一堆公文，做着自己不喜欢的事情，"老夫强颜依府县，堆案文书本非愿"。而秦观却可以和苏轼在一起谈天说笑，"清谈亹亹解人颐，安得坐右长相见"，苏辙想必又开始羡慕了。他以李白比秦观，"狂客吾非贺季真，醉吟君似谪仙人"，对秦观的才华推崇备至，以致不怕后生嘲笑他以长辈之尊，主动写诗与秦观相交，"末契长遭少年笑，白发应惭倾盖新"。最后，他听说苏轼与秦观约好了秋后再游徐州，他替哥哥有了忘年之交而高兴，期待他们的下一次见面能够快点到来，"归来泗上苦思君，莫待黄花秋烂漫"。[1]

此后，苏轼与秦观亦师亦友，过从甚密。元丰二年（1079年），苏轼调任湖州知州，在其赴任途中路过松江时，秦观再次前来拜见，二人与一群朋友一起畅游垂虹桥和垂虹亭，大家一起分韵赋诗，各展诗才。苏轼抽中了"风"字，而秦观抽中的是"浪"字。垂虹桥和垂虹亭位于太湖之上，是吴江与外界连接的重要通道，也是当地的一处名胜，传世名画《长桥卧波图》，据说就是画的垂虹桥和垂虹亭。

先看苏轼以"风"字为韵所写的诗，一共有两首，我们选其中一首来看一下吧：

> 吴越溪山兴未穷，又扶衰病过垂虹。
>
> 浮天自古东南水，送客今朝西北风。
>
> 绝境自忘千里远，胜游难复五人同。
>
> 舟师不会留连意，拟看斜阳万顷红。

---

1 《栾城集》卷八《次韵秦观秀才携李公择书相访》。

图2-8 （宋）佚名《长桥卧波图》 台北故宫博物院藏

分韵诗历史悠久，最早可以追溯到南北朝，《南史》记载，南梁大将曹景宗出征凯旋，梁武帝大会群臣于华光殿为他庆祝，席间就玩起了分韵赋诗，文臣们纷纷依所得之韵赋诗。考虑到曹景宗武将出身，为了照顾他，负责主持分韵的左仆射沈约就没有给曹景宗分韵。曹景宗认为是大家看不起他，很不高兴，非要参加分韵赋诗的比拼。梁武帝担心他出丑，安慰他说："卿伎能甚多，人才英拔，何必止在一诗？"这时候曹景宗已经喝得大醉，趁着酒兴，反复要求试一试，没办法，梁武帝只得让沈约给曹景宗分韵。

这却难为了沈约，因为分韵得太晚，所剩的韵字只有"竞"和"病"两个字了，这两个字虽然不算生僻，但却很孤硬，组词成句难度极大，作诗的难度就更高了。大家都觉得这下凯旋的大将军要当场出丑了。结果，曹景宗居然"便操笔，期须而成"，其诗曰："去时儿女悲，归来笳鼓竞。借问行路人，何如霍去病？"他不但把竞和病这两个险韵用上了，而且前半部分写战前的生离死别、战后的凯旋荣归；后半部分以名将霍去病自比，转折自然，浑然天成。这诗一念出来，梁武帝和大臣们都惊呆了。

所以分韵诗的玩法是：大家以某个主题拟好几句话，每人拈取其中的一个字为韵。比如这次苏轼得"风"字，秦观得"浪"，正好组成"风浪"这个吟唱湖光山色的主题词。苏轼站在吴江的垂虹桥上，吴越溪山的景色尽收眼底。江南水乡，犹如世外桃源，而这次能够聚集五位朋友同游，以后恐怕是很难了。大家兴致高涨，欣赏着湖面上的万顷斜阳，流连忘返。

秦观以"浪"字为韵，写的是一首五言古风。

> 松江浩无旁，垂虹跨其上。漫然衔洞庭，领略非一状。
> 恍如阵平野，万马攒穹帐。离离云抹山，杳杳天粘浪。
> 烟中渔唱起，鸟外征帆飏。愈知宇宙宽，斗觉东南壮。
> 太史主文盟，诸豪尽诗将。超摇外形检，语笑供颉颃。
> 嫚娟弃不追，拨剌亦从放。独留三百缸，聊用沃轩旷。[1]

他把松江的太湖湖景，比作洞庭湖的风光。站在垂虹桥上，看着烟波浩渺的平湖，气象开阔，犹如万马奔腾的草原，"恍如阵平野，万马攒穹帐"，这个想象力令人叫绝。远处云山一体，水天相连，渔歌唱晚、征帆飘扬，给人一种宇宙广大的感觉，也让人真正

1 （宋）秦观:《淮海集》卷六《与子瞻会松江得浪字》。

体会到东南景色的壮丽。苏轼虽然多年做地方官，但他的知州之职只是差遣，本官与贴职却是"祠部员外郎、直史馆"，所以大家都尊称他为"太史"。文人才子们，围绕在苏轼的周围，一起吟诗论文，超然物外，是何等地欢乐啊！

这大概是苏轼和朋友们最后一次无拘无束地畅游湖山了，吴江之会后，大家散去，没过几天苏轼就到了上任的地方——湖州。到任湖州知州后，他按惯例给神宗上了谢表。本来这样的谢表，只是官样文章，只需说一些感谢皇恩浩荡的套话就行，可他在表文中，却对皇帝说了一些心里话，以致在该说套话的地方发了些牢骚，差点给自己带来了灭顶之灾。

他在表文中有"荷先帝之误恩，擢置三馆；蒙陛下之过听，付以两州"，听起来好像是在抱怨神宗跟先帝比起来，没有识人之明。甚至直斥新法派是新进小人，而自己当不了大官，不是能力不行，而是不愿跟他们同流合污，"愚不识时，难以追陪新进；老不生事，或能牧养小民"。这些话不但引起神宗的不快，更是让一帮小人抓住大肆攻击苏轼的机会，他们借着湖州谢表之事，从苏轼平日的诗文里，找出只言片语，然后断章取义、穿凿附会，硬说他是诽谤皇帝、谩骂朝廷。是为著名的"乌台诗案"。

乌台诗案，不但使苏轼备受折磨，也让不少朋友受到连累。在狱中的时候，他一度以为自己这次可能难逃一死，曾作诗二首托狱吏转交给苏辙，这两首诗颇有"绝命诗"的感觉。我们选其中一首来看看，其辞曰：

圣主如天万物春，小臣愚暗自亡身。

百年未满先偿债，十口无归更累人。

是处青山可埋骨，他时夜雨独伤神。

与君今世为兄弟，又结来生未了因。

苏轼自述，他当时写诗的心情，"予以事系御史台狱，狱吏稍见侵，自度不能堪，死狱中，不得一别子由，故作二诗授狱卒梁成，以遗子由"。想到可能要跟苏辙生离死别，他此时的心境比任何时候都要悲伤，以前他还常常"批评"苏辙写诗太过悲伤，可这回，他写得比苏辙平时倾述人生悲欢的诗还要绝望。

"圣主如天万物春，小臣愚暗自亡身"，这句看似平常，其实最为痛心。皇上圣明，奴才该死，这绝不是苏轼平时的觉悟！苏轼以前自以为皇帝以"国士"待之，他自己也应该以"国士"报之，平时跟皇帝说话，都是知无不言，言无不尽。无论是在朝中为官，还是在外地任职，他都觉得自己有责任向皇帝反映社会上的真实情况，对朝廷的大政方针，他都敢于直言不讳地直指其弊。他是真觉得自己是有资格跟皇帝说真心话的，这回他是真伤心了，他一片忠君报国之心，却被一群小人诬陷为谤上怨望，而神宗居然还信了。

"百年未满先偿债，十口无归更累人"，这句在临死前说，更显悲怆。苏轼自觉前半生一心为国为民，为官二十多年，不贪不占。清官的家人是悲惨的，如果自己死了，一家人肯定顿时失去基本的生活保障，以后全家的生计重担，都只有压到苏辙身上。"是处青山可埋骨，他时夜雨独伤神"，这句的意思是说，我客死他乡之后，风雨之夜，对床共眠这样的梦想，以后只有苏辙一个人想了。"与君今世为兄弟，又结来生未了因"，这是在跟苏辙作最后的诀别：来生还要做兄弟！

* * *

元丰二年（1079年）十二月二十六日，被关在御史台狱一百多天的苏轼，最后以"谤讪朝政"定罪，由神宗法外施恩，从轻议处，责授"检校水部员外郎、黄州团练副使、本州安置、不得签书公事。"王诜、苏辙和王巩三人因与苏轼交结，情节恶劣，王诜被"勒停"，苏辙和王巩则被贬官，另外张方平、李清臣、司马光、范镇、钱藻、陈襄、刘攽、李常、孙觉、曾巩、王汾、刘挚、黄庭坚等二十多人，属知情不报，情节稍轻，被罚款了事。

苏轼与王诜、王巩俱相识于熙宁二年（1069年），当时苏轼在京城，担任开封府推官。王诜和王巩都是名门之后，王诜的祖先是宋代开国功臣王全斌，王诜在这一年七月，刚刚迎娶了英宗的二女儿"魏国大长公主"。王诜雅好文艺，尤其擅长书画，跟苏轼爱好相同，尤为投缘。乌台诗案后，苏轼和王诜迁谪边荒，七年多没能见到面，直到神宗死后，变法派倒台，苏轼重新得到起用，被召回京城，于元祐元年（1086年）七月，实际上分别八年之后，两人才得以再见。

这次见面后，二人又一起唱和赋诗，王诜的诗今已不存，苏轼的诗还在。诗前还有一篇"小引"，说明了创作的背景，其辞曰："驸马都尉王诜晋卿，功臣全斌之后也。元丰二年，予得罪贬黄冈，而晋卿亦坐累远谪，不相闻者七年。予既召用，晋卿亦还朝，相见殿门外。感叹之余，作诗相属，托物悲慨，陁穷而不怨，泰而不骄。怜其贵公子有志如此，故和其韵。"

多年不见的老朋友，相见于殿门之外，感叹一番之后，居然又写起了诗。苏轼的诗，其辞曰：

图2-9　王诜像　选自（清）顾沅辑
《古圣贤像传略》[1]

先生饮东坡，独舞无所属。当时抳明月，对影三人足。

醉眠草棘间，虫吪莫予毒。醒来送归雁，一寄千里目。

怅然怀公子，旅食久不玉。欲书加餐字，远托西飞鹄。

谓言相濡沫，未足救沟渎。吾生如寄耳，何者为祸福。

不如两相忘，昨梦那可逐。上书得自便，归老湖山曲。

躬耕二顷田，自种十年木。岂知垂老眼，却对金莲烛。

公子亦生还，仍分刺史竹。贤愚有定分，樽俎守尸祝。

文章何足云，执技等医卜。朝廷方西顾，羌虏骄未伏。

遥知重阳酒，白羽落黄菊。羡君真将家，浮面气可掬。

何当请长缨，一战河湟复。

1　画头的篆书题字为"王荣安像"，荣安，是王诜死后获得的谥号。

最难能可贵的是，两人在遭遇不公与苦难之后，并没有太多的埋怨。苏轼回忆起在黄州的贬谪生活，并不觉得有多么愤恨不平，只是觉得知己良朋不在身边，稍微有些遗憾而已。"醉眠草棘间，虫豕莫予毒。醒来送归雁，一寄千里目"，这两句意味最绝，前一句让人感觉到诗人的豁达，生活再怎么苦，我也不当回事。后一句述说对亲朋的思念，但诗人靠着归雁，给自己装上了一双千里眼，意境宏大，气势高绝。

"怅然怀公子，旅食久不玉。欲书加餐字，远托西飞鹄"，王诜乃将门之后，又是驸马，本来过的是锦衣玉食的生活，因为被苏轼连累，遭罢官流放。苏轼担心王诜受不了这样的苦，想写信劝他再难也要坚持下去，尽量多吃点饭，保重身体。

"谓言相濡沫，未足救沟渎。吾生如寄耳，何者为祸福"，这句的境界，也是普通人难以企及的。上句说到想写点什么劝慰一下老友，但这个时候，说什么心灵鸡汤也没有意义，对朋友的困境其实也于事无补。这时诗人突然想通了，我们的生命不过是在身体里面短暂的寄居，什么是祸，什么是福，无所谓啦！

"不如两相忘，昨梦那可逐"，相濡以沫，不如相忘于江湖。前尘旧梦，还是不要去想了。苏轼对待苦难的态度，就是不把它当回事儿。

"上书得自便，归老湖山曲"，最难的日子已经过去，诗人买田阳羡，准备归老田园。"躬耕二顷田，自种十年木"，他连自己的田园生活的日常画风都想好了，种田植树，好不自在。"岂知垂老眼，却对金莲烛"，命运就是这么奇妙，正当苏轼心灰意冷之际，他又时来运转了。

元丰八年（1085年）三月，神宗驾崩，变派法失去了最大的支柱，哲宗幼年即位，宣仁太后临朝听政，苏轼他们这一帮当年反对变法的官员开始得到重用。当年六月，苏轼结束了贬官生涯，被起用为登州知州。九月，朝廷下旨召他还京，升任礼部郎中。十二月，他终于回到了阔别十多年的京城开封，当即又被擢升为起居舍人。

起居舍人虽然品级不高，只是从六品的中下级官员，但此官专用文学名臣，属令人羡慕的清要之职。接着在第二年，即元祐元年（1086年）三月，他又被提升为中书舍人。中书舍人为正四品，跻身中高级官员行列，且其职掌为草拟朝廷诏命，更为接近权力中枢，是炙手可热的职位。

这半年，升官之快，连苏轼自己都觉得如在梦中。这时年过半百的苏轼，迎来人生中的高光时刻。金莲烛是皇帝夜间专用的照明灯烛，以金莲花外形做装饰。唐代的翰林学士令狐绹，曾在便殿与唐宣宗长谈，等他出门的时候，天色已暗，宣宗担心他看不清路，命内侍拿着金莲烛替他照亮归路。这事一时传为美谈。苏轼此处，是运用金莲烛这个典故，感叹自己命运的奇妙，短短几个月，就从贬谪罪臣，成了朝中红人。

更奇妙的是，"却对金莲烛"一语，准确地预言了苏轼自己宦海沉浮的巅峰生涯。《宋史·苏轼传》中记载："轼尝锁宿禁中，召入对便殿，已而命坐赐茶，彻御前金莲烛送归院。"这是两年后，苏轼当上翰林学士后的故事，金莲烛这个典故，在宋代以后，渐渐变成了苏轼本人的经典故事。后人一说起金莲烛这个典故，想到的就是苏轼。如后来明代的张居正为万历皇帝编写的连环画版的帝王历史教科书——《帝鉴图说》中就有"烛送词臣"一节，专叙其事。金莲送归，也成为明清时期所有中了进士、点了翰林的文臣们的梦想。

图2-10 《帝鉴图说》之"烛送词臣"

"公子亦生还，仍分刺史竹"，回到京城的苏轼，见到了王诜。
经历了数年的磨难，身为贵公子的王诜，竟然扛了过来，苏轼非常
高兴。这时的王诜已经官复原职，拥有了高级武官的"文州团练
使"职衔。"贤愚有定分，樽俎守尸祝"，心有余悸的苏轼，还是担
心自己会不会再次连累王诜，于是委婉地劝他，不要再跟自己谈艺
论文了，应该做他自己该做的事情。"文章何足云，执技等医卜"，
写诗作文，只不过是雕虫小技，苏轼想劝王诜，不要把心思放在文
章上，要做就要做大事。

什么是大事呢？"朝廷方西顾，羌虏骄未伏"，西夏威胁大宋
边疆的安全，希望将门出身的王诜，能够出马帮朝廷解决西顾之忧。

苏轼已经开始幻想着王诜在前线统领大军、挥斥方遒的场景了。安史之乱后，李白曾在重阳节观看洞庭湖水军阅兵，写下了充满战场激情的诗句，"白羽落酒樽，洞庭罗三军。黄花不掇手，战鼓遥相闻"（《九日登巴陵置酒望洞庭水军》）。苏轼诗中"遥知重阳酒，白羽落黄菊"，用的正是李白诗中沙场点兵的典故。

据说，唐代相术大师袁天纲有一次碰到将门之子窦轨，见他"赤气浮面"，脸上杀气腾腾，知道他是个将才，但杀气太重，于是劝他以后"为将勿多杀人"。"羡君真将家，浮面气可掬"，是苏轼在"忽悠"王诜，好像是在说："你看嘛，你出生在武将世家，将军的气质一眼可见啊，不立功疆场可惜了。"当时宋朝正在西北跟西夏争夺河湟地区，"何当请长缨，一战河湟复"，苏轼顺着前面的铺垫，劝说王诜请缨出战，一定可以一战功成，打下战略要地河湟地区，立下不世之功。

哎！虽说苏轼这些大忽悠的话，是为了保护王诜，让他远离文人士大夫活跃的文艺圈，以免再遭自己连累，可这个方法，似乎比被他连累更危险啊！王诜虽然是宋初开国名将王全斌的后代，因将门之故，一直挂着武职，但数代富贵之后，早已是翩翩公子，平日不过吟诗作文、书画自娱，让他去上战场，不是让他去送死吗！还好王诜没听他的，后半生继续在家写字作画，成为北宋中后期最有名的书画大家之一。

王诜的《烟江叠嶂图》，是北宋后期山水画的代表作之一，画家以平远布局，起首只露出浅岸一隅，而抬眼望去，江面辽阔，波心有渔舟泛泛如鸥。中幅峰峦迭起，前后拱揖，呈奇耸秀。山间烟云缭绕，百道飞泉，萦林络石，下赴谷口。楼阁隐现于白云青峰之间。后段烟水迷蒙。全图表现出"江上愁心千叠山，浮空积翠如云

图2-11　王诜《烟江叠嶂图》局部　上海博物馆藏

烟""春风摇江天漠漠，暮云卷雨山娟娟"的清空深秀意境。

在笔法上，王诜的用笔结合唐人勾斫法和宋代李成的皴利笔法，凝练清劲。树木参用勾叶、点叶多种方法，层次参差，显得葱倩郁密。山峦敷染青绿重色，花青染叶，深墨渍润，色泽鲜丽厚实，将唐人的古朴和宋人的精密融成一体，开创出宋代山水画的新格调。[1]

跟王诜一起被苏轼连累得最惨的，还有王巩。王巩乃名门之后，是真宗朝宰相王旦之孙，年轻时曾跟着苏轼学习，算是苏轼的学生。两个人关系非常亲密。元祐三年（1088年）十二月十五日，苏轼在王巩处看到他收藏的王诜所画的《烟江叠嶂图》，感叹不已，提笔于画后题跋了古风长诗一首，诗曰：

1　参见马承源：《上海文物博物馆志》，上海社会科学院出版社，1997年，第320—321页。

江上愁心千叠山，浮空积翠如云烟。

山耶云耶远莫知，烟空云散山依然。

但见两崖苍苍暗绝谷，中有百道飞来泉。

萦林络石隐复见，下赴谷口为奔川。

川平山开林麓断，小桥野店依山前。

行人稍度乔木外，渔舟一叶江吞天。

使君何从得此本，点缀毫末分清妍。

不知人间何处有此境，径欲往买二顷田。

君不见武昌樊口幽绝处，东坡先生留五年。

春风摇江天漠漠，暮云卷雨山娟娟。

丹枫翻鸦伴水宿，长松落雪惊醉眠。

桃花流水在人世，武陵岂必皆神仙。

江山清空我尘土，虽有去路寻无缘。

还君此画三叹息，山中故人应有招我归来篇。[1]

　　这首诗写得情景并茂，气韵纵横，说不尽的酣畅淋漓，甚至连山川都有欢颜之色。此时的苏轼，正是一生中在官场最得意的时候。就在这年年初，他以翰林学士之重职，负责主持了当年的科举考试，门人弟子汇聚于朝，又深得临朝听政的宣仁太后的器重，经常参与重大决策的议论，称得上名满天下、权重一时。当时的舆论甚至认为，以苏轼为中心，形成了一个朝中的朋党政治集团，号为"蜀党"。苏轼和他的朋友们，俨然已是一方政治势力了。

　　官场得意，心情大好，这时的苏轼，回忆起在黄州的贬谪生

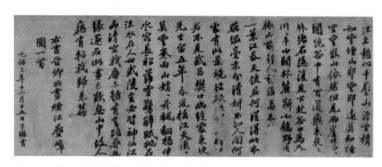

图2-12 《烟江叠嶂图》纸尾的苏轼题诗

活，完全是另外一种心情。"君不见武昌樊口幽绝处，东坡先生留五年"，这句诗最值得玩味。在元祐元年（1086年）给王诜的那首诗里，黄州的形象，还是毒蛇毒虫出没的蛮荒之地，他只能用无所谓的心态来抵消黄州生活的不如意。可在这首诗里，苏轼竟然开始夸赞起黄州的风景了，他把这场长达五年的贬谪，当成了桃源仙境的隐居。

在诗中，苏轼借着描绘《烟江叠嶂图》中的景致，说出了古代文人雅士心目中的神仙生活的理想居住地，看到这样的人间胜景，他不禁生出了想去这样的地方买田闲居的感叹——"不知人间何处有此境，径欲往买二顷田"。王诜用他的画笔，给士大夫们勾勒出了一个可以看得见的桃花源。

王诜知道苏轼为自己的画作题诗后，也来展露了一手诗才，他用苏轼的原韵写了首和诗，其辞曰：

帝子相从玉斗边，洞箫忽断散非烟。

平生未省山水窟，一朝身到心茫然。

长安日远那复见，掘地宁知能及泉。

几年漂泊汉江上，东流不舍悲长川。

山重水远景无尽，翠幕金屏开目前。

晴云幂幂晓笼岫，碧嶂溶溶春接天。

四时为我供画本，巧自增损媸与妍。

心匠构尽远江意，笔锋耕遍西山田。

苍颜华发何所遣，聊将戏墨忘馀年。

将军色山自金碧，萧郎翠竹夸婵娟。

风流千载无虎头，于今妙绝推龙眠。

岂图俗笔挂高咏，从此得名因谪仙。

爱诗好画本天性，辋口先生疑宿缘。

会当别写一匹烟霞境，更应消得玉堂醉笔挥长篇。

    王诜的诗才不减画艺，这首和诗，文辞奇丽、用典自然，说实话不输苏轼的原诗。"帝子相从玉斗边，洞箫忽断散非烟。平生未省山水窟，一朝身到心茫然"，开篇就写得极为奇崛，世人或许以为王诜画的是他心目中的桃花源，可事实上此画的诞生，是因为他受乌台诗案牵连，被贬到汉江边的均州（今湖北丹江口）被迫外出看世界的产物。均州在当时是比较落后的地方。离开繁华的京城，来到风物萧瑟但风景绝佳的贬所，他一边看着这烟江胜景，一边站在岸上怅然若失。

    贬谪的生活，对他来说是不堪回首的。京城的繁华，已是遥远的过去，初到均州时，面对贬谪之地的漂泊生活，诗人常常站立在汉江边上黯然神伤，"长安日远那复见，掘地宁知能及泉。几年漂泊汉江上，东流不舍悲长川"。苏轼在诗里赞叹画中山水相间的胜景，

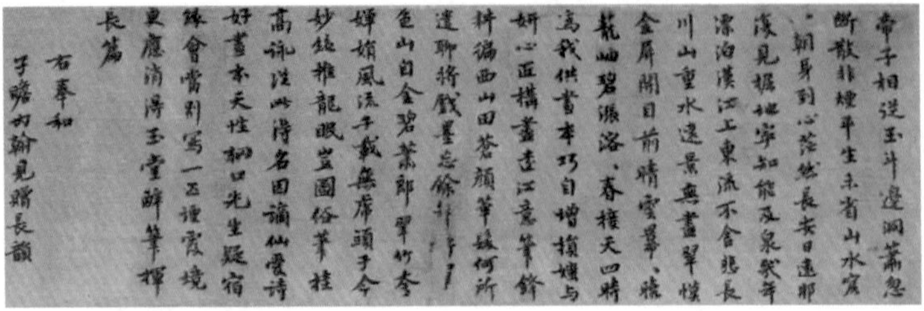

图2-13 《烟江叠嶂图》纸尾的王诜和诗

"但见两崖苍苍暗绝谷，中有百道飞来泉"，王诜却反其意而用之，"掘地宁知能及泉"的呼应，开启了五味杂陈的自嘲模式。

天天看到这样人间仙境般的风光，王诜也慢慢释怀了，"山重水远景无尽，翠幕金屏开目前。晴云幂幂晓笼岫，碧嶂溶溶春接天。"这几句诗，情景相生，情在景中，写尽了汉江的山水之美，也写出了诗人的悠然释怀。

"四时为我供画本，巧自增损媸与妍"，"苍颜华发何所遣，聊将戏墨忘馀年"，王诜终于开始收拾心情，决定把眼前的景致用自己手中的笔画下来，烟江的飘渺，叠嶂的厚重，靠着他的妙笔，从他的眼中被复制到了纸上。最后，因为苏轼经常劝他投笔从戎，他还不忘表明心迹，去打仗是不可能的，这辈子都不可能，"爱诗好画本天性，辋口先生疑宿缘"，将自己比作唐代诗画双绝的王维。

苏轼读了王诜的和诗后，大为赞叹，并且觉得有点意犹未尽，他说之所以还要再写一首诗，一是为了让世人知道王诜诗画之美，二是为了讲述这幅画背后的故事，三是为了尽朋友之道，"王晋卿作《烟江叠嶂图》，仆赋诗十四韵，晋卿和之，语特奇丽。因复次韵，不独纪其诗画之美，亦为道其出处契阔之故，而终之以不忘在莒之戒，亦朋友忠爱之义也。"[1]

苏轼的和诗，其辞曰：

> 山中举头望日边，长安不见空云烟。
>
> 归来长安望山上，时移事改应潸然。
>
> 管弦去尽宾客散，惟有马圹编金泉。
>
> 渥洼故自千里足，要饱风雪轻山川。
>
> 屈居华屋啖枣脯，十年俯仰龙旂前。
>
> 却因瘦病出奇骨，盐车之厄宁非天。
>
> 风流文采磨不尽，水墨自与诗争妍。
>
> 画山何必山中人，田歌自古非知田。
>
> 郑虔三绝君有二，笔势挽回三百年。
>
> 欲将岩谷乱窈窕，眉峰修嫮夸连娟。
>
> 人间何有春一梦，此身将老蚕三眠。
>
> 山中幽绝不可久，要作平地家居仙。
>
> 能令水石长在眼，非君好我当谁缘。
>
> 愿君终不忘在莒，乐时更赋《囚山篇》。

苏轼这次和诗，是依次使用王诜的原韵，仔细看，这首诗每一句的韵脚都跟王诜那首和诗是一样的。而王诜最初和苏轼的诗，只是用韵跟苏轼相同而已，显然，苏轼写诗的技巧还是比王诜技高一筹的。

---

1 《苏轼诗集》卷三十，第1609页。

"山中举头望日边，长安不见空云烟"，苏轼的起句用典巧妙，立意高远。相传东晋南渡之后，有一天还是小孩子的晋明帝坐在父亲晋元帝的膝上玩耍。这时有使者从长安返回建康面见元帝，元帝很关心地向使者打听中原的消息，在得知中原丧乱之后，便潸然流涕。明帝见父皇这么伤心，就问他为什么哭，元帝就将西晋灭亡、晋室南迁的惨痛历史一一讲给了明帝听。

在对明帝进行了一番爱国主义的国耻历史教育后，元帝在放松的时候就开始逗明帝玩了，元帝假装一本正经地问了一个"科普"问题："汝意谓长安何如日远？"明帝听后，脱口而出："日远。不闻人从日边来，居然可知。"元帝觉得这个回答还蛮有意思的，暗喜自己的儿子是个小聪明。第二天，元帝与群臣宴会，就想在大臣面前显摆一下，又把这个问题拿出来问了明帝一遍，明帝这回却说："日近。"元帝大惊失色，顿觉显摆失败，忙问道："尔何故异昨日之言邪？"明帝却淡定地说："举目见日，不见长安。"[1]

王诜在第一次和诗时，曾借用晋明帝的这个经典故事，表达了落魄的他，离长安和太阳都很远的无奈。如果说长安是京城的话，太阳就是皇帝，"长安日远那复见"，意思是京城回不去了，皇帝也再也见不到了，这不免令人悲伤不已。而苏轼则反其意而用之，"山中举头望日边，长安不见空云烟"，太阳就在天空上挂着，哪怕是在山里面，也抬头可见。这暗指皇帝的权威，无处不在，只要心里有忠君爱国之意，在哪里都可以做忠君报国之事，不必计较是在庙堂之上，还是在江湖之远。

"归来长安望山上，时移事改应潸然"，困境是暂时的，苏轼

---

1 （南朝宋）刘义庆：《世说新语》卷十二《夙惠》。

开始安慰王诜，现在已经回到繁华的京城，悲伤的事情已经都过去了。

"管弦去尽宾客散，惟有马埒编金泉"，前一句说的是王诜过去作为贵家公子在京城的生活，那时候高朋满座、歌舞欢娱，好不快活。但在苏轼看来，王诜的悲剧，正是被像自己这样的狐朋狗友给害的，所以这句话是在劝他，这次回到京城后，就不要再呼朋唤友，谈诗论文，置酒高会了。

那么在苏轼看来，王诜的日子应该怎么打发呢？

西晋外戚王济，世家大族出身，生性豪侈。当时洛阳作为西晋王朝的京城，地价昂贵，可他有一次竟斥巨资买了一块地，不修房子，不搞开发，居然拿来做"跑马道"，而且为了炫富，还金钱铺地，闪瞎人的双眼。这是在给王诜举例子，"晋卿兄你看嘛，什么叫公子哥该过的日子，这就是大富大贵该有的样子！"

"渥洼故自千里足，要饱风雪轻山川"，渥洼是一种神马，千里马的性能，只有跑起来才能显露出来。"屈居华屋啖枣脯，十年俯仰龙旂前。却因瘦病出奇骨，盐车之厄宁非天"，前一句讲的是王诜早年贵公子的富侈生活，埋没了他的才华，后一句说的是他因乌台诗案牵连被贬，这可能是上天给他一个成长才学的机会。

迁谪离京，于王诜而言，虽然吃了些苦头，却也大有收获。这让他犹如骏马脱缰一般，真正发挥出自己在艺术天赋上的神思妙想。他从此驰骋于江山荒原之上，真正领会到了山川风物之美。"风流文采磨不尽，水墨自与诗争妍。画山何必山中人，田歌自古非知田"，贬谪之难，成了他脱胎换骨的契机。这时的王诜，已是诗、书、画三绝占其二，振起了画坛三百年，"郑虔三绝君有二，笔势挽回三百年"。

图2-14 （宋）佚名《乞巧图》局部　美国大都会博物馆藏

最后，苏轼感谢王诜以鬼斧神工的画笔，让烟江之景能够长在眼前，"能令水石长在眼，非君好我当谁缘"，这是王诜这位朋友送给自己最好的礼物。而作为王诜的朋友，苏轼也必须尽一下朋友之义，就是提醒他。他用齐桓公不忘在莒和柳宗元感赋《囚山篇》的典故，劝告王诜，发达之后要不忘当年初心，得意之时常想失意之际，"愿君终不忘在莒，乐时更赋《囚山篇》"。

王诜读了之后，大受感动，他说："子瞻再和前篇，非惟格韵高绝，而语意郑重，相与甚厚，因复用韵答谢之。"这次他尝试的"次韵"写法，用苏轼和诗的（其实也是自己第一次和诗的）韵脚顺序再和了一首诗。最后，我们用王诜写给苏轼的这首和诗结束本章吧：

忆从南涧北山边，惯见岭云和野烟。

山深路僻空吊影，梦惊松竹风萧然。

杖藜芒屩谢尘境，已甘老去栖林泉。

春篮采术问康伯，夜灶养丹陪稚川。

渔樵每笑坐争席，鸥鹭无机驯我前。

一朝忽作长安梦，此生犹欲更问天。

归来未央拜天子，枯荄敢自期春妍。

造物潜移真幻影，感时未用惊桑田。

醉来却画山中景，水墨想像追当年。

玉堂故人相与厚，意使媒母齐联娟。

岂知忧患耗心力，读书懒去但欲眠。

屠龙学就本无用，只堪投老依金仙。

更得新诗写珠玉，劝我不作区中缘。

佩服忠言匪论报，短章重次木瓜篇。

三

字被苏黄胡乱写坏了

——书法与宋代文人的日常生活

元祐元年（1086年）闰二月二十日，名不见经传的士人张礼与友人同行，他们走出京兆府（今陕西西安），到城南游玩，抵达慈恩寺，"少迟，登塔，观唐人留题。"他此时登上的塔，就是慈恩寺塔，即今日西安市著名的旅游景点大雁塔。慈恩寺塔自唐代起便是旅游胜地，"长安士庶，每岁春时，游者道路相属"。而从中唐开始，登科之后，"燕集曲江，题名雁塔"，成为唐人的"一代之荣"。[1]到了宋代，雁塔题名早已成为士子们的科举梦。从书法角度来说，这些进士的题名墨迹也成为塔内一道别样的风景。从张礼的游记中可以感知，这些唐人题名，才是登塔时最值得驻足观摩之处。

大雁塔上的题名都是出自唐人亲笔，且墨迹尚存，然而五代修复大雁塔时，有僧人将"塔之内外，皆以涂塈，唐人题字，不复可见"。而据张礼自述，这些书迹得以面世还有些意料之外的机缘，十多年前的熙宁年间（1068—1077年），慈恩寺塔遭遇了一场火灾，

1 （宋）张礼：《游城南记》。

字被苏黄胡乱写坏了

—

图3-1 大雁塔外景 陕西西安

"塔既经焚，涂圬皆剥，而砖始露焉。唐人墨迹，于是毕见。"塔内
墨迹都具有相当高的书法造诣，北宋末年的樊察曾说："以今题名考
视，其间纵复欹斜，至锋藏笔劲，气格高玄，皆有江左遗风。"古典
书法的黄金时代，一般认为是在东晋六朝，所以江左遗风，是古人
夸赞书法格调高绝的高赞词。他又说："唐人于字学，非特点曳尽
工，至于笔墨，亦复精妙如此。"[1]由此可知，何以登塔之后，张礼只
记下了"观唐人留题"一事。

　　旅行中的张礼对雁塔唐人墨迹的兴趣，并非个案。欣赏名胜古
迹中的书法遗存，是宋代士人出行时的一大雅好。随着科举考试的

<hr>

1 （宋）陈思：《宝刻丛编》卷七。

空前发展，大量士人因为应举、游宦等原因，长期出门在外。然而在中古时代，离家出门绝非易事，至少长途旅行并不是一件惬意的事情。唐代编纂的《周易正义》有"旅者，客居之名，羁旅之称；失其本居，而居它方，谓之旅"的解读，显然那时旅行的意境，毫无快感可言，与后世将之作为一种消遣娱乐的方式不可同日而语。

宋人有很多吟咏旅途艰辛的诗作，就连留下众多游记的范成大，也在旅途中发出过"吴岫涌云穿望眼，楚江浮月冷征衣。长歌悲似垂垂泪，短梦纷如草草归"（《南徐道中》）的悲叹。不过在艰难的旅途中，名山大川、名胜古迹，也可以成为士大夫聊以悦目之事，使得旅行稍微有些旅游的味道。但与一般的游览不同，名山古迹中的书法遗迹，恰恰能够引起士人群体的共同兴趣，同时也形成一种区别于庶民、商贾的独特品位。

唐代是中国书法史上的高峰，今天的书法史普遍认为那时名家辈出，远迈魏晋，后盖宋元明清，这从前揭张礼等人对雁塔题名书迹的看重亦可知一斑。宋代一般士人对唐代书法可谓推崇备至，当然，宋代某些一流的书法家由于风格宗尚的差异，对唐人书法颇多微词。不过显然无论是书艺还是识见，这些一流书家的造诣都远超同侪不可以道里计，故而并不影响一般士人对唐人书法的尊崇。

宋代所能见到的唐代书法遗迹也远较今日为多。乾道六年（1170年）闰五月十八日，陆游从绍兴出发，开启了他长达五个月的入蜀宦游之旅。一路上他接触到不少碑刻书法，水行半个多月后就遇到了这趟行程的第一处唐碑。六月五日，他抵达秀州，游宝华尼寺，寺内有一唐碑。陆游未说碑文为何人所撰，但却记下了书碑者为苏州刺史于頔，碑体当时已有"缺坏磨灭"，但仍"时时可读"，内容为秘书监陆齐望为女作尼寺。[1]欧阳修曾收藏一唐碑拓本，其子欧阳棐所著《集古目录》中有秀州唐宝花寺碑，永贞二年（806年）立，殿中侍御史邹儒立撰，苏州刺史于頔书，内容亦为秘书监陆齐望有女为尼，造作此寺。

显而易见，欧阳修收藏的宝花寺碑拓本即陆游在秀州宝华寺所见唐碑的拓本。于頔为唐德宗、宪宗时的山南东道节度使，行事横暴，为当时不法藩镇的典型。而其人并不以书法著称，且在名家辈出的唐代书法史上，毫无地位可言，但在以"书之盛莫盛于唐"的欧阳修看来，于頔虽属"武夫悍将"，但却"字皆可爱"。[2]因此不难理解，陆游得以亲见于頔所书的唐碑，会颇有印象了。

而另一处引起他注意的唐碑，则是在旅途行将结束之际碰到的。乾道六年（1170年）十月二十日，陆游在从归州赶赴巴东县，途中路过当地的天庆观，特意停留下来观看了一块天宝元年（742年）的唐碑。该碑为当时的巴东太守刘瑶所立，不知何人所书，但书法不错，陆游说"字画颇清逸"，且"碑侧题当时郡官吏胥姓名，字亦佳"，碑文内容为"明皇梦老子事"。[3]

此碑在陆游驻目观鉴五十多年后仍存世。宋理宗初年，王象之言在归州郡城西五里天庆观有"混元皇帝像碑"，书写者仍不可考。[4]所谓混元皇帝，即老子，故此碑本应名"玄元皇帝碑"，因宋朝避讳始祖"赵玄朗"之名，始改称"混元皇帝"。这块碑是唐玄宗时代尊奉老子的遗物。开元二十九年（741年）玄宗自称梦见老子，指引他

---

1 （宋）陆游：《入蜀记》卷一。

2 （宋）欧阳修：《集古录跋尾》卷六。

3 （宋）陆游：《入蜀记》卷六。

4 （宋）王象之：《舆地记胜》卷七十四。

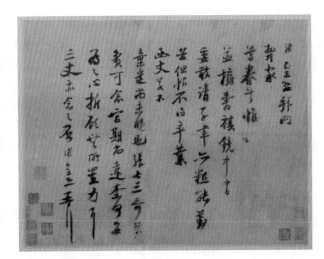

图3-2 陆游《尊眷帖》 故宫博物院藏

求得老子画像。于是他命人画老子真容，分置诸州。归州在次年才将画像安置事宜办好，并立碑记其事。这件事应属例行公事之举，故而书碑者并未署名，或许出自当时官府书史之笔，并未赶上当时书坛潮流。其字画清逸，则笔法应尚存魏晋余韵，而与盛唐书法的厚重劲健之风大异其趣。

以上两通唐碑皆非出自名家手笔，恐怕还不足以让书法造诣本就不错的陆游有惊艳于心的感觉。陆游擅书法，其行草郁勃雄豪，又不失敦厚。以他传世的《尊眷帖》为例，他的字结体颀长，笔画劲健，转折点画精致爽利。在书学低迷的南宋，陆游卓然成家，被誉为南宋书坛中兴四大家之首。

入蜀旅途中，最令他满意的，当属八月九日游庐山所见颜真卿书迹。庐山寺观甚多，名胜不计其数，尤以东林太平龙兴寺和西林乾明寺最为著名。东林寺中"唐碑亦甚多，惟颜鲁公题名，最为时所传"；而西林寺"亦有颜鲁公题名，书家以为二林题名，颜书之冠冕也"[1]。东林寺由东晋名僧慧远所创，为净土宗祖庭，至今仍是庐山最著名的胜迹，而隋唐时期则为其极盛期；西林寺在东林寺西侧，也始建于东晋，此寺元以后历经兵火，古建不存，旧物多毁，现在名声不显，但唐宋时期仍是相当鼎盛。因此东西二林，当时隋唐书法遗迹众多，士大夫到此，必有一番瞻览。

在陆游入蜀之行七年后的淳熙四年（1177年）八月二十二日，出蜀还乡的范成大登上庐山，游览了东、西林寺，其时唐碑保存完好，"唐以来诸刻皆无恙"。宋代东、西林寺唐碑之多，在江南可谓首屈一指，据《舆地纪胜》《宝刻丛编》所录，不下数十通。范成大在东、西林寺也看到了颜真卿的题名，对于这两处被陆游誉为"颜书冠冕"的题记，他虽然详细录下了题名的内容，但对书法却未予置评，反倒是认为诸碑中，"最可称者"是"李邕寺碑"——"开元十九年（731年）作，并张又新碑阴，大中十年（856年）作。"[2]

李邕为唐代行书大家，其书法结体欹侧，下笔凌厉，为盛唐行书之冠。所谓李邕寺碑，即由李邕撰文并书写的东林寺碑。熙宁七年（1074年），由陆游家乡山阴贬官至南康军（治今江西庐山市）的陈俞舜，在游览庐山后，详述了此碑来历。原来此碑写好后，直到一百多年后的会昌三年（843年），才在时任江西观察使的裴休和江州刺史张又新赞助下，刻石立碑。[3]不过此一颇入范成大法眼之作，后世却名声不显，因其原石毁于元代中期的延祐七年（1320年），

1 （宋）陆游：《入蜀记》卷四。

2 （宋）范成大：《吴船录》卷下。

3 （宋）陈俞舜：《庐山记》卷二。

至元三年（1337年）以拓本重刻，但失真严重，以致笔力瘦弱，已非李邕书法的上品。

接着范成大观看了李讷的兀兀禅师碑，他记为"张庭倩书"。陈俞舜当年游庐山时也见过此碑，乃时任江州刺史的李讷，替天竺高僧佛驮跋陀罗（359—429）所修舍利塔撰写的记文，由同州刺史张庭珪书写，立碑于开元十七年（729年）。因李讷自称兀兀禅师，故此碑又称"兀兀禅师碑"。[1]

《宝刻丛编》著录此碑名"唐佛驮禅师舍利塔碑"，为张庭珪八分书。八分书即隶书，张庭珪为盛唐隶书名家，当时颇有名气，但后世名声不显，范成大所录"张庭倩"，显为笔误。而颜真卿东林寺题名就写在此碑之两侧。范成大详录了东林颜书题名的内容，为颜真卿在永泰丙午（766年），"佐吉州"时游庐山所书。其时颜真卿因得罪权相元载，被贬为吉州别驾，从此政治失意，而寄情翰墨。随后的大历年间（766—779年），颜真卿书法趋向成熟，形成包罗篆隶、一变古法的颜体。

因此东林寺的颜真卿题名书法，正当其书风转型的节点。陆游评为"颜书之冠冕"，大约与他此时对颜氏书法的推崇有关。五年前他模仿颜真卿楷书名作《大唐中兴颂》的笔法，在镇江的摩崖之上写下了《焦山题名》（作于1165年）。他一生喜好颜书，有"学书当学颜"之语，且中年时代即已深得颜体楷书之精髓，故而对寺中颜真卿题名书法特别看重。

而范成大则恰恰相反。范成大与陆游同为南宋书法四大家，其书风取法的是北宋四家。方爱龙已指出，蔡襄学颜，有时痕迹太重，

1　（宋）陈俞舜：《庐山记》卷二。

图3-3　陆游《焦山题名》　摩崖石刻

　　而范成大特意抛开蔡襄学颜体中的某些过于鲜明的特征，从而形成自己的风格。由此看来，范成大的书法意趣，肯定不在颜氏书风上，故而他才会对东西林寺中的颜真卿题名书法不予置评。

　　范成大在乾道七年（1171年）二月十九日南游祁阳浯溪时，路过著名的颜书《大唐中兴颂碑》，对这一通颜书大字之冠、名满天下的书迹，他却未作任何点评，反而花了大量笔墨批评后人对碑文的过度阐释。有趣的是，尽管他对颜书不感兴趣，但时人却趋之若鹜，碑刻附近，有"拓碑卖者一民家"，却因此碑而发了财。事实上，当时士人在旅途中如遇佳碑，必求拓本。乾道三年（1167年）九月四日，周必大游茅山大茅峰玉晨观，观有古碑十余，他"呼匠摹一二碑及三茅君像，偿以千钱。"[1]可见当时名胜景点之中，确有人专做为士人摹印碑刻拓本的生意。

1　（宋）周必大：《泛舟游山录》卷二。

接下来，范成大又观看了柳公权的复寺碑，他评价此碑"书法尤遒丽"。所谓复寺碑，即复东林寺碑，为柳书佳作，立碑于大中十一年（857年），此时柳公权已七十六岁。此碑原石早佚，拓本亦残，书法字体较小，结体平稳，字画遒劲，布白疏朗，与柳公权晚年其他碑作不同，别具一格。颜筋柳骨，同为唐楷宗师，看来陆游与范成大却是各有所好。

此后，范成大又前去观看了李肇、蔡京、苗绅等碑，认为"皆佳"。这三通唐碑，对照《宝刻丛编》，可知李肇碑，即唐东林寺经藏碑，由李肇撰文，后毁于会昌毁佛，于大中十三年（859年）重建，书写者为冯讚。蔡京碑为唐经藏院碑阴记，此蔡京与宋代的奸相蔡京同名，是当时的抚州刺史，碑文就是他撰写的，而碑刻的书写者不详，于大中十四年（860年）建。而苗绅碑当为唐重建东林寺禅师

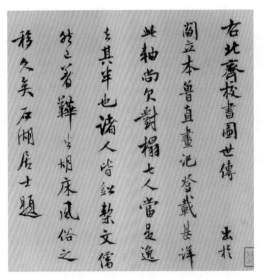

图3-4 《北齐校书图》范成大题跋

大德言公碑，由苗绅撰文，裴光远分书，于咸通九年（868年）建。[1]

三通碑中，一书者不详，另外二人冯讓与裴光远，皆为书法史上的无名之辈。冯讓生平不详，除此之外，也未见其他书迹著录；裴光远，生平史料甚少，仅知其为河东人，活动于唐宣宗至昭宗时期，著有文字学著作《集缀》，在晚唐一度颇有书名，擅写篆隶二体。

最后，范成大移步西林寺，观看了该寺最著名的西林道场碑，碑文为初唐楷书大家欧阳询所撰，而不著书人姓名。此碑立于大业十二年（616年），颜真卿书法题记也刻于此碑之上，其时欧阳询还是隋朝的太常博士。欧阳询为初唐书法史上的一流人物，不过现存碑版，皆其入唐以后所书，隋时书迹皆已不存。

西林道场碑立于隋末，虽署名欧阳询撰文，但未著书碑者之名，范成大以为此碑书法，"笔意清润"，而"微有肉"。这些特点使该碑书法"酷似虞永兴（虞世南）"，"然结字之体，则全是率更法"。所谓率更法，今世谓之欧体，其结体沉稳，而形势峻爽，走的是刚猛险绝一路。范成大认为，此碑书法当为欧阳询所书，只是此时欧体尚未转变风格而已，"入唐始加劲瘦刻削也"。[2]

唐人论书，多将欧阳询和虞世南二人并称，且认为欧阳询"真行之书"，"润色寡于虞世南"；二人之别，"虞则内含刚柔，欧则外露筋骨"。二人的书法风貌，可谓大异其趣。此碑兼有两家特色，确能引起好书者的兴趣，至于书者为谁，历来也见解不一。由于欧阳询隋代书迹极少，后人只能以臆测之，范成大以为此碑即为欧阳询

---

1 （宋）陈思：《宝刻丛编》卷十五。

2 （宋）范成大：《吴船录》卷下。

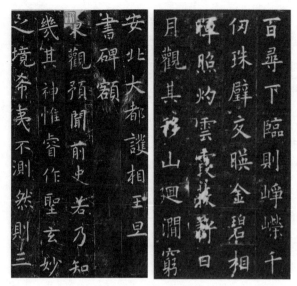

图3-6　虞世南的书法（左）与欧阳询的书法（右）

亲书，应属当时一般士人的共识。

　　陈俞舜当年见此碑，也说"笔势清劲，世传即欧书也"。欧阳修亦以此碑"字法老劲，疑公（指欧阳询）之书也"。不过这个误会在南宋初年即已澄清，其实之前有幸见到隋时欧书的赵明诚已明指其非，"余家藏隋姚辩墓志、元寿碑，皆率更在大业中为博士时所书，与此碑字体绝不类，知其非率更书也。"[1]尽管如此，但从范成大的游览经历来看，即使到南宋中期，世人仍然愿意相信此碑为欧阳询亲书。

　　范成大此次出蜀之行，自淳熙四年（1177年）五月从成都出发，

1　（宋）赵明诚：《金石录》卷二十二。

顺江东下，于十月还乡苏州，沿途碑刻虽多，亦当属庐山诸碑，最入法眼。而他因为宦游频繁之故，早前已有过旅途中观览唐代名碑的经历。五年前的乾道八年（1172年）十二月他从苏州启行，至次年三月抵达静江府（今广西桂林），途中于二月九日游衡山，在胜业寺见到柳宗元的书迹——"柳子厚《殷舟和尚碑》，子厚自书，亦有楷法。"

柳宗元为唐宋时代的文学大家，书名不显，但据晚唐赵璘所述，他在元和年间（806—820年）一度书名甚盛，在晚唐书家中，可与柳公权齐名，"尤长于章草，为时所宝。湖湘以南，童稚悉学其书"[1]，可见柳宗元的书法一度也很有些追随者。

据收藏有此碑拓本的欧阳修著录，此碑立于元和三年（808年）。但欧阳修并不看好柳宗元的传世书迹，甚至怀疑是好事者伪造，"子厚所书碑世颇多有，书既非工，而字画多不同，疑喜子厚者窃借其名以为重。"[2]而范成大以为"亦有楷法"，看来他颇为赞许柳宗元的书法，识鉴与欧阳修迥异。

* * *

虽然在宋代士人的旅行中，名胜古迹中的碑刻书法是他们关注的重点，在外出行的文人士大夫都有浓厚的看碑兴趣。但在古迹中最醒目的书法遗存却是山门、殿堂、楹联上的榜题书法，时至今日，榜题书法也是书法圈里最具实用性的一个创作领域——榜书。较之需要细读的碑刻，榜书更是名胜古迹中最直接的人文景观。宋代士大夫每游一地，对榜题书法及其书者，也多有评鉴。

---

1 （唐）赵璘：《因话录》卷三《商部下》。

2 （宋）欧阳修：《集古录跋尾》卷八。

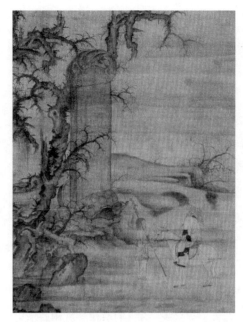

图3-5 （宋）李成《读碑窠
石图》 日本大阪市立美术
馆藏

　　陆游在入蜀之行的第二天就见到第一处寺观榜题，闰五月十九
日，至萧山县（今杭州市萧山区）的觉苑寺，"寺额及佛殿榜，皆沈
睿达所书。"沈睿达（1032—1085），即沈辽，为沈括之侄，文学才
子，在北宋中后期颇有书名，可以说在蔡襄之后的一段时间内，他
独步书坛。不过其书风过于力矫媚俗之弊，而显得生拙刺目，苏轼
讥其晚年书法"故出私意新之，遂不如寻常人"。在今天，沈辽早已
不能侧身宋代一流书家之列。但陆游时代士人似乎颇重其书，赞其
在寺中所书碑，"尤精古"。

　　七月二十五日，陆游抵达池州光孝寺，寺中作有石刻《西峰
铭》，为沈辽撰文，陆游赞其"文辞古雅可爱，恨非其自书也"。言

语之间，颇为惋惜。可见即便有好文章，也要有好书法，才能为景点增色。反之，如果景点的题榜本是好字，后人不知爱惜，则很煞风景。陆游在七月九日游建康保宁寺，叙及寺亭题榜"本朱希真隶书，已为俗子易之"[1]，不无惋惜之意。

不过，榜题书法也不仅仅是字好就行了，对士人来说，榜题书法的吸引力，或与碑刻不同，其题字需与名人配合，才更能相得益彰。六月二十六日，陆游乘船过镇江金山寺，见到新作寺门榜题，为"翟耆年伯寿篆额"。翟耆年为镇江府丹阳县（今镇江市丹阳市）人，字伯寿，高宗年间人，为绍兴初年参知政事翟汝文子，当年颇有才子之名。陆游谓其"工篆及八分"，可见其擅长写篆书及八分书，这两种书体严正厚重，正适合榜书题写。

虽然翟耆年在今天书法史上已难觅大名了，但他在当年以才子而善书，倒是倾动一时的名人。绍兴十一年（1141年）苏州府学重建大成殿，主事者请得高宗的御用书法顾问、米芾之子米友仁书碑，同时也请他来篆额，足见其篆书为时人所重。翟耆年为镇江人，为家乡金山寺书写篆额题榜，自在情理之中。

不过金山寺的僧人们面对山门新榜题似乎有些失落，长老宝印对陆游说："旧额，仁宗皇帝御飞白。张之则风波汹涌，蛟鼍出没。"[2]显然，翟耆年的题额便没有了御书的神威。北宋诸帝皆好飞白书，仁宗尤喜写飞白书赐人，他在位时期飞白书形成御书的一大传统。帝王亲笔榜题，虽从书法上讲并不多么高明，但位高名重，在各种题榜中，尤为突出。如遇帝王书法还有些功力，则更能为世人所珍。

---

1 （宋）陆游：《入蜀记》卷二。

2 （宋）陆游：《入蜀记》卷一。

图3-7　李煜书法

　　七月七日，陆游至建康，游清凉广慧寺，该寺其时"已坏于兵火"，寺中"旧有德庆堂，在法堂前，堂榜乃南唐后主撮襟书，石刻尚存"，于是德庆堂题榜石刻，就成了清凉寺的一大胜迹，引起士大夫的瞩目。清凉寺为南唐政权的奠基人徐温所建，李煜时代作为皇家的避暑行宫，"后主尝留宿寺中，德庆堂名乃后主亲书"。[1]故而在德庆堂留下题榜。

　　李煜善书法，名入《宣和书谱》，可惜他的书迹大多不存，今天唯一能看到的李煜书法只有行草《入国知教帖》一种。撮襟书乃李煜大字书法之一大创体，"其作大字不事笔，卷帛书之，皆能如意，世谓撮襟书"。题榜书法须用大字，故撮襟书非常适合，德庆堂题榜也成为后主的代表作。北宋时朱长文作《墨池编》，即以此题榜书迹为李氏书"甚劲锐"的例子。而张舜民也以德庆堂题榜为李煜书法代表，称其"大字如截竹木"。

1　（宋）陆游：《入蜀记》卷二。

乾道六年（1170年）周必大在建康赴会清凉寺，也提到了李煜此一书迹。可见德庆堂题榜在宋代书法史上的名声之大。至于李煜的书法水准，宋人多因其为僭伪亡国之君，而多贬词。《宣和书谱》即以为其书法"落笔瘦硬而风神溢出。然殊乏姿媚，如穷谷道人、酸寒书生，鹑衣而鸢肩，略无富贵之气"。不过士大夫间对其书法则颇有兴趣，其书迹石刻颇多，见过他手迹的黄庭坚甚至认为他的书法，"笔力不减柳诚悬"，世人对其评价不高，不过是因为"今世石刻不得其髣髴"[1]之故。

宋人在日常生活中，为什么会对前贤书迹有如此大的兴趣呢？另一个有趣的现象是，素来以中国古代文化最灿烂著称的宋代，其书法的整体水平，反倒不高。中国古代的书法艺术，在唐代达到了一个前所未有的高峰之后，就开始走下坡路了。唐末五代，因为长期的军阀混战，文士阶层地位逐年下降，加上文化艺术缺乏一个安定的发展环境，整个社会的书法水平也就自然江河日下。到了宋代，文人士大夫虽然也天天写字，但称得上"书法"的，却寥寥可数。宋人常哀叹唐宋之间，文人群体最大的不同是书法水平的巨大落差。

南宋人朱翌，官至中书舍人、秘阁修撰，他在所写的"杂记"里感叹说，"唐人无不善书"，善书的群体极为庞大，上至帝王高官士大夫，下至"边裔书吏里儒"，即一些精通文墨的底层文化人，"莫不书字有法"。对于宋人而言，唐人的书法成就并不是那种普通人见不到的神仙传说。在宋代，唐代大书法家们的书法作品虽然不易见到，但唐代边远地方政府的抄写员、乡村中的教书先生留下的书法遗迹随处可见，两相对比，宋人不免要自惭形秽，"至今碑刻可

---

1 （宋）黄庭坚：《山谷全书》正集卷二十八《跋李后主书》。

见也，往往胜于今之士大夫。"[1]

本朝普通文人的书法水平与唐人相去甚远的这种观感，几乎是宋人的共识。南宋初年的诗人朱弁，在论及唐宋士人的差别时说："唐以身、言、书、判设科，故一时之士无不习书，犹有晋宋余风。今间有唐人遗迹，虽非知名之人，亦往往有可观。本朝此科废，遂无用于世，非性好之者不习，故工者益少。"[2]

在他看来，书法与科举考试挂钩，书法学习是唐代士人的基本功，所以唐代士人，即使是普通文士，其书法都有一定的功底。相反，书法在宋代大部分时候是与科举考试脱钩的，纯属文人的一种喜好，喜欢书法的人，当然会花功夫去练。写得好的，当然也不少，像苏、黄、米、蔡这样的天才，更是在整个书法史上占有一席之地。但大部分人对书法兴趣不大，也无意于书法的练习，所以宋代一般文人士大夫的字，就没法看了。

比如北宋中期的诗人张俞，大家小时候肯定都学过他的《蚕妇》诗，"昨日入城市，归来泪满巾。遍身罗绮者，不是养蚕人。"张俞虽然没有做过官，长年隐居于成都城外的青城山，但他的诗文学识得到包括宰相文彦博在内的众多朝中重臣和文坛名士的赏识。笔者近日在网店闲逛，偶然发现正在拍卖一幅景祐元年（1034年）汉中太守（正式官名应为"知兴元府"）郑炎为张俞送行所写的摩崖题诗拓片，简直大跌眼镜。这首赠诗在传世文献中有收录（见《宋诗纪事》卷十九），只是个别字词有所不同，当为真品。

郑炎写给张俞的送行诗的拓片上的书法，真是不敢恭维，堂堂

1 （宋）朱翌：《猗觉寮杂记》卷上。

2 （宋）朱弁：《曲洧旧闻》卷九。

图3-8　郑炎《赠张俞秀才游金华山》拓片

的知府大人，写的字，字法凌乱，用笔生硬，像是完全没练过书法的人拿毛笔在那里强行涂鸦似的，真是惨不忍睹。

有意思的是，宋人笔记里还记载了不少像郑炎这样"手菜瘾大"的文人士大夫的书法故事，最经典的是北宋后期名胜古迹的题字爱好者——钟传（字弱翁）。《宋史》说他"本书生"，宋神宗时宋军在西北地区对西夏发起攻势，他走主帅李宪的后门，当上了"兰州推官"，从此走上仕途。他在西北，先后担任过多任知州，率军与西夏抢夺地盘，屡立战功。钟传的发达，靠的是军功，不过发达之后，他仍然不改书生本色。

相传他每到之处，最喜欢做的一件事情就是，"好贬驳榜额字画，必除去之，出新语，自立名为重书之"，即仗着自己的权势地位，非要用自己的字替换掉名胜古迹牌匾上的名人题字。而且他的字写得又不怎么样，"然书实不工，人皆苦之"，各大名胜都怕了他。

他是饶州人，离庐山不远，有一次他带着朋友和一大群部下路过庐山，远远望见一座寺院，"高阁壮丽"。走近一看，阁上的榜额上赫然写着"定惠之阁"四个大字，不过因为年代久远，题榜的落款处，蒙上了厚厚的一层灰尘，署名模糊不清，不知道这四个字是谁写的。

看到定惠阁的题匾后，钟传到处题字的瘾发作了，他故意当众指责这个题榜的字写得不好，说这笔不对，那笔也不对，说了一大通贬损之辞。然后他让寺中的僧人搭个梯子上去把题字的牌匾取下来，打算自己题写一块新匾换上。可等僧人把旧匾拿下来擦拭干净后一看，落款的人竟然是唐代最赫赫有名的大书法家颜真卿，真是一下子就闪瞎了他的双眼，搞得他不再好意思用自己的字去替换了。

这时，为免尴尬，他只好对身边的朋友说："似此字画，何不刻石？"马上命人找来刻工，将颜真卿的这四个字刻石保存。事后，他因为有眼不识泰山而被人嘲笑了很久。[1]这是典型的"只要自己不尴尬，尴尬的就是别人"的场景。钟传虽然在书法题字上喜欢仗势欺人，可他毕竟还有些自知之明，见到颜真卿的字时，还知道及时收手，这应该是喜欢卖弄风雅的人最难能可贵的品质了吧。

不过，有时候卖弄风雅到一定的境界，往往收不了手。南宋都城临安的皇宫之外有慈云岭，岭下的寺院中有口泉，泉水味道甘甜可口，被称之为"凤凰泉"，当地人请南宋状元才子张孝祥题写了"凤凰泉"三字挂在泉池之上。有一次，孝宗皇后夏氏（成恭皇后）的哥哥夏执中来到寺里游玩，见到凤凰泉上的题字，竟然跟寺僧说这字写得不好，自己重新题写了"凤凰泉"三字，并要求僧人把张

---

1 （宋）彭乘：《墨客挥犀》卷三。

孝祥的字撤了，换上了他新题的字。

夏执中不知道的是，孝宗曾经在寺里见到过张孝祥题写的"凤凰泉"三字，对张孝祥的字赞赏有加。夏执中的题字换上后没多久，孝宗又再次前来此处游玩，这时他发现字不对劲，找人一问，原来是张孝祥的字被夏执中换了，当场发飙，下令让身边的内侍把夏国舅题的"凤凰泉"三字的牌匾用斧子砍了当柴烧。又命寺僧把原来张孝祥题字的牌匾找出来，重新挂了上去。夏执中这回，脸被打得肯定比钟传疼得多。

张孝祥，自号于湖居士，是南宋中期士人群体中名气最大的书法家之一，与自号"石湖"的范成大齐名于南宋书坛。岳飞的孙子岳珂曾点评南宋书法圈的人物，认为"近世能书，惟范张相望，笔劲体道，可广可狭"。[1]

张孝祥是绍兴二十四年（1154年）的进士第一名，据说他当年参加殿试时，"立就万言，未尝加点"。卷子呈献上去后，高宗"试取阅之，读其卷首，大加称奖"。除了觉得他的文章写得好，高宗还对他的书法赞不绝口，称其"字画遒劲，卓然颜鲁"。张孝祥早年书法学颜真卿，这一点也得到过他自己的亲口承认。殿试后，秦桧找到张孝祥，羡慕地说："上不惟喜状元策，又且喜状元诗与字，可谓三绝。"秦桧又问他："诗何所本？字何所法？"张孝祥素来看不惯秦桧的权奸嘴脸，竟然一脸严肃地答道："本杜诗，法颜字。"[2]

张孝祥的楷书师法颜真卿，法度严整，气象豪迈，笔势纵横，本来就非常适合用来给匾额题字。传世的张孝祥书迹中，楷书不

---

1 （宋）岳珂：《宝真斋法书赞》卷二十六。

2 （宋）叶绍翁：《四朝闻见录》乙集。

图3-9　张孝祥《疏广传语碑》局部[1]

多，常见的有《疏广传语碑》，此碑抄录了《汉书·疏广传》中的一段话。

✻　✻　✻

我们从钟弱翁和夏国舅的故事中可以看到，宋代普通文人的书法水平虽然不高，但书法却是文人日常生活中使用频率较高的一种文艺活动。在宋代，有的人字写得不怎么样，但平时喜欢显摆自己的书法。也有的人，字写得一般，却常常因为要写一些"大手笔"的书法作品而苦恼，与张孝祥同时代的周必大就是如此。

周必大是绍兴二十一年（1151年）的进士，他长期在负责起草朝廷诏命的"学士院"供职，以文学知名当世，后官至左丞相，位极人臣，深得孝宗的喜爱。乾道八年（1172年），时任礼部侍郎兼

字被苏黄胡乱写坏了　——

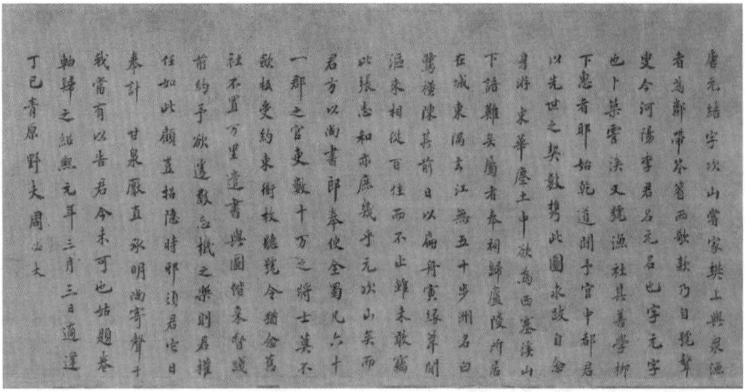
唐元結字次山嘗家樊上與泉漁
者為鄰帶笭箵而歌欸乃自號聱
叟今河陽李君名元名也字元字
也卜築雲溪又號漁社其善學柳
下惠者耶始乾道間予官中都君
以先世之契數攜此圖求跋自念
身游東華塵土中欲為西塞漁山
下語難矣屬者奉祠歸廬陵所居
在城東隔玄江無五十步洲名白
鷺橫陳其前日以扁舟實綠萍間
泛來相從百往而不止雖未敢竊
比張志和亦庶幾乎元次山矣而
君方以尚書郎奉使全蜀凡六十
一郡之官吏數十萬之將士莫不
斂板受約束衛枚聽號令猶念舊
社不置万里遺書與圖偕來督跋
前約予欲遂數忘機之樂則君權
任如此顧豈招隱時耶須君它日
奉計 甘泉厭直承明尚寄聱叟
我當有以告君今未可也姑題卷
軸歸之紹熙元年三月三日適逢
丁巳青原野夫周必大

图3-10 周必大《跋西塞渔舍图》 美国大都会美术馆藏

直学士院的周必大接到孝宗给他的一个特别任务，给著名的抗金将领吴璘书写神道碑。

吴璘与其兄吴玠，为南宋朝廷坚守川陕战场三十多年，立下不少汗马功劳，吴家自然也成为南宋当时最位高权重的将门世家之一。乾道三年（1167年）吴璘病逝，孝宗追封他为“信王”，他的儿子吴挺、孙子吴曦，在他死后相继镇守川陕前线约半个世纪，直到开禧二年（1206年），吴曦造反被诛，吴家在四川的势力才被连根拔起。给吴璘制作神道碑，是孝宗给吴氏家族的殊荣，而让周必大来书写碑文，则是孝宗给周必大的一次崭露头角的机会。

周必大文章写得好，可是字却写得很一般，以他在晚年为《西塞渔舍图》所作的题跋为例，其书法虽然不算完全拿不出手，但也只能说是中规中矩吧。接到这个任务后，他惶恐不安，连忙上书给皇帝想要辞掉这个差事。他在奏状中说的理由是：“臣窃以书虽一艺，亦须素习乃工。臣之不能，众所共悉。倘或强其所短，勒之丰碑，深恐上无以称陛下宠旧勋之心，下无以慰吴挺显扬其亲之意。愿回前命，别付能者。"[1]在周必大看来，自己平时没有专门练过书法，字写得一般，硬着头皮写，恐怕会上有损皇帝的英明，下有损吴家的面子。

有趣的是，话都说到这份上了，孝宗还是坚持让周必大亲笔书写碑文。于是，周必大只有硬着头皮写了。更有意思的是，没过几年，大约是淳熙三年（1176年）的时候，朝廷决定给另一位抗金名将韩世忠制作神道碑，为向世人表明朝廷有抗金之意，孝宗这次亲自御书为神道碑写了碑额，然后下旨让周必大亲笔书写碑文。此举既是孝宗对韩世忠的褒奖，更是对周必大的提携，让他可以跟皇帝同台秀艺。有皇帝的御书，"龙蟠凤翥，昭回于天"，周必大的字，哪怕是"春蚓秋蛇，附见其下"，也是熠熠生辉的。

这次，周必大在象征性地上表推辞后，就开始认认真真地书写韩世忠神道碑的碑文。没过几天，碑文就写好了，他给孝宗汇报了书写情况，仍然不免谦让一番，他说："臣先奉圣旨差臣书韩世忠神道碑文，今已写成一轴，谨以进呈。惟是字画非工，无以仰副陛下追褒勋旧之意。"[2]

虽然周必大自己觉得写得不好，但韩家对他所书写的碑文却非常满意。韩世忠的儿子、户部侍郎韩彦古给周必大送了"金器二百两充润笔"。面对韩家送来的这笔巨款，周必大是不愿意收的，他把这个事情向孝宗做了汇报，并请求皇帝允许他拒收韩家送来的润笔费。他在奏疏中说：

---

1 （宋）周必大著，王瑞来校证：《周必大集校证》卷一百二十二《辞免书吴璘碑奏状》，上海古籍出版社，2020年，第1892页。

2 《周必大集校证》卷一百二十三《缴书神道碑劄子》，第1906页。

字被苏黄胡乱写坏了

臣窃考自古人君追褒勋贤，多命儒臣纪载事实，必有濡润，用酬撰述之劳。至于书丹，本是待诏事，近年乃出士大夫之手。仁宗时，偶因御制元舅陇西郡王碑文，诏蔡襄书之。襄以御制，不敢辞避。其后词臣别有所撰，又命襄书，襄即恳免。臣书札素非所长，昨被命为韩氏写碑，正缘陛下追念勋臣，大书碑额。臣辄沿蔡襄故事，不敢固辞。今若违前世所无之规，循近年冒受之例，则不惟含是从非，取诮公论，亦恐伤廉苟得，上负圣知。伏望睿慈察臣悃愊，恕臣冒渎，特降指挥，许臣免受。[1]

韩彦古给周必大送来润笔费，是当时的惯例。而周必大不想要这个钱，是因为他给韩世忠写碑文，不是惯例，而是特例。周必大作为文学词臣，给碑文"书丹"，不是他的本职工作。因为皇宫中本来就养得有一批"写手"——待诏，书写碑文是他们的事儿。韩世忠的神道碑因为有孝宗亲笔题写的碑额，档次提高了，宫中的书法待诏已经不配书写他的碑文了，所以孝宗才让周必大来写，对周必大来说，他是以士大夫的身份奉皇帝之命来书写碑文的，不是宫中那些以写字为生的待诏可比的。

在周必大看来，自己的字写得很一般，"书札素非所长"，他不是靠写字为生的，写字也不是他的本职工作，他为韩家书写碑文，是给皇帝面子，也是为了提升韩世忠神道碑的地位。可韩家事后居然按以前待诏们书写碑文收取劳务费的惯例，给他送润笔钱，这是在羞辱他啊！这是把他当成了卖字的书法待诏了，他可不愿自降身份，特别是韩家钱给得越多，他就越没有面子。而偏偏韩家人不明

---

1 《周必大集校证》卷一百二十三《辞免润笔劄子》，第1906页。

白这个道理，出手又如此阔绰。

周必大在奏状中提到的蔡襄与仁宗的故事，是宋代文人书法的一个非常经典的案例。仁宗的亲舅舅李用和病死后，仁宗极为伤心，追封李用和为"陇西郡王"，并亲自为他撰写了碑文。当时朝中大臣中，以蔡襄的书法最为时人称道，仁宗于是下令让蔡襄亲笔为陇西郡王碑书丹，蔡襄只得奉旨照办。没过几年，仁宗最宠爱的张贵妃去世，仁宗追封张氏为"温成皇后"，让学士院负责撰写温成皇后碑的碑文。等碑文撰写好了之后，仁宗下诏让蔡襄为温成皇后碑书丹，竟然遭到了蔡襄义正严词地拒绝，蔡襄说出了那句名言："此待诏职也。"

蔡襄在宋代虽然以书法闻名天下，但他自己的身份定位不是"书法工作者"，而是文人士大夫。蔡襄是天圣九年（1031年）的进士第十名，这个时候担任的是负责为朝廷起草诏令的"知制诰"。宋人对蔡襄拒绝为皇帝书写温成皇后碑的举动是非常赞赏的，朱长文说："儒者之工书，所以自游息焉而已。岂若一技夫役役哉！古之能自重其书者，惟王献之与君谟耳。"[1]

王献之是中国书法史上最出类拔萃的人物，后人提起二王的书法，无不心慕手追，赞叹钦慕。东晋宰相谢安有一年主持重建了皇宫中的太极殿，工程完工后，他想让王献之为大殿题写榜额。但这种事情，在古代乃是"匠人之事"，而王献之乃世家大族出身，自然不屑于做这种事情。同样出身世家大族的谢安也就不好开口了，只能借着跟他聊天的时候予以暗示。

在闲聊中，谢安兴致勃勃地说起曹魏时韦诞题写凌云台的往

字被苏黄胡乱写坏了

---

1 （宋）朱长文：《续书断》，《历代书法论文选》，上海书画出版社，1979年，第336页。

事，说得眉飞色舞，让人觉得韦诞为凌云台题字是一桩千古美事，如果能够重现一次的话，定能成为千古佳话。王献之发现了谢安的小心思，不等他讲完，就很生气地说："这是你编的故事吧！韦仲将乃是魏朝之大臣，怎么可能做这种事情，如果真有其事，只能说明曹魏气数已尽，离亡国不远了！"[1]

士大夫练字，是出于对书法的爱好，而士大夫写字，则是出于对文字书写的兴趣，把一个擅长书法的文人当成写字的工匠，是对他最大的侮辱。蔡襄给自己的身份定位，是国之大臣，而不是写字工匠。中国的文人士大夫可不希望听到有人夸他们有工匠精神！令人难以理解的是，蔡襄公然违抗仁宗让他为温成皇后碑书丹的行为，既没有被皇帝怪罪，也没有被皇帝记恨。这一段小插曲并没有影响到蔡襄的仕途，仁宗晚年还提拔他当了翰林学士、权理三司使等要职。

*　*　*

蔡襄同时代的人，对于他的书法都推崇备至。欧阳修说蔡襄的书法，"独步当世"，苏轼则肯定了欧阳修的这一评价是"至论"。苏轼更是说蔡襄"天资既高，辅以笃学，其独步当世，宜哉！"[2]类似的评价，苏轼不只说过一次，他甚至把蔡襄树立为宋朝书法的第一人。他说："国初，李建中号为能书，然格韵卑浊，犹有唐末以来衰陋之气，其余未见有卓然追配前人者。独蔡君谟书，天资即高，积学深至，心手相应，变态无穷，遂为本朝第一。"[3]

1　（唐）张怀瓘：《书断》，《历代书法论文选》，第336页。

2　《苏轼文集》卷六十九《论蔡君谟书》。

3　《苏轼文集》卷六十九《评杨氏所藏欧蔡帖》。

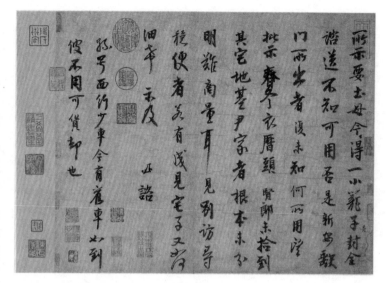

图3-11　李建中《土母帖》　台北故宫博物院藏

　　结合上下文来看，苏轼对蔡襄"本朝第一"的褒词，不是说蔡襄的字是整个宋朝书法家中写得最好的，而是说宋代的书法，到了蔡襄，才真正突破了唐末五代书法的局限，具有了宋代书法的风格。因而，蔡襄是第一位真正意义上属于大宋本朝的书法家。

　　苏轼评语里提到的李建中，是北宋前期士大夫群体中最用心于书法的一个。他是太平兴国八年（983年）的进士，在官场上似乎没有太大的进取心，当的官也都不大，曾担任过岳州录事参军，并监潭州茶场，通判道州、郢州等。他对当大官没有兴趣，就连他的绰号"李西台"，也是因为他曾多次向朝廷请求安排他到官闲事少的西京（洛阳）留守司御史台任职而得来的。

图3-12　张从申《玄静先生碑》

　　他一生中的大部分时间都在钻研书法。他之所以多次想去洛阳当官，也是因为洛阳是五代时期最有名的书法家杨凝式长年留居之地，留有大量的杨氏书法遗迹。他常常驻足于洛阳寺院里杨凝式的书法题壁前，观摩终日而不肯离去。他曾写诗说："杉松倒涧雪霜干，屋壁麝煤风雨寒。我亦平生有书癖，一回入寺一回看。"[1]可见，书法对他而言，确实是日常生活中最大的爱好。

　　李建中的书法，是唐末五代以来的流行书风。从他的代表作《土母帖》中可以体会得出，他的字，用笔简单，一味地中锋行笔，使得线条单一，缺乏笔尖提按带来的丰富感。其结字瘦弱而劲健，整体上的确有气韵不足之嫌。事实上，李建中的书法，在宋人看来，

1　（清）厉鹗：《宋诗纪事》卷三。

最大的问题是气韵不足，苏轼评李建中的字落了"俗"套，又说他"本无所得，舍险瘦，一字不成"。[1]原因是他在书法的学习上"偷懒"，没有从古代的经典书家入手，学的都是唐末五代以来的习气。

宋初经战乱之后，文物凋落，士大夫平时练字习书，很难从二王、颜柳这些大家入手，往往只能图方便，选一些"近代"的书家来学习。李建中的师法对象是唐代中期三流书法家的张从申，此人与颜真卿为同时代人，但在书法史上并不出名，水平更是无法跟颜真卿相比。张从申的字，一方面符合大众的审美趣味，另一方面用笔简单，点画简洁，这意味着在技法上的难度小，普通人易于上手。

宋人笔记中记载了章惇对李建中书法的评价，章惇认为，李建中的字"亦非不精熟，然其俗气特甚，盖其初出于学张从申而已！"[2]章惇虽然不以书法知名，但眼光倒是很毒辣，一针见血地指出了李建中辈书法的弊病之所在。《宣和书谱》评价李建中的字时说："论书者以尚有五代衰陋之气，盖以其作字淳厚不飘逸致然也。"[3]宋高宗说李建中的书法："字形瘦健，姑得时誉，犹恨绝无秀异。"[4]无异秀，或不飘逸，也就是苏轼和章惇所说的"俗"。

宋人论书，最讨厌的就是俗。黄庭坚说："学书须要胸中有道义，又广以圣哲之学，书乃可贵。若其灵府无程，政使笔墨不减元常、逸少，只是俗人耳！余尝言，士大夫处世可以百为，唯不可俗，俗便不可医。"[5]钟繇和王羲之的笔法易效，钟繇与王羲之的格调难装。黄庭

---

1 《苏轼文集》卷六十九《杂评》。

2 （宋）张邦基：《墨庄漫录》卷十。

3 《宣和书谱》卷十二。

4 （宋）赵构：《翰墨志》。

5 （宋）黄庭坚：《山谷全书》正集卷二十六《书绘卷后》。

坚认为，一流书家不应该只是追求笔墨的提升，只在书法的技巧性上下功夫，而且要"胸中有道义"，要有"圣哲之学"，即要有文人士大夫该有的"书卷气"。可以说，宋初书坛之所以"俗"，正是因为文人士大夫们在书法风格的追求上"文气"不足。

蔡襄的出现，终于打破了宋人书法沿袭唐末五代以来"从俗"风气的老套路，他从古代经典书家入手，培养书法的文气和风韵。在宋代书法史上，蔡襄地位往往有些尴尬，甚至在宋四家中，他的地位越到后来越岌岌可危。"苏黄米蔡"四家中，蔡襄的书风与其他三人格格不入，已是肉眼可见，以致后来不少人认为宋四家的"蔡"是指蔡京，而不是蔡襄。

苏轼、黄庭坚、米芾三人的书法，格调高绝，尚意使气，是宋代所谓的"尚意"书风的代表和高峰，蔡襄跟他们确实不是一个路

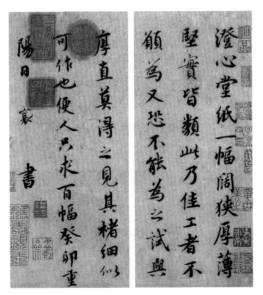

图3-13　蔡襄《澄心堂纸帖》　台北故宫博物院藏

数的。但蔡襄和宋初的李建中等人，也不是一个路数的。苏、黄的尚意，正是对宋初文人书法如李建中辈的"从俗"之风的一种反抗。而宋代士人在写字上从"从俗"到"尚意"的转型，中间恰恰经历了一个提升书法的文气和风韵的阶段。换句话说，"从俗"与"尚意"之间，还有一个我称之为"求韵"的阶段。

蔡襄就是最早有意识地从"古人"的经典书法中追寻书法韵味的人。他提出"书法惟风韵难及"的观点，指出唐人书法，如虞世南，"书多粗糙"，而"晋人书，虽非名家，亦自奕奕有一种风流蕴藉之气"。这是因为当时的人"以清简相尚，虚旷为怀，修容发语，以韵相胜，落华散藻，自然可观"。[1]所谓尚意书风的代表人物黄庭坚，看重的也不是"意"，而是"韵"。他说："论人物要是韵胜，尤为难得，蓄书者能以韵观之，当得仿佛。"[2]

跟尚意书风激烈地反对流俗书风不同，求韵阶段的宋人书法，把文人独有的风韵灌注到字里行间，同时又比较温和地反对俗气。这个阶段既开创了属于宋代书法的新风格，也为后来的尚意书风打下了突变的基础。而这个求韵阶段的开创者和集大成者，就是蔡襄。蔡襄的字，师法唐代的大书法家颜真卿和虞世南。《澄心堂纸帖》是蔡襄书法的代表作，此帖展现出蔡襄的书法温润如玉、雍容平正、结字遒媚、点画精劲，透露出一股静谧从容的文人风韵。

蔡襄开启了宋代书法的文韵之气，而接续他的苏轼、黄庭坚和米芾则走得更远，他们把文人书法推向了极致，开创出惊世骇俗的尚意书风。而所谓的尚意，本质上就是以夸张的方式突出书写者个人的文艺素养。

字被苏黄胡乱写坏了

1 （宋）蔡襄：《论书》，《历代书法论文选续编》，上海书店，2000年，第50页。
2 （宋）黄庭坚：《山谷全书》正集卷二十八《题绛本法帖》。

—

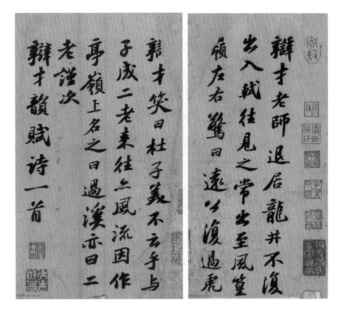

图3-14　苏轼《次韵辨才诗帖》　台北故宫博物院藏

苏轼的字，自成一家，用墨浓稠，用笔迟缓，而结体偏于肥扁，达到意态舒展之效。苏轼对于自己的书法，最看重的是自出新意。他在诗里说："我书意造本无法，点画信手烦推求。"又说："吾书虽不甚佳，然自出新意，不践古人，是一快也！"这些言论的确是他的夫子自道。不过，苏轼的"创新"，并不是闭门造车的乱写，他独特的书法风格的形成，得益于他敢于突破前人的创新精神，但也离不开像蔡襄那样沉潜于古代经典书家的学书经历。

真正的创新，是推陈出新，而不是立异标新。对于苏轼书法的来历，黄庭坚看得最清楚，他说："东坡道人少日学《兰亭》，故其书姿媚似徐季海。至酒酣放浪，意忘工拙，字特瘦劲，乃似柳诚悬。

中岁喜学颜鲁公、杨风子书，其合处不减李北海。"[1]苏轼的儿子苏过也说其父"少年喜二王书，晚乃喜颜平原，故时有二家风气"[2]。可见，苏轼的书法是从二王到颜真卿这么一路临习沉淀下来的，绝非纯出臆造。

苏轼、黄庭坚和米芾常被视为宋代书法的最高峰，他们在唐代书法"尚法"的基础上，闯出了"尚意"的新路。然而有意思的是，宋代书法的最高成就，却颇不入宋代文人士大夫群体中最有影响力的理学型士大夫们的法眼。如朱熹评点宋代书法的弊端，最有名的断语便是："字被苏黄胡乱写坏了。"[3]

事实上，尚意书风的流行，容易变成不守章法的"乱来"。宋代一个著名的日常生活中文人书法的笑话，是在宋徽宗时的宰相张商英身上发生的。宋人笔记中有一则关于他写字写得太过率意，搞得连自己都不认识的滑稽故事：

> 张丞相虽好草圣而不工，流辈皆笑之。一日得句，索笔疾书，满纸龙蛇飞动，使其侄录之。当波险处，侄惘然，执所书问曰："此何字？"丞相熟视久之，亦不自辨，诟曰："何不早问，致吾忘之。"[4]

这个故事里，张商英以草书写诗，写得兴起，当然龙蛇飞动，好不快活，可他过于放纵的写法，显然已失了"草法"，纯属凭己意

---

1 （宋）黄庭坚：《山谷题跋》卷五《跋东坡墨迹》。

2 （宋）葛立方：《韵语阳秋》卷五。

3 （宋）黎靖德编、王星贤点校：《朱子语类》卷一百四十，中华书局，1986年，第3336页。

4 （宋）释惠洪：《冷斋夜话》。

乱写，以致事过之后，连他自己也不认得自己写的字了。这个故事，充分体现了尚意书风发展到北宋末年，已经走向了末路。

另一方面，站在现代书法研究者的立场上看，儒家思想，特别是宋代兴起的新儒学——理学，对于宋代书法的影响多是负面的。学者们大多认为，南宋书法的江河日下，正是因为以朱熹为代表的理学，颠倒了书品品评的是非，抑制了"尚意"书风在南宋的进一步发展，使得宋代书法在南宋出现了一个漫长的低潮期。

事实上，宋代理学的兴起，与宋代尚意书风的兴起差不多同时。尚意书风的开创者和最具代表性的书法家苏轼，与理学宗师二程就是同时代的人。宋代书法的发展方向，对于宋代的理学来说也有着一个不小的"紧张感"。

* * *

书法在儒学以及在宋代形成的理学体系里的地位，从理论上来讲，自是无足轻重。南宋时以经世之志相标榜的浙东事功学派的代表人物陈亮曾说，他从张栻、吕祖谦等前辈大学者那里体会到的是，不可把心思放到像书法之类的"伎术"事务上——"世所谓阴阳卜筮，书画伎术，及凡世间可动心娱目之事，皆斥去弗顾，若将浼我者。"[1]

北宋理学的集大成者程颐和程颢，更是视书法为玩物丧志——"子弟凡百玩好皆夺志。至于书札，于儒者事最近，然一向好着，亦自丧志。如王、虞、颜、柳辈，诚为好人则有之。曾见有善书者知道否？平生精力一用于此，非惟徒废时日，于道便有妨处，足知丧志

---

1 （宋）陈亮著，邓广铭点校：《陈亮集》卷之二十三《跋朱晦庵送写照郭秀才序》，中华书局，1987年，第256页。

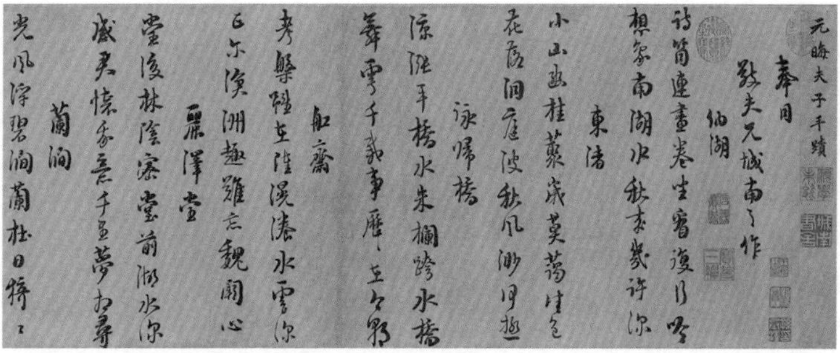

图3-15 朱熹《城南倡和诗卷》 故宫博物院藏

也。"[1]在二程看来，王羲之、虞世南、颜真卿和柳公权等晋唐名家虽然人品贵重、书艺精湛，但他们没有求道的志向，并不知儒家义理。

一个有理想的文人士大夫的人生追求应该是"知道"，而书法只是"伎术"，一个人如果立志于"伎术"上的成就，本身就是一种丧志的表现。所以成为一个书法家，就不能是"儒者"的志向。

朱熹常常在题跋书法作品时强调自己虽然从小学习书法，但却不善书法，更不会把精力放到书法上。如他在《赠笔工蔡藻》中说"予性不善书"，并且多次强调他从小就开始练习书法，但并不用力于此，"余少尝学书，而病于腕弱，不能立笔，遂绝去，不复为。"在书法问题上，他有时甚至不惜自揭其短，"予旧尝好书法，然引笔行墨，辄不能有毫发象似，因遂懒废。"[2]

事实上，这些话并非他的自谦之辞，尽管他在书法上的"水

1 （宋）程颢、（宋）程颐著，王孝鱼点校：《二程集·遗书》卷一，北京：中华书局，2004年，第8页。

2 （宋）朱熹：《晦庵先生朱文公文集》卷八十二《题法书》。

字被苏黄胡乱写坏了 ——

平"，并不像他自己说的那样"不能立笔"。如明人陶宗仪在《书史会要》中评朱熹，"善行书，尤善大字，下笔沉着典雅。虽片缣寸楮，人争珍秘。"现存朱熹的传世书迹《城南倡和诗卷》，一般认为此卷书法，笔势迅疾，无意求工，而点画波磔无一处不合书家规矩，韵度润逸，苍逸可喜。

其实，朱熹学习书法不但有家学启蒙，还在宦游生涯中观摩了大量前代和本朝书法真迹，他在书法创作上有自己独特的风格，在理论上有自己独到的见解。其书法根本于魏晋名家，取法于颜真卿，又兼容蔡襄、王安石等本朝大家，其书法上的成就甚至使其被誉为"南宋四家"之一。朱熹之所以要强调自己不善书，甚至在书法练习上"懒废"，其实是为了向世人宣示自己志不在此：一个真正的儒者的人生追求应该是"知道"，而不是"善书"。

那么，在宋儒的理论体系里，为什么"善书者"很难做到"知道"呢？"善书"与"知道"为什么不可以两者兼得呢？这是因为立志于"知道"，又立志于"善书"，便是一心多用，就是"贪"。朱熹在跟弟子们讨论孟子的名言"养心莫善于寡欲"时把这个问题说得最为明白：

> 敬之问："'养心莫善于寡欲'，养心也只是中虚。"
>
> 曰："固是。若眼前事事要时，这心便一齐走出了。未是说无，只减少，便可渐存得此心。若事事贪，要这个，又要那个，未必便说到邪僻不好底物事，只是眼前底事，才多欲，便将本心都纷杂了。且如秀才要读书，要读这一件，又要读那一件，又要学写字，又要学作诗，这心一齐都出外去。所以伊川教人，直是都不去他处用其心，也不要人学写字，也不要人学作文章。这不

是僻，道理是合如此。人只有一个心，如何分做许多去！若只管去闲处用了心，到得合用处，于这本来底都不得力。且看从古作为文章之士，可以传之不朽者，今看来那个唤做知道？也是此初心下只趋向那边，都是做外去了。"[1]

在这段师徒问答中，学生敬之问到养心寡欲，朱熹提出养心不是完全无欲，而是要尽量减少心中的欲望。在朱熹看来，养心就不应有太多的贪欲，将养心寡欲的道理推及读书写字上面时，也同样如此。秀才的本职就是读书，但读书不专一就是已经分散心神了，耽于写字作诗这些具有娱乐性的文艺之事更是让人心神涣散。因为"人只有一个心"，如果被写字作文这些闲事分散，也就无法专心求道了。

在朱熹这样的理学型士大夫看来，"文章之士"没有一人能够"知道"，一个真正的儒者若用力于书法，当然更是在"闲处用心"，也就自然会在"本来底"求道之事上"都不得力"。

为此，朱熹还从"养心莫善于寡欲"的角度专门批评了苏轼的"君子可以寓意于物，不可以留意于物"的名言。这一观点正是为士大夫的艺术爱好而发，此言出自苏轼为驸马王诜所筑的宝绘堂所做的记文。

苏轼认为士大夫有艺术爱好是可以的，但不能太过偏执于这种爱好。因为偏执于这些爱好，不但不能为乐，反倒足以为病——"寓意于物，虽微物足以为乐，虽尤物不足以为病；留意于物，虽微物足以为病，虽尤物不足以为乐。"其中，书法正是士大夫爱好中最常

字被苏黄胡乱写坏了

见的两种之一——"凡物之可喜，足以悦人而不足以移人者，莫若书与画。"但如果对于书画"留意而不释，则其祸有不可胜言者"。他还以自己的经历现身说法：

> 始吾少时，尝好此二者，家之所有，惟恐其失之；人之所有，惟恐其不吾予也。既而自笑曰："吾薄富贵而厚于书，轻死生而重于画，岂不颠倒错缪，失其本心也哉？"自是不复好。见可喜者，虽时复蓄之，然为人取去，亦不复惜也。譬之烟云之过眼，百鸟之感耳，岂不欣然接之？然去而不复念也。于是乎二物者常为吾乐，而不能为吾病。[1]

苏轼抱着"烟云之过眼，百鸟之感耳"的心态来对待书画的爱好，其境界已非寻常附庸风雅之辈所能及，故而颇得时人赞许。但朱熹对于苏轼"君子可以寓意于物，不可以留意于物"的高论，却直说是谬论——"这说得不是"。因为"才说寓意，便不得"。

他仍以书画为例，说明一个人一旦被自己的爱好所累，是如何难以自拔："人好写字，见壁间有碑轴，便须要看别是非；好画，见挂画轴，便须要识美恶，这都是欲，这皆足以为心病。"[2]然后他也以自己的经历现身说法："某前日病中闲坐无可看，偶中堂挂几轴画，才开眼，便要看他，心下便走出来在那上。因思与其将心在他上，何似闭着眼坐得此心宁静？"朱熹觉得，连自己这样的修为和定力，一旦在书画上起了心思，都做不到不被书画所迷，苏轼所说的寓意

---

1 《苏轼文集》卷十一，第356页。

2 《朱子语类》卷六十一，第1476页。

于物而不留意于物的境界，又有几人能真的说到做到呢！

而从理论上来说，一个真正的儒者如果起了要把字写好的"心"，就已经犯了"养心莫善于寡欲"的大忌。比如"夏葛冬裘，渴饮饥食，此理所当然。才是葛必欲精细，食必求饱美，这便是欲"[1]。在那些一本正经的文人士大夫看来，吃饭穿衣是理所当然，但讲究好吃好喝，这便是欲，便于道有害了。同理，对那些士大夫而言，最好的"书法"就是能够满足"写字"的需求而已，一旦想要求工求好（即是立志做书法家），便是从理所当然滑向了"欲"。朱熹说"写字不要好时，却好"[2]，正是这个意思。因为写字对士大夫来说是理所当然，但写字而求好，便是多欲，而不要好，才是寡欲。

需要注意的是，朱熹此论跟苏轼的名言"书初无意于嘉，乃嘉尔"的意趣全然不同。苏轼的话，仍是写字时要求好，"无意于嘉乃嘉"[3]，其追求的恰是"写字要好"，只是"要好"的方式变得无所拘束、率意而为罢了。然而，书法本身的价值就是要在"写字"之上求好、求嘉。可见，在宋人的儒学理论体系中，书法家与文人士大夫的真正追求本就格格不入。

那么，宋代的文人士大夫，特别是儒家学者们，从"写字"的角度论书法，便和书法家从书法的角度论书法大不相同。如朱熹讲"笔力到，则字皆好"，此处所谓"笔力"，即是写字的基本功，掌握了写字的基本功，就能写出好字。

如何才能做到"笔力到"呢？那就是要做到所谓的"书穷八法"，即"只一点一画，皆有法度"。理解到这一点，也就好理解

---

1 《朱子语类》卷六十一，第1476页。

2 《朱子语类》卷一百四十，第3337页。

3 《苏轼文集》卷六十九，第2183页。

"字被苏黄胡乱写坏了"的真意，因为蔡襄"字字有法度"，字字有法度，笔力自然到位，所以蔡襄的字"方是字"。[1]在朱熹看来，蔡襄的书法是"写字"，而苏黄的写字，不是"写字"。苏黄写字，不但刻意"要好"，而且为了"要好"而争出新奇，于是朱熹就有"近世之为词章字画者，争出新奇，以投世俗之耳目"的批评。在他看来，追求新奇，本就是为了投世俗之所好，而"新奇"到了极致，在书法上自然是会写成苏、黄、米那样的"欹倾侧媚，狂怪怒张之势极矣"[2]。

而更糟糕的是，在朱熹等人看来，苏黄刻意"要好"而争出新奇，还是说明他们自己的基本功——即笔力——未到，因为争出新奇不过是为了补笔力不到的硬伤。苏轼多次坦承自己在书法之"法"上的不足，"吾书虽不甚佳"便是从书法的"法度"上说的，"我书意造本无法"，乃是避开"法"而出新奇。他说，"余学草书凡十年，终未得古人用笔相传之法"，而他后来的草书，靠的是"见道上斗蛇，遂得其妙"的自悟。

"法度"上的不足，反映到苏轼的书法上，便是笔力不到，陈师道评"苏、黄两公皆善书，皆不能悬手"[3]。朱熹也与弟子谈及苏轼连拿笔的基本功都没学到家："子瞻单勾把笔，钱穆父见了，曰：尚未能把笔邪！"[4]而黄庭坚对苏轼书法中的"病笔"虽然极力回护，但针对时人对"东坡作戈多成病笔，又腕着而笔卧，故左秀而右枯"的批评，黄庭坚只能说批评苏轼的人见识不足，是"管中窥豹，

---

1 《朱子语类》卷一百四十，第3336页。

2 （宋）朱熹：《晦庵先生朱文公文集》卷八十二《跋朱、喻二公法帖》。

3 （宋）陈师道：《后山谈丛》卷二。

4 《朱子语类》卷一百四十，第3337页。

不识大体，殊不知西施捧心而颦，虽其病处，乃自成妍"[1]。话虽如此，他也不得不承认苏轼书法自有其"病处"。因此，站在二程、朱熹等人的立场来看，苏、黄、米的尚意书风，正是"范我驰驱而不获，却以诡遇而获禽耳"的典型。

书法在宋人的儒学理论体系——特别是南宋以来日渐兴盛的理学体系——中的地位不高，书法与理学在本质上存在着排斥性，在理学家看来，真正的有理想、有追求的文人士大夫，一生应致力于求道。所以，朱熹他们主张"写字不要好"，而像苏轼、黄庭坚等文艺性大于学理性的文人士大夫却在书法上要求好、求嘉，这种矛盾显然不可调和。但有意思的是，书法既然是玩物丧志的玩意，那弃之不顾不就行了嘛，朱熹他们又何必与苏黄在这个问题上斤斤计较呢？

这是因为，无论是哪种类型的文人，都放不下写字。一方面，在文人士大夫们看来，书法对于性命之学来说，是无足轻重的技术活；另一方面，书法又在儒者求道的过程中事关大局。站在儒家学者的立场上看，书法虽然不重要，但却又不能置之不论，因为书法虽然是"细事"，却"于人之德性相关"。而德性的问题，在"知道"与"求道"的过程中却最为重要。

朱熹在比较王安石与韩琦的书风时说：

> 张敬夫尝言，平生所见王荆公书，皆如大忙中写，不知公安得有如许忙事？此虽戏言，然实切中其病。今观此卷，因省平日得见韩公书迹，虽与亲戚卑幼，亦皆端严谨重，略与此同，未尝一笔作行草势。盖其胸中安静详密，雍容和豫，故无顷刻忙时，

字被苏黄胡乱写坏了

1 （宋）黄庭坚：《豫章先生文集》卷二十九《跋东坡水陆赞》。

亦无纤芥忙意，与荆公之操扰急迫正相反也。书札细事，而于人之德性其相关有如此者，熹于是窃有警焉。[1]

张栻戏言，王安石的字都像是在大忙中写成的，不晓得他一天到晚哪有那么忙。在朱熹看来，北宋名相韩琦的书风端严谨重，与其为人的安静详密、雍容和豫相辅相成，而王安石的字则反映了他行事操切紧躁的性格。在理学体系中，"性即理也"是最重要的一个"发明"。所谓人之德性，即人之性，即天理。

朱熹在《四书章句》中注解"尊德性而道问学"时说："德性者，吾所受天之正理"。《朱子语类》中，他与弟子讨论这一话题时又说："德性犹言义理之性。"性即理，即性本善，正是一个人"知道"与"求道"的基础，"性之为体，正仁义礼智之未发者"。性即理、性本善，决定了人皆可以为圣贤。

朱熹认为："性者，人所禀于天以生之理也。浑然至善，未尝有恶。人与尧舜，初无少异。"但人之德性本善，并不意味着人人都是圣贤，因为"天地之间，有理有气。理也者，形而上之道也，生物之本也。气也者，形而下之器也，生物之具也。是以人物之生，必禀此理，然后有性。必禀此气，然后有形"[2]。所以"天之生物，其理固无差别，但人物所禀，形气不同，故其心有明暗之殊，而性有全不全之异耳"。显然，人的德性虽然有与生俱来的天之正理，即"人性本善"，但也会被后天的东西影响，"才坠入气质中，便薰染得不好了。"[3]

---

1 （宋）朱熹：《晦庵先生朱文公文集》卷八十四《跋韩魏公与欧阳文忠公帖》。

2 （宋）朱熹：《晦庵先生朱文公文集》卷五十八《答黄道夫》。

3 《朱子语类》卷九十五，第2431页。

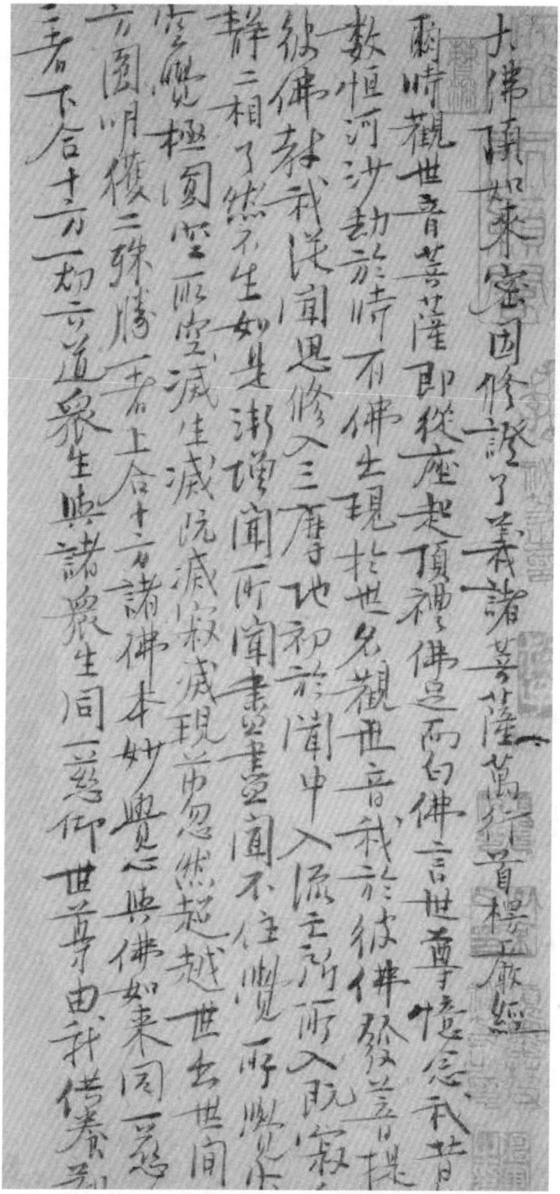

大佛頂如來密因修證了義諸菩薩萬行首楞嚴經

爾時觀世音菩薩即從座起頂禮佛足而白佛言世尊憶念我昔

數恒河沙劫於時有佛出現於世名觀世音我於彼佛發菩提心

彼佛教我從聞思修入三摩地初於聞中入流亡所所入既寂

靜二相了然不生如是漸增聞所聞盡盡聞不住覺所覺空

空覺極圓空所空滅生滅既滅寂滅現前忽然超越世出世間

十方圓明獲二殊勝一者上合十方諸佛本妙覺心與佛如來同一慈

二者下合十方一切六道眾生與諸眾生同一悲仰世尊由我供養

图3-16　王安石《行书楞严经卷》　上海博物馆藏

191

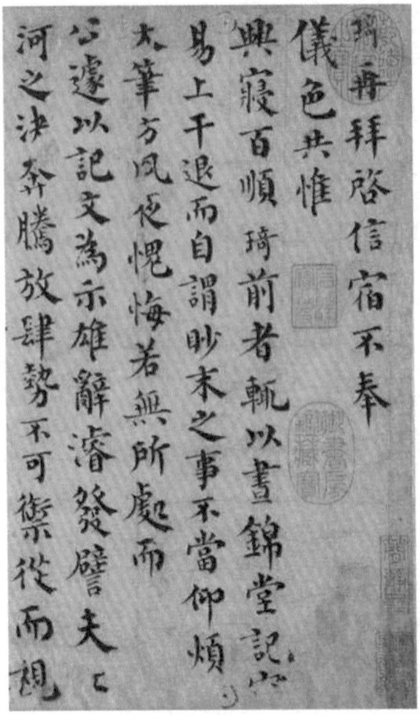

琦再拜啓信宿不奉
儀色共惟
興寢百順 琦前者輒以晝錦堂記
易上干退而自謂眇末之事不當仰煩
大筆方夙夜愧悔若無所處而
公遽以記文爲示雄辭濬發譬夫江
河之決奔騰放肆勢不可禦從而視

图3–17 韩琦《信宿帖》 贵州博物馆藏

因此，从这个意义上来说，王安石为人行事操切急迫，这是王安石的气禀，反映到书法上就是王安石的书风“皆如大忙中写”。传世的王安石的书迹并不多，上海博物馆所藏的这卷《行书楞严经卷》可称得上是其代表作。此卷书法，墨色淡雅，点画清劲，通篇布局犹如横风疾雨，尽显匆忙之态。宋代的士大夫们认为，人的气禀与人的德性之间的关系，有如张载一句名言：“德不胜气，性命于气。德胜于气，性命于德。”朱熹对此的解说是：“德性若不胜那气禀，则性命只由那气。德性能胜其气，则性命都是那德”。[1]

1 《朱子语类》卷九十八，第2516页。

显然，从书风上可以看出，王安石就是所谓"德不胜气，性命于气"者。而韩琦胸中安静详密，雍容和豫，体现在书法上就是"端严谨重"，显属"德胜于气，性命于德"者。我们从存世的韩琦的书法《信宿帖》中也可感受到张栻和朱熹所言非虚，韩琦的此卷书法，笔法雄劲端重，结体丰腴俊逸，很有所谓堂堂正正的庙堂之气。

　　不过，德性与气禀之间，不仅仅是如此消极的对应关系，北宋中期的大学者张载说过，"形而后有气质之性，善反之天地之性存焉"，如何能够"善反"呢？朱熹补充说，"穷理尽性则善反之功也"，"若使不用修为之功，则虽圣人之才，未必成性"。通过修为之功，人的气禀是可以改变的，"气之不可变者，惟死生修夭而已。"[1]

　　所以从这个意义上来讲，苏、黄的尚意书风对于求学问道的人来说便是大错特错的做法，朱熹的"字被苏黄胡乱写坏了"一语，正是由此而发。

　　那么，站在宋代的理学型士大夫的角度来看，字是如何被苏黄写坏了的呢？

　　宋代所谓尚意书风的危险性对儒学正理而言是非常明显的，苏轼宣称"我书意造本无法，点画信手烦推求"，又说"吾书虽不甚佳，然自出新意，不践古人，是一快也"。这是通过书法的创作来张扬个性，通过个性的张扬来获得"快意"。如果说王安石的书法体现出的只是德不胜气的话，那么尚意书风的书写过程，岂止是"德不胜气"，简直是纵气败德、自甘堕落，是主动放弃了从天所受正理的德性，而放纵自己的气禀以逞一时之快。

────────────

据说苏轼写草书要借助酒力便是一个颇为极端的例子。他自言"吾醉后能作大草，醒后自以为不及"，这是"纵气"犹嫌不足，还要靠"纵酒"来加强书写时的快感。而深受北宋士大夫推荐的蔡襄则不然，宋人多认可蔡襄的基本功。朱熹说"蔡公书备众体"，"独有欧虞笔意"，所以蔡襄就是"笔力到"就"字好"的典型，而苏、黄则是笔力不到，而以争出新奇的方式求字好的反面典型。这在朱熹看来，当然是"胡乱写"了。

朱熹批评黄庭坚："但自家既写得如此好，何不教他方正？须要得恁欹斜则甚？又他也非不知端楷为是，但自要如此写，亦非不知做人诚实端悫为是，但自要恁地放纵。"[1]又说张孝祥的字"但是不把持，爱放纵"，皆是此意。可见，尚意书风的本质，在朱熹等人看来，就是借机放纵。

相反，一个真正在性命之学上有修为的儒者写字，就能做到不逞一时之快，如朱熹评论邵雍的书法："康节先生自言大笔快意，而其书迹谨严如此，岂所谓从心所欲而自不逾矩者耶？"[2]可见邵雍虽然也有"大笔快意"的气禀，但书迹谨严，并不放纵自己的习气，可谓在写字中做了儒家所谓的"修为之功"。

朱熹认为"洒扫应对之间，便是做涵养底工夫"（《答林择之》），写字是士大夫最为平常的日用功夫，故而也最见修为之功。而程颐以为"涵养须用敬"，所以写字当然也不能乱写。明道先生曰："某书字时甚敬，非是要字好，只此是学。"这就是要把修为之功放到日常书写之中。"握管濡毫，伸纸行墨，一在其中。点点画

1　《朱子语类》卷一百四十四，第3338页。

2　（宋）朱熹：《晦庵先生朱文公文集》卷八十三《跋邵康节"检束"二大字》。

画，放意则荒，取妍则惑。必有事焉，神明厥德"，[1]朱熹此言道尽了理学型士大夫们的写字道理。

"敬"之一字，宋儒看得最重。朱熹常言："如今看圣贤千言万语，大事小事，莫不本于敬。收拾得自家精神在此，方看得道理尽。"宋儒重视心地工夫，最重看的也是敬。朱熹在论"存其心，养其性，所以事天也"时说："心性皆天之所以与我者，不能存养而梏亡之，则非所以事天也。夫心，主乎性者也。敬以存之，则性得其养而无所害矣。学者将以求尽其心，亦未有不由此而入者。故敬者学之终始，所谓彻上彻下之道。"[2]

宋代文人士大夫所谓的"敬"，其中最重要的观点就是"主一"，即"心须常令有所主。做一事未了，不要做别事"。譬如"无事时只得无事。有事时也如无事时模样，只要此心常在。所谓动亦定，静亦定也。"[3]而王安石平生写字"皆如大忙中写"，即是心无所主，做一事未了，又想着做别事，恰与二程、朱熹等人所主张的"敬字工夫"相悖。

持敬主一的功夫具体到书法上该怎么做呢？

对此，宋代的理学型士大夫在书法圈中树立的典型就是蔡襄。韩琦、邵雍、程颐等人的书法虽然得到张栻、朱熹等人的极力推扬，但毕竟"书名"不彰。宋四家中，苏、黄、米皆尚意，唯有蔡襄重视法度。因此朱熹盛赞蔡襄"字字有法度，如端人正士"，并非后世所谓"书如其人"之意，而是因为"字字有法度"，正是"端人正士"所该做的"平日涵养底工夫"。所谓持敬主一，"只是便去下工

1　（宋）朱熹：《晦庵先生朱文公文集》卷八十五《书字铭》。

2　（宋）朱熹：《晦庵先生朱文公文集》卷三十二《答张敬夫》。

3　《朱子语类》卷一百一十五，第2779页。

夫。不要放肆，不要戏慢，整齐严肃，便是主一。"[1]蔡襄"字字皆有法度"，正是在日常书写中不忘"整齐严肃"的涵养修为。

* * *

书法与诗歌一样，都是宋代文人的必备技能。虽然，吟诗作赋是对文人刻板形象的塑造中最常见的一种，不过事实上，也有一辈子不喜欢写诗，甚至基本上不写诗的文人。诗歌对文人来说，是锦上添花的事。可是提笔写字，却是文人每天都要用到的基本技能。无论是否想成为一个书法家，宋代文人在童年时期，一定有练字的经历，无意于做书法家的朱熹也不例外。

理学大师朱熹青少年时代喜欢临习"曹操帖"，他在晚年回忆说："余少时曾学此表（按即曹操帖），时刘共父方学颜书《鹿脯帖》，余以字画古今诮之。共父谓予：我所学者唐之忠臣，公所学者汉之篡贼耳！时予默然亡以应。"[2]朱熹他们对书法的品鉴，一方面看重书法家的人品德性，汉之篡贼和唐之忠臣，人品德性上的对比形成这么大的反差，使得朱熹学曹操的字，显得有点过于反讽了。

但另一方面，宋代的文人士大夫，特别是理学型士大夫，写字重视法度，认为书法越古越能得古人的法度。如朱熹认为，虽然"书学莫盛于唐"，但唐代书法的出现，却是以"汉魏之楷法遂废"为代价的，而"入本朝（即宋朝）以来，名胜相传，亦不过以唐人为法"。[3]所以朱熹学曹操的字，是远迈唐人而直追汉魏古法，在书法的法度上比一般士大夫站得更高。

---

1 《朱子语类》卷一百十六，第2787页。

2 （宋）朱熹：《晦庵先生朱文公文集》卷八十二《题曹操帖》。

3 （宋）朱熹：《晦庵先生朱文公文集》卷八十二《跋朱、喻二公法帖》。

宋代理学型士大夫和书法的这种矛盾紧张还不止这一例。朱熹一方面讲"字被苏黄胡乱写坏了",从"写字"的角度对宋代兴起的尚意书风予以批判。但另一方面,当他们作为一个文人士大夫面对"书法"时,他们又对宋代流行的尚意书风的书法赞不绝口,甚至有些由衷的欣赏。

朱熹在《跋米元章帖》中称道米芾:"米老书如天马脱衔,追风逐电,虽不可范以驰驱之节,要自不妨痛快!"朱熹以"天马脱衔,追风逐电"来评米芾的书法,可谓深得"尚意"书风之神髓。这表明朱熹对宋人喜好的尚意书风的体会和把握是相当到位的,而且也是欣赏的。

米芾是整个宋代把尚意书风发挥到淋漓尽致的代表人物。跟蔡襄、苏轼和黄庭坚都是正经的科举进士出身不同,米芾没有科举功名,靠的是恩荫入仕。他一生中大部分时间都是州县小官。他为人行事真率狂傲,好为惊世骇俗之行,故能把尚意书风发挥到极致。

为了追求书法的精进,他甚至不惜做出一些有损士人德行的怪诞行为。蔡京的儿子蔡絛晚年回忆说:"长沙之湘西,有道林、岳

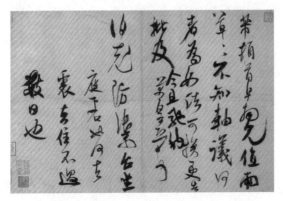

图3-18　米芾《值雨帖》　台北故宫博物院藏

麓二寺，名刹也。唐沈传师有《道林诗》，大字犹掌，书于牌，藏其寺中，常以一小阁贮之。米老元章为微官时，游宦过其下，舣舟湘江，就寺主僧借观，一夕张帆携之遁。寺僧亟讼于官，官为遣健步取还，世以为口实也。"[1]米芾沉迷于书法的嗜好，以致借了东西，连夜跑路，为了把人家镇寺之宝的法帖真迹据为己有，不惜巧取豪夺，全然不顾士人的颜面。

米芾的书法，以行草见长。高宗曾评价他的字说："米芾得能书之名，似无负于海内。芾于真、楷、篆、隶不甚工，惟于行草诚入能品。以芾收六朝翰墨，副在笔端，故沉着痛快，如乘骏马，进退裕如，不烦鞭勒，无不当人意。"[2]米芾的字，笔法凌厉，侧锋取势，中锋运笔，行笔迅速，转折遒劲，因此锋芒毕露，感情丰沛激烈，"痛快"几乎是当时人对其书法最一致的评价。

米芾的书法得益于博采众长，特别是其晚年用意汲取魏晋六朝书法的风韵，大大提升了自己书法的风貌。不过为了得到六朝书法遗意，他往往不择手段，令人哭笑不得。建中靖国元年（1101年），他在蔡京的舟中见到谢安的《八月五日帖》，爱不释手，非要蔡京将此帖送给他。蔡京也是喜爱书法之人，当然不肯。米芾竟然当场要起了无赖，发狠话说要去投河自尽。他以死相逼，搞得蔡京只好割爱相赠。[3]蔡京为人奸诈，平时都是他占别人的便宜，这回居然被米芾占了一回便宜。而米芾连蔡京的便宜都敢占，可见他为了书法是有多么疯狂了。

宋代理学型士大夫对尚意书风的欣赏也表现在他们对王安石书

---

1 （宋）蔡绦：《铁围山丛谈》卷四。

2 （宋）赵构：《翰墨志》。

3 （宋）米芾：《宝晋英光集》卷三《太师行寄王太史彦舟》。

法的肯定上。尽管朱熹对王安石的"写字"不乏公开的批评，但对王安石的书法，朱熹父子私底下其实是深为喜欢和欣赏的。朱熹的父亲朱松，"自少好学荆公书"，对王安石的书法有很深的了解。朱熹受其影响，对王安石的书法也有相当的鉴赏水平，朱熹自言，他对王安石的书法作品，"家藏遗墨数纸，其伪作者率能辨之"。[1]喜欢一个人的书法，见得多了，自然就有了鉴别真伪的能力。因此，朱氏父子俨然成了王安石书法真伪的鉴定专家。

而朱熹在谈到王安石书法的时候（不是从学理修养的写字角度来探讨这一问题时）也是不惜赞辞的，如"笔势翩翩"，如"玩其笔势，直有跨越古今、开阖宇宙之气"，这些话都是夸赞王安石的书法的。[2]王安石的书法，其书风也是不讲古法、抒发意气的一路，与苏黄的追求大抵一致。这些品评都表明朱熹对于尚意书风的意趣不但能精到的体会和把握，而且也是持欣赏态度的。

事实上，朱熹把"写字"和"书法"是分得很开的，他的立场当然是"写字不要好"，但书法却是在写字的基础上"要好"。不过，对于什么叫好、为什么好的理解，朱熹与宋代追求尚意书风的苏、黄、米等人几无二致。他在评《十七帖》时有一段议论颇能说明问题：

> 玩其笔意，从容衍裕而气象超然，不与法缚，不求法脱，真所谓——从自己胸襟流出者。窃意书家者流虽知其美，而未必知其所以美也。[3]

1　（宋）朱熹：《晦庵先生朱文公文集》卷八十二《题荆公帖》。

2　（宋）朱熹：《晦庵先生朱文公文集》卷八十三《与周益公》。

3　（宋）朱熹：《晦庵先生朱文公文集》卷八十四《跋〈十七帖〉》。

字被苏黄胡乱写坏了

199

图3-19　王羲之《十七帖》

　　《十七帖》是传世的王羲之草书的代表作，其中大部分作品的墨迹已佚，世面上流传最广的都是刻帖。此帖的主体内容是几组王羲之写给朋友益州刺史周抚的书信，因篇首有"十七"二字而得名《十七帖》。唐宋以来，《十七帖》一直是士人临习草书的经典范本。此帖中王羲之的草书，用笔方圆并用，寓方于圆，故而显得书风冲和典雅，不激不厉，最有魏晋书法的风韵之美。这就是朱熹所谓的"从容衍裕而气象超然"。

　　朱熹对《十七帖》的理解，其精华是"不与法缚，不求法脱，真所谓——从自己胸襟流出者"。根据这句话，我们可以说，朱熹的体悟是，"写字"时要有法度，但书法创作时则恰恰要求不被法度所束缚，并且好的书法应该表现书写者的情感和情趣。这些道理与苏、黄、米等人的尚意书风何其相似。如黄庭坚在评颜真卿的书法时，对于"法度"的理解是：

> 观鲁公此帖，奇伟秀拔，奄有魏、晋、隋、唐以来风流气骨，回视欧、虞、褚、薛、徐、沈辈，皆为法度所窘。岂如鲁公萧然出于绳墨之外，而卒与之合哉！[1]

显然，朱熹所谓"书家者流"不能理会的道理——"不与法缚，不求法脱"，正是黄庭坚所谓的"出于绳墨之外，而卒与之合"的意境，真正的书家如黄庭坚辈当然是能领会到的。朱熹这种所谓的"求道"之士，其实也是文人士大夫，他们一辈子都在跟文字书写打交道，他们要想按朱熹等人的理论主张把书法降低到"写字"的状态，事实上本就不符合他们自己的理论体系。

何况对写字进行研究，乃是一个致力于求道穷理的人本就应该做的事情，所以朱熹才会自信自己比"书家者流"更懂书法。因为宋儒提倡的学问讲究"格物穷理"，"格物，格犹穷也，物犹理也。穷其理，然后足以致知。"而格物所谓的"物"，涵盖范围甚广，二程论格物的"物"时说："物不必谓事物然后谓之物也，自一身之中至万物之理，但理会得多，相次自然豁然有觉处。"[2]

---

1 （宋）黄庭坚：《山谷全书》正集卷二十八《题颜鲁公帖》。

2 （清）黄宗羲原辑，（清）全祖望补修：《宋元学案》卷十五《伊川学案》。

论及穷理，程颐更是明确指出穷理的途径是多样的："穷理亦多端。或读书明义理，或论古今人物，别其是非，或应接事物而处其当然，皆穷理也。"[1]按此，士大夫日常不可或缺的文字书写实践当然也是应该加以格物穷理的。所以，包括书法在内的"多能"，也是儒家士大夫的看家本领之一。

朱熹虽然说"古者论圣人，都说聪明"，但"圣主于德，固不在多能，然圣人未有不多能。"又说："圣人不见用，所以人只见他小小技艺。若其得用，便做出大功业来，不复有小小技艺之可见。"[2]这句话反过来说，则是小小技艺恰恰是可以"见"圣人的地方，因为圣人要"见用"几乎不可能啊。因此，张栻也好，朱熹也好，书法也是他们平日不可或缺的喜好之一。

"字字有法度"的"写字"，是枯燥乏味的；但"天马脱衔，追风逐电"的书法却是"痛快"的。文人士大夫在习字过程中，自然就会培养起一定的书法欣赏偏好和能力，即便是对儒家义理比较偏执的文人士大夫，很多时候也是很难把追求"痛快"的人欲和追求"天之正理"的人之德性统合起来。

虽然在理论上宋代文人士大夫们提出了以心统性情的主张，如朱熹说："仁义理智同具于性，而其体浑然，莫得而见。至于感物而动，然后见其恻隐、羞恶、辞逊、是非之用，而仁义礼智之端于此形焉。乃所谓情，而程子以谓'阳气发处'者此也。大抵仁义礼智，性也。恻隐、羞恶、是非、辞逊，情也。心则统乎性情者也。"[3]但"人心"有知觉有嗜欲，在"感物而动"的过程中，天理、人欲之

---

1 《宋元学案》卷十五《伊川学案》。

2 《朱子语类》卷三十六，第958页。

3 （宋）朱熹：《晦庵先生朱文公文集》卷五十六《答方宾王》。

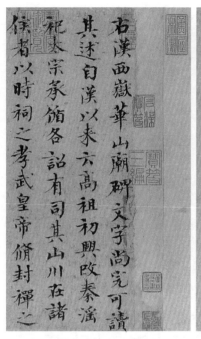

图3-20　欧阳修《集古录跋尾》　台北故宫博物院藏

间的分际就很难把握了。

　　朱熹认为："人心是此身有知觉有嗜欲者，感于物而动，此岂能无？"[1]而文人士大夫日常生活中文字书写最为习见，也最容易培养出所谓的嗜欲，"明窗净几，笔砚纸墨，皆极精良，亦自是人生一乐"，正是欧阳修所谓的文人乐事。而这种乐事，不必把字写得有多好，享受书法的快乐，才是最重要的——"余晚知此趣，恨字体不

1 《朱子语类》卷六十二，第1486页。

工，不能到古人佳处，若以为乐，则自是有余。"[1]

欧阳修早年的书法造诣并不高，而且也无意于通过临池苦学以提高书法的水平，但他仍然终日临池不绝，乃是因为学书可以消日。他说："自少所喜事多矣。终年以来，渐已废去，或厌而不为，或好之未厌，力有不能而止者。其愈久益深而不厌者，书也。至于学字，为于不倦时，往往可消日。乃知昔贤留意于此，不为无意也。"[2]欧阳修晚年，在长期的书法名迹的熏陶之下，他的书法有了明显的进步。苏轼评价欧阳修的字："笔势险劲，字体新丽，自成一家。"我们看欧阳修题写的《集古录》的跋尾，其书风的高古淳厚，跃然纸上。

所以从理论上讲，一个有追求的文人士大夫是不应喜欢书法的，但他们在长年累月的日常书写中，往往又不能自拔地喜欢上了书法，因为他们是离不开文字书写的，这正是所谓的"至于书札，于儒者事最近"的道理。就连朱熹自己，在与友人的交游、信札往来中也常常会讨论金石拓片、欣赏书法墨宝。在大部分时候，书法是最贴近他们日常的娱乐方式。

---

1 （宋）欧阳修：《欧阳文忠公集》卷一百三十《学书为乐》。

2 （宋）欧阳修：《欧阳文忠公集》卷一百三十《学书消日》。

四 未来不必更臆度

——人生焦虑与科举时代文人士大夫的心灵鸡汤

我生之辰，月宿南斗。

牛奋其角，箕张其口。

牛不见服箱，斗不挹酒浆。

箕独有神灵，无时停簸扬。

无善名以闻，无恶声以讙。

名声相乘除，得少失有馀。

三星各在天，什伍东西陈。

嗟汝牛与斗，汝独不能神。[1]

　　这首言辞怪异，读来颇为诘屈聱牙的诗，是号称"文起八代之衰"的大文学家韩愈，对自己略显悲剧性的命运做出的自嘲与自慰。

　　韩愈的诗里，第一句说的是他出生的时候，天上的月亮正好停留在了斗宿。在古代乃至于今天的星座算命术中，一个人的命运取

1　（唐）韩愈著，（宋）魏仲举集注：《五百家注韩昌黎集》卷四《三星行》。

图4-1　韩愈画像　台北故宫博物院藏

决于他出生时候的天象。一个人出生时，日月五星所处的位置决定着他人生方方面面的际遇。星空中最重要的无过于太阳和月亮，在他生辰的这个时间点，太阳与月亮所处的位置，决定了他的吉凶祸福。在星占学中，出生时太阳所在的位置被称为"命宫"，而月亮所在的位置被称为"身宫"。

　　所谓命宫，古人解释说是"言人初生时看东方是何宫分出地平环上，即为命宫。命宫系人性体、寿数，一切创生之事也"。而身宫则"系人生财帛、衣禄、生理、相济助，并未来之事"。[1]足见这两宫于个人的命运有多么的重要了。明朝在攻下元大都后，收缴了一批元代宫廷所藏的图籍，其间有"西域书数百册，言殊字异，无

1　（明）海答儿等：《天文书》第二十一门《说命宫等十二位分》。

能知者"。洪武十五年（1382年），供职于钦天监的海答儿等人奉旨"择其言天文、阴阳、历象者，次第译之"，上述这段对命宫与身宫的解释，即来自于此。

韩愈出生的时候，月亮正好在斗宿，这意味着他的身宫所处之处，恰是黄道十二宫体系中的摩羯宫。此时的天空中，牵牛星顶着大牛角，箕星张着一张大口。牵牛星不是真的牛，它拉不来豪车，"南斗"星组成的"斗"，也不是真的"斗"，它装不了美酒。拥有如此奇怪的意象，对有此命格的人来说，其悲剧的命运也是与众不同的。

如今的穷人常常哀叹，"贫穷限制了我的想象力"，可是说老实话，一个没有想象力的穷人，其实是不会太痛苦的，因为一直吃苦的人，当他知道这个世界上还有一种叫做"糖"的东西存在时，肯定会更觉痛苦。韩愈描述的星命，其悲催的地方正在于，这个注定穷困一生的人，却又时不时地有见识豪车美酒的机会，只是于他而言，这些荣华富贵都是镜花水月罢了。真正的惨，是梦里坐豪车，醒来骑单车；梦里喝茅台，醒来老白干。

韩愈对此可能深有体会，因为他也是见过大世面的，离功成名就常常只有一步之遥。韩愈的人生，是每在希望处绝望。

唐代的进士数量极少，大部分士子终其一生等来的都是名落孙山的悲剧。韩愈的科举之路，并不畅快，但他又是幸运的，他在参加第四次科举考试的时候，竟然考中了进士。唐代的进士，在官场上的起点远不如宋朝，为了有个更好的前程，考中进士的他，意气风发地参加了三次博学宏词科的考试，可却次次都落榜，只得离开京城到藩镇上谋个差事。

在外蹉跎了差不多十年后，韩愈终于通过了吏部铨选的考试，当上了京官，从国子监一路高升到御史台。可是好景不长，刚当上监察御史后，他一腔热血地去打"大老虎"——京兆尹李实，结果老虎一发威，反倒把他打趴下了。他被赶到了离京城十万八千里的连州阳山县（属今广东省清远市）。在接下来的十多年里，他靠着自己的才华与努力，又一步步往上走，终于回到了京城。他不仅当上了文人们梦寐以求的中书舍人之职，还跟着宰相裴度征讨淮西。正当他意气风发之际，竟又因为一纸《谏佛骨表》被贬潮州，从天堂跌到地狱！

豪车美酒，终究只是一场空，这就是"牛不见服箱，斗不挹酒浆"之于韩愈的意义。"嗟汝牛与斗，汝独不能神"，在感叹让人空欢喜一场的牛、斗不灵的时候，韩愈发现，自己命中的箕星却神得不得了，无时无刻不在显灵，搞得他不断地处于颠沛流离之中。韩愈一生，不停地被贬官，特别是连州和潮州之贬，路途都极为遥远，回首长安，前路茫茫，他不得不承受生理和心理的双重绝望。

摩羯座的韩愈，在两百年后有了知音。苏轼在读了韩愈的这首诗后惊奇地发现，他们二人都与摩羯座有着不解之缘。苏轼说："退之诗云：我生之辰，月宿直斗。乃知退之磨蝎为身宫，而仆乃以磨蝎为命，平生多得谤誉，殆是同病也！"[1]

苏轼于景祐三年十二月十九日的卯时出生在眉州（今四川眉山），考虑到时差，他的生辰时间当为公元1037年1月8日北京时间6点到8点。[2]这时的星象，正是太阳从地平线下升起出现在摩羯宫的时候，也即苏轼的上升星座就是摩羯座，苏轼说他以摩羯为身宫，

---

1 （宋）苏轼：《东坡志林》卷一《命分》。

2 参见韦兵：《黄道十二宫与星命术：文人和他们的摩羯宫》，《文史知识》2015年第3期。

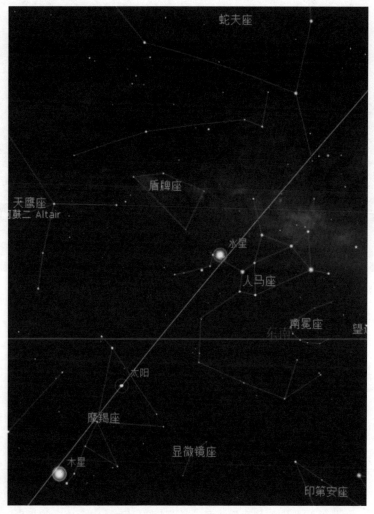

图4-2　苏轼出生时的天象[1]

1　将苏轼的出生年月日时以及出生地点等数据输入到天文星图软件Stellarium后模拟出的
星图。

图4-3 《洛神赋图卷》中的"摩羯大鱼" 辽宁省博物馆藏

所言非虚。摩羯座的"摩羯",在中国古代有两种形象,一种是我们今天所看到的"羊身鱼尾"的怪物(Capricornus),相传是古希腊神话中牧神潘恩的化身。另一种是印度神话中的河神,传说是长着长鼻、利齿、鱼身的动物(Makara)。由于佛教的关系,中国人在早期所熟知的"摩羯"其实是后一种。

佛经中有佛陀化身为大鱼,让患病的老百姓取食鱼肉的故事。《佛说菩萨本行经》里记载:"佛在摩竭国言,我为舍尸王时,自以身肉供养病人,经十二年。为跋弥王(Padmaka)时,国中人民尽有疮病,医言当得鱼肉食之乃瘥,王即到水边,上树求愿作鱼,即从树上投身水中,便化成鱼,而有声,言其有病者来取我肉噉,病当除瘥。人民闻声，皆来取鱼肉食之，病尽除愈。"这种大鱼即是所谓的"摩羯"。

北魏神龟元年（518年），北魏朝廷为了弘扬佛法，派出以宋云为首的西行求法僧团前往西天取经。他们从洛阳出发，经吐谷浑、鄯善、左末（今新疆且末）、捍（媲摩，Phema）、于阗等地，进入印度外围的钵和国（Wakhan，今阿富汗瓦汉山谷）和嚈哒国等地。宋云等人在谒见了嚈哒王之后，于第二年（519年）进入乌场国（即乌仗那，Uiyna，今巴基斯坦印度河上游及斯瓦特河流域），算是正式进入古印度的地域。

其后一段时间内，宋云等人在印度广礼佛迹，访问了著名的佛教兴盛之区乾陀罗（又称"犍陀罗"[Gndhra]，即今巴基斯坦白沙瓦地区）等地。正光三年（522年），宋云一行结束了印度的访学之旅，带着大乘经论一百七十部返回洛阳。宋云从乾陀罗国到佛沙仗城时，经过"辛头大河"，据说"河西岸上，有如来作摩竭大鱼，从河而出，十二年中以肉济人处"。看来这里即是当时天竺人民认为的《佛说菩萨本行经》中佛陀化身为鱼的故事发生地，而佛陀化身的大鱼就是"摩羯"。宋云说，他们在河边还看到一座佛塔，应该是当地人修建来纪念这个故事的，塔上的石壁上还可以看到"鱼鳞纹"。[1]

摩羯座的宿命，是"平生多得谤誉"。韩愈慨叹自己的命格，"无善名以闻，无恶声以讙。名声相乘除，得少失有余"，意味着他的命运常为声名所累。苏轼名满天下，也为名所累，乌台诗案之难，其实就是为声名所累的结果。

有意思的是，苏轼自己说，谪居黄州之后不久，坊间盛传他和

---

1 （南北朝）杨衒之：《洛阳伽蓝记》卷五。

曾巩已在同一天离世，而且故事还编得绘声绘色，说苏轼死时，"如李长吉事，以上帝召他"。相传唐代才子李贺临死前，看见天帝派绯衣使者相召，让他到天上白玉楼为上帝作文章。因此这个"如李长吉事"的江湖传言，说得跟真的似的，连皇帝都听到了苏轼的死讯，还专门找来苏轼的老乡蒲宗孟，问他这事儿是不是真的，当听到确有其事后，神宗"且有叹息语"。晚年苏轼被贬到海南，民间又到处传言说苏轼已得道飞仙，"乘小舟入海不复返"。而且京师中的人都说，这个消息是苏轼的儿子在家书中所说，绝对千真万确。

更奇葩的是，有一天某人从广州来见苏轼，跟他说："太守柯述言，吾在儋耳，一日忽失所在，独道服在耳，盖上宾也。"意思是说苏轼有一天突然不见了，只留下了所穿的道袍一件，大家纷纷传言他白日飞升了。苏轼感慨"吾平生遭口语无数"，原因就是，"盖生时与韩退之相似，吾命在斗牛之间而身宫在焉。"他说，韩愈说摩羯座，"无善名以闻，无恶声以讁"，看来是真的，"今谤我者，或云死，或云仙，退之之言良非虚尔。"[1]

苏轼无法理解导致他官场悲剧的根本原因是宋代皇权专制的日益强化的历史进程。他以天下为己任的士大夫气质，已经和越来越没有底线、党同伐异的官场恶习格格不入。他只得归咎于时也命也，用这样的方式化解掉内心的苦闷和抑郁。既然自己的遭遇，只是摩羯座人的宿命，那自己又有什么想不开的呢！在命途多舛这件事上，他倒是想得很开。他曾经开玩笑说，摩羯座的人都惨，自己其实还不是最惨的。因为他的身边有一个比他还倒霉的摩羯座倒霉鬼——马梦得。

---

1 （宋）苏轼：《东坡志林》卷二《异事》。

他跟大家说，摩羯座就没有富贵人，"马梦得与仆同岁月生，少仆八日，是岁生者，无富贵人，而仆与梦得为穷之冠，即吾二人而观之，当推梦得为首。"[1]马梦得有多惨呢，苏辙曾经写过一首诗送给马梦得，诗中他描述马梦得的境况："男儿生可怜，赤手空腹无一钱。死丧三世委平地，骨肉不得归黄泉。徒行乞丐买坟墓，冠帻破败衣履穿。"[2]一分钱难死英雄汉，马梦得身无分文，衣服破了，鞋子也穿洞了，父母死后没钱下葬，只有靠当乞丐四处讨钱来购置墓地。简直是见者伤心，闻者落泪啊！

马梦得，名叫马正卿，梦得是他的字。马梦得的生平，史籍失载，我们只能从苏轼的片言只字中得知他是雍丘人，曾经当过"太学正"。他本来在京城的太学当老师，苏轼赞许他"清苦有气节"，可能因为为人太正直，结果是学生不喜欢他，同事也讨厌他——"学生既不喜，博士亦忌之"。苏轼说自己年轻时曾经有一次偶然路过太学，到他的"斋中"，把杜甫的《秋雨叹》题写在他的屋壁之上。

《秋雨叹》以秋雨之景，叙说的是老大无成、穷困潦倒的心境。写者无心，而看者有意，大概是被诗里"堂上书生空白头，临风三嗅馨香泣"的言语刺激，马梦得决意不跟太学这帮恶俗之人玩了，即日辞职走人，回了老家，不再出来当官。没有官做，当然只有"白首穷饿"了。[3]

写到这里，不得不吐槽一下，苏轼的惨，很多时候是自己"作"的，怨不得人；而马梦得的惨，纯粹是被苏轼"坑"的啊！马梦得混到这个地步，纯属交友不慎嘛！要不是苏轼跑到人家房间里

---

1 （宋）苏轼：《东坡志林》卷一《命分》。
2 （宋）苏辙：《栾城集》卷六《赠马正卿秀才》。
3 （宋）苏轼：《苏轼文集》卷七十二《马正卿守节》。

乱写诗，也不至于搞得马老师没了工作，穷困潦倒一生嘛！

＊　＊　＊

命不好，显然只是一种自嘲和自慰。算命术在唐宋时代开始大行其道，绝非偶然。南宋中期的孙应时说："相法自春秋以来有之，而命之说縯唐以后特盛。要之形气因受于天，决不可易，虽复逆知祸福，亦何所避？此圣贤所以不语怪神而有顺受其正之说。世道益下，士大夫汲汲惟利与名是谋，故奔走于占，而业之者益出新奇，往往得志斯世，可叹也！"[1]可见，在孙应时看来，算命术的兴盛，恰恰是士大夫理想信念丧失、汲汲于名利的恶果。

"相法"是汉唐时代最流行的算命术，看相和算星命、推八字不一样，它不是一种"运算"方法，而是观察人的形象，模拟一些意象，进行某些命运上的附会。《高僧传》里记载，北魏末年有个和尚自学算命术，主要是给人看相的各种方法，觉得小有所成，于是下山游历江湖。他第一站就去了怀朔镇和武川镇，结果在街上随便碰到一个人，按照"相法"一算，都是富贵之相，不是开国之君，就是佐命元勋，街上人人都是帝王将相的命。于是他大彻大悟，觉得"相法"全是骗人的，他气得把自己学算命的教材全都烧了。从此他不再相信算命的事情，而是专心佛法，后来成为一代高僧。

其实他的"相法"是学到家了的，怀朔镇和武川镇是北魏王朝在北部边疆设立的六大军镇中最有名的两个。事实上，北魏末年的六镇人群体中，涌现出了北周、北齐、隋、唐四代的开国皇帝和佐命元勋，是中古时代密度最高的帝王将相发源地。这个群体后来发展成所谓的关陇集团，北朝和隋唐的名门望族多出于此，镇上人都

---

1 （宋）孙应时：《烛湖集》卷十《赠日者黄朴序》。

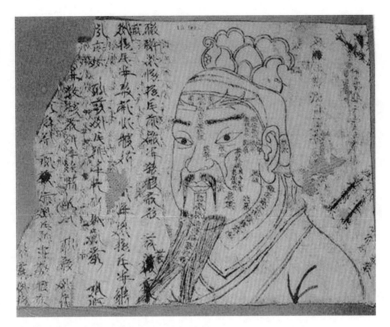

图4-4 黑水城出土的西夏文"面相图"

有富贵之相的几率自然比别处要大得多。

事实上，看相这门古老的手艺，历经汉唐，经久不衰，甚至还被发扬光大。中原流行的相法书，甚至还传到了与宋朝同时代的西夏人那里，黑水城出土的文书里有用西夏文书写的相法书，说明"看相"还是中国古代各民族共享的一种文化信仰。

当然，看相在宋朝境内就更加流行了。《东坡事类》记载，苏轼"少时入京师"，有"相者"跟他说，你是"一双学士眼，半个配军头，异日文章虽当知名，然有迁徙不测之祸"。可见，即使用最传统的看相算命术，苏轼的命格竟然也跟星座算命术得出的摩羯座的命是一样的：易招口舌是非，却又才华横溢、名满天下。

庆历年间，河北有个贾道士，相法一流，据陆游说，一见到青年曾公亮和青年王安石，就宣称他们是大贵之命，因为曾公亮"脊骨如龙"，王安石"目睛如龙"。按相法，"人能得龙之一体者，皆贵穷人爵"，也就是可以官运亨通，位极人臣。后来曾公亮和王安石都官至宰相，果如他所言。[1]

更多时候，宋人去看相，是想在参加科举考试前给自己一点人生道路上的指引。宋太宗时的宰相吕蒙正，年轻的时候在洛阳的"乡先生"郭延卿那里"学赋"，他的同学有张齐贤、王随、钱若水、刘烨等。有一天，郭延卿带着他们一起出城去找道士王抱一看相，大家找位子坐下后，都焦急地看着道士王抱一，想听他说说各自的命运。可这位道长这时却看着这群士人陷入沉思而一言不发，过了一阵儿后，竟然不住地拊掌叹息。众人心想，这下坏了，我们的命怕是都不好吧！众人赶紧问他是怎么回事儿，没想到王抱一居然说：

> 吾尝东至于海，西至流沙，南穷岭峤，北抵太漠，四走天下，求所谓贵人，以验吾术，了不可得，岂意今日贵人尽在座中！

原来，当年王抱一为了验证自己的相术到底灵不灵，走南闯北，到处给人看相，看能不能发掘所谓的贵人。费了老大的劲，结果却一个贵人也没遇到过。没想到啊，这回居然一次见到了这么多的大富大贵之人。接下来王抱一开始一一给他们批命，他先说吕蒙

---

1 （宋）陆游：《老学庵笔记》卷七。

正，"得解及第，无人可奉压，不过十年作宰相"，之后"出将入相三十年，富贵寿考终始"。接着又说张齐贤，"后三十年作相，亦皆富贵寿考终始"。

然后又说了王随、钱若水和刘烨各自的情况，都是有命考中进士，后来又都可以当上大官，如钱若水"可作执政"等语，只是不及前面几位有宰相之命而已。学生们的命运都是大富大贵，可王抱一唯独没有说他们的老师郭延卿的命数，显然是因为老师的科场命运不济，很难榜上有名。郭延卿当然就不高兴了，以为王抱一是在胡扯，忿然出声道："座中有许多宰相乎？"[1]然而事后各人的际遇，真是如此。

这次看相后的第二年，吕蒙正和张齐贤都成了新科进士，吕蒙正还得了第一名，当了状元。此后，吕蒙正在太宗朝当上宰相，张齐贤在真宗朝当上宰相，王随在仁宗朝当上宰相，钱若水在太宗朝为"同知枢密院事"，这个职位，主管全国最高军政事务，在宋代与副宰相参知政事等并称"执政"。王抱一预言钱若水"可作执政"的话，也得到了兑现。

中唐以前，中国社会的精英群体主要依靠血缘关系维持，门阀士族把持着社会的上升通道，一个人的命运基本上取决于他出生在哪个家族。中唐以后，特别是到了宋代，随着科举的兴起和发达，寒门士子，也有了"朝为田舍郎，暮登天子堂"的可能。可随着科举考试参加的人越来越多，考中的几率必然越来越小。而且即便考上了进士，进了官场，因为进士的数量越积越多，普通士人想要在仕途上出人头地，也是越来越难如登天。

---

1 （宋）王铚：《默记》卷中。

图4-5 宋代科举殿试图

　　中唐以后，每年参加科举考试的人数，不下一两千。柳宗元的朋友辛殆庶落第后，决定去汉中散心，柳宗元给他送行，在赠序中说："朝廷用文字求士，每岁布衣束带，偕计吏而造有司者，仅半孔徒之数。春官上大夫，擢甲乙而升司徒者，于孔氏高第亦再倍焉。"[1]
孔子弟子三千，达者七十二人，"半孔徒之数"，也就是一千五百人
左右，这是每年汇集京城参加考试的士子数量。而最终能够通过礼
部试，获得科举功名的，是"孔氏高第"的倍数，即一百四十余人，
这是唐代科举考试的概况。

宋代参加科举考试的人数之多，完全与唐代不可同日而语。宋
太宗大力提倡文治，文士都跃跃欲试，到太宗末年，参加考试的人
达到空前的规模。宋人王栐在所著的笔记里说："诸州贡士，国初未
有限制，来者日增。淳化三年（992年）正月丙午，太宗命诸道贡举
人悉入对崇政殿，凡万七千三百人。"[2]此后因人数太多，宋廷对各地
来京应试的人数进行了规范和调整，到北宋中期，科考参加人数有
所下降。苏轼参加科举考试的嘉祐二年（1057年），史料有云："四
年一贡举，四方士子客京师者以待试者，六七千人。"[3]

这么多人同一时间参加考试，造成的一大困境就是，随着参加
考试的人越来越多，考后阅卷的工作量和难度也越来越大，考试评
分的标准就只有越来越标准化和简单化。庆历三年（1043年），范
仲淹主持新政时，打算对科举进行改革，他给仁宗说，现在的科举
取士的导向是，"既乡举之处不考履行，又御试之日更拘声病"，也
就是地方上选拔参考士子的时候，不看士子的品行端不端正；殿试
的时候又不看文章赋诗的内容写得好不好，只是去挑字里行间的声
韵对不对。

---

1 （唐）柳宗元：《柳宗元集》卷二十三《送辛殆庶下第游南郑序》，中华书局，1979年，第
622页。

2 （宋）王栐：《燕翼诒谋录》卷二。

3 （宋）李焘：《续资治通鉴长编》卷一百八十六。

声韵对于古人来说，就像错别字一样，是很随机的错误，这种搞法，放到今天的话，可以类比为高考的时候，不看答题答得对不对，而只看有没有写错别字一样，这当然是荒谬的。因为这样做，最后的结果必然会搞得考试能不能中，全靠运气了。越到后来，宋代士人越喜欢把考不考得上归结于命运的安排，这种风气，引起朝中有识之士的警惕。范仲淹就认为这不是一个好现象，他对仁宗讲："明君在上，固当使人以行业而进，而乃言命运者，是善恶不辨而归诸天也，岂国家之美事哉！"[1]科举考试的初衷是"选才"，而不是"选命"，士子们如果都相信命数，那哪里还有人肯好好学习，天天向上呢！

选才与选命，稍有政治头脑的统治者都知道应该怎么选，范仲淹生活的仁宗时代，朝廷还是正常的，对于这个问题，不存在争议。可到了北宋末年，不但士子们因为前途未卜而求神问卦，就连朝廷也开始相信，命好也是当大官的重要条件。无富贵命的人，是不适合担任重要官职的，因为机会不易，重要的职位就该留给那些天生就有当大官命的人。

绍兴年间，隐居不仕的周辉回忆说，北宋亡国前的政和、宣和年间，朝廷在任命"侍从"[2]以上官职前，对每个候选官员，都要"先命日者推步其五行休咎"，在搞清楚候选人的命数吉凶以后，才颁布正式的任命诏书。士大夫们在官场的前途，竟然掌握在算命先生的手上。从前被士大夫们看不起的术士都志满意得地说："士大夫

---

1 （宋）范仲淹：《范文正公政府奏议》卷上《答手诏条陈十事》。

2 侍从官是宋代介于宰执与普通官员之间的一个中高级官员群体。元丰改制后，这类官员包括从金紫禄大夫到太中大夫之间的寄禄官，诸殿阁学士、直学士、待制等贴职，以及翰林学士、给事中、六部尚书、侍郎等职事官。

图4-6 （明）仇英绘《观榜图》 台北故宫博物院藏

穷达在我可否之间。"[1]

　　一方面，宋代科举考试的参加者人数众多，另一方面，宋代科举考试的激烈程度也远超唐代。淳化三年（992年）这一次，一万七千多人参加，最后只录取了进士三百五十余人。嘉祐二年

---

[1] （宋）周煇：《清波杂志》卷三《日者谈休咎》。

（1057年）这一次录取了进士近四百人。有学者统计，北宋一百六十多年间，参加科举考试的总数将近四十万人，录取总数约为六万人，也就是说有将近三十四万人成了落榜生。北宋一共举行过八十一场科举考试，算下来，平均每考一次，就有大约四千人名落孙山。[1]

科举考试的成败，事关宋代士人的身家性命。"久旱逢甘霖，他乡见故知。洞房花烛夜，金榜题名时"，金榜题名，成为宋代社会个人成功最重要的第一步。南宋最著名的笔记小说大家洪迈说，后来"有好事者"在旧传的那首人生得意四句诗的基础上，又补了四句，称之为"人生失意四句"，其辞曰："寡妇携儿泣，将军被敌擒。失恩宫女面，下第举人心。"[2]落第举子的戚戚之状，堪比带着孩子的寡妇和在疆场被俘的武将。人生的大喜大悲，都跟科举有关。

科举对士人的折磨，在于它的不确定性，金榜题名不易，可就算是走了大运，高中了，也不见得就一定是大喜，也有可能是大悲。我见过最惨的一个金榜题名的故事，是在宋哲宗年间当过中书舍人的孙升讲的。他说有一个叫做"吴待问"的人，考了多年，连去京里参加礼部考试的资格都没有取得过，直到他的老母亲已经八十多岁了，他才通过了当地的发解试。

这时他想去开封参加礼部试，又怕老母亲无人照顾，悲从中来，见到邻居后大哭了起来。好在邻居也是个好人，就跟他说："秀才但行，吾遣妻儿往，毋恤其失所。"他向吴待问保证自己会照顾其母，让他放心离家去考试。吴待问此去，以"下第"收场，他不甘心，没有回家，而是留在了京城，等待下一次的考试。他是幸运的，

1　参见黄云鹤：《唐宋时期落第士人群体研究》，中华书局，2020年，第37页。

2　（宋）洪迈：《容斋四笔》卷八《得意失意诗》。

第二次参加科举考试的他，最终高中，可等他从京城回到家乡，发现老母亲已经病死了。[1]

而落第的士子，则更惨，他们不仅身心俱疲，而且心智往往也会受到很大的打击，不少人走投无路，最后只得走上绝路。有跳河自杀的，如《邵氏闻见录》记载："远方寒士殿试下第，贫不能归，多至失所，有赴河而死者。"

也有受不了刺激发疯的，如北宋中期海陵有个"周处士"，就是如此。元祐初年，他"再举进士下第，颇郁郁不得志"，开始积累起心理问题，于是"既壮不娶"，在那个男大当婚的年代当"单身贵族"，行为已经有点不正常了。有一天他前去参加"郡学"的释奠礼，在坐着等待仪式活动的时候，他突然大叫一声，倒地不起，不省人事。直到四天后，他才苏醒过来。经此大变之后，他愈发地看起来像"神经病"了，把自己的儒服和经书一股脑地抱出来全都烧了，边烧边说："误我此生者，非汝也邪！"从此以后，他举止怪异，言语失常，大家都说他已经疯了。[2]

尽管宋代的科举考试竞争激烈，但与唐代还可以通过门阀、军功获得上升之阶不同，宋代士人的进身之途，基本上只有科举这一条路，而且科举的路也越走越窄，诸科之中，进士科的地位越来越高，在官场上几乎成了唯一的通行证。熙宁元年（1068年），苏轼、王安石、曾巩等人的好友，黄庭坚的岳父，秦观的老师，时任右正言的孙觉给神宗上书慨叹科举独木桥对于士人精气神的巨大打击，他说："今有道德之士，不由科举，则无以进仕于朝廷。是使天下之

1 （宋）孙升：《孙公谈圃》卷上。

2 （宋）王禹锡：《海陵三仙》，李剑国编：《宋代传奇集》，中华书局，2002年，第479页。

才，皆汩没于雕虫篆刻之技，弃置于章句括帖之学也。"[1]

对于科举考试，整个宋代社会可谓举国若狂，国家大事，莫过于此。宋元之际的文学家刘埙，在三十七岁时遇到南宋覆亡，从此被迫过上了隐居的生活。他在南宋亡国后曾十分痛心地回忆说，南宋亡国前，襄阳已被围城六年，其情势"如火益热"，这时"即使刮绝浮虚，一意救国"，恐怕都不一定能够挽救大宋的危亡。可这时的宋代文人士大夫们，却对国势危亡不管不顾，一心一意搞他们的科举事业。

他痛惜地说，"癸酉之春"，即咸淳九年（1273年），元军围攻襄阳，当时"樊城暴骨，杀气蔽天"，不久樊城陷落，接着襄阳也失守了。彼时的元军，"壮士大马如云，轻舟利楫如神"，在元军准备一举横渡长江、吞并东南的时候，宋朝在干什么呢？刘埙说就在这样危急的时刻，"我方放解试，明年春，又放省试。"

哪怕马上要亡国了，科举考试也不能停。而朝廷上下、文人士大夫聚在一起，不是商讨如何挽回时局，而是关心谁有可能成为新科的黑马。他说，这时"朝士惟谈某经义好，某赋佳，举吾国之精神工力，一萃于文，而家国则置之度外"。而这时是什么世道呢？"阳罗血战，浮尸蔽江。未几上流失守，国随以亡。"最后，成了亡国之民的刘埙悲愤地总结，南宋亡国的最后几年，从朝廷到士人，都是"爱文而不爱国，恤士类之不得试，而不恤庙社之为墟。"[2]

从刘埙的痛心疾首中可以看到，非常时期，士人关注的焦点都还在科举之事上，可想而知他们平时对科举的成败得失，又是何等的

---

1 （宋）孙觉：《上神宗论取士之弊宜有改更》，（宋）赵汝愚编：《宋朝诸臣奏议》卷八十。

2 （元）刘埙：《水云村稿》卷十一《答友人论时文书》。

心心念念了。可是，科举考试的不确定性太多，很多有才华的士人，怎么也考不上，士子们的焦虑可想而知。在内心苦闷、无法自解的时候，怪力乱神就是煮给他们的一碗功效最好的心灵鸡汤。洪迈讲过一个士人通过做梦改名而科举成功的故事，其事颇为曲折离奇：

> 李田者，台州仙居人。其子某，梦人推一车过门，满载皆书卷。问何等文书，曰："他年南省及第人姓名也。"揖而求借观，许之。遍阅无己名，独有李遂夫者。车人指曰："是尔姓名乎？"漫应曰："然。"其人曰："此一乡皆食牛，而尔家三世独不食，当父子皆登科。"既觉，亟更名遂夫，果与父相继擢第。[1]

所谓行不更名，坐不改姓，李田的儿子为了考中科举，不惜更改名字，足见士子们为了中举，可谓无所不用其极了。然而，托梦这种办法，可遇而不可求，对于广大士人来说，这不能解决他们面对科举成败时的急切焦虑。

有时候，命里有贵人相助，中状元就如探囊取物。宋太祖末年的状元、后来官至户部侍郎的艾颖，年轻时前往京城应举，在半路上遇到一个"村儒"，样子看起来有点傻不拉叽的，艾颖也没把他当回事。这个村儒看到艾颖后，突然跟他说："君此行登第必矣！"艾颖心想自己出身贫贱，又没有老师教导，平时也没有朋友一起论学，加上自己的家乡文化不发达，典籍又少，自己看的书也不多，肯定考不中。他对这个村儒说："我的学习不好，这次去参加科考，不过是看看场子，感受感受考试的氛围，考中的事儿，想都没想过！"

1 （宋）洪迈：《夷坚志补》卷上《李氏父子登科》。

未来不必更臆度

村儒听后淡定地说:"我这里有一卷书给你,不过要麻烦你多待一会儿,等到明天天亮,我才能给你。"第二天,这个村儒果然带来一卷书送给艾颖,艾颖打开一看,是《左传》的第十卷。他跟艾颖说:"此卷书不独取富贵,后四十年亦有人因此书登甲科。"他还补充说:"你的命比后来的那位要好,活得比他长,官当得比他大。"艾颖得书后觉得这事儿有点怪,就天天拿着这本村儒送的书背读。

结果当年科举考试的题目是《铸鼎象物赋》,其典故就出在《左传》第十卷中。《左传》在当时是很普通的书,这事儿的关键在于提醒了艾颖今科考试的题目当在书的第十卷中,这相当于"泄题"了。艾颖相当于开卷考试,当然如有神助,一挥而就,一举高中。有趣的是,四十年后的大中祥符五年(1012年),当年的科考题目也是这个。这一次的状元是徐奭,果然又被村儒的预言说中,而且艾颖活了七十八岁,徐奭只活了四十四岁,当年村儒的话又得到了验证。[1]

＊　　＊　　＊

宋代的文人士大夫压力之大,远超汉唐的读书人。因为汉唐讲阀阅,身份决定命运,个人很难凭自己的努力改变,大家只能认命。而宋代的科举社会,给了普通人出人头地的机会,大家有资格不甘心了,可这个机会又越来越小,让大家又都卷得厉害。宋代读书应举的人之多,以至于哪怕是在乡野荒州,也有许多人做着鲤鱼跳龙门的美梦。如何让士人们在绝望中看到希望,算命术对他们而言,就是最有效的心灵安慰。

1　(宋)僧文莹:《玉壶清话》卷二。

为了缓解对前途的担忧以及内心的紧张感，士子们在考试前都会去请术士给自己算一下命，很多术士发现这是一个发大财的商机。据说宋代开封城中的"卖卜者"，最赚钱的地方就是"举场"。举子每逢大考，都要跑去算下命，算命先生们则是采取专挑好话说的策略赢得士子们的青睐——"凡有人问，皆曰必得"，就是只要问这场科举中还是不中，得到的回答都是必中。这样"士人乐得所欲，竞往问之"，于是生意爆棚。当然，这种投其所好的"骗术"比较低级，也就是给士子们一个心理安慰，算命先生表面上收的是算命钱，实际上收的是"心理咨询费"。

　　更高明的术士，则是反其道而行之。参加考试的人多，录取率很小，如果见人都说必中，那么只能是"一锤子"买卖，因为毕竟考完之后，还是落第者居多嘛。事后觉得他算得不准的人就会越来越多，其口碑自然会越来越差，这钱就不好挣了。

　　后来有位术士发现，与其讨好士子们，降低自己预言的命中率，还不如"凡有人问，悉曰不得"。这真是天才的办法，考完之后，考不中的占绝大多数，事后大家一想，觉得这个算命先生算得就是准，算命技术就是好，而且为人还耿直，敢于说真话。于是，他的人设一下子就立起来了。从此以后，他成为著名的卜者，并靠这个赚得盆满钵满，"终身飨利"。[1]被誉为现代最早发现"石油"的人沈括，后来也发现了这个秘密，并把这个事情写到了他的代表作《梦溪笔谈》里。

　　术士们这样的伎俩，当然逃不过一些慧眼如炬的士人的法眼。宝祐元年（1253年）的进士第一人，状元姚勉就指出过术士们两头

1　（宋）沈括：《梦溪笔谈》卷二十二。

下注的拙劣做法："凡以卜相名，号为能知人者，其眼亦往往而俗。穷也，则曰：'子未可问举第。'既达，则曰：'吾尝许其举、许其第。'穷达各一舌，是何号为知人者亦若是邪！"[1]这是典型的见人下菜的做法，见到混得差的士子，就说他没有中举及第的命，见到混得好的，就吹嘘自己当年早已预言过他必定雁塔新题。

另外，比起看相、看八字，传统测字术在科名测算的生意中似乎更有优势。因为测字不像前两种占卜方法那样"死板"，卖卜者可以根据形势的变化，随机应变，做出有利于自己的解释。南宋的术士皇甫坦就极为擅长此道，有一次一个士子即将赴省试，皇甫坦给他写了个"落"字，字面意思当然就是落榜，这个士子因此很不高兴。可等到发榜的时候，这个士人竟然考中了，而且还考了第二十三名。这时这位士子拿起这个"落"字细看才发现，皇甫坦给他写这个字的寓意是："草头即二十，其傍从水不为点，而作三画，各字右笔止作一点。"术士的意思是他能考中第二十三名。[2]

南宋时最有名的测字术士是新安人朱安国，他在绍兴三十二年（1162年）到鄱阳县，正碰上当年是科举大考之年，士子们听说他来了，都跑去占问前程。他的测字课成为当时最有奇效的考前心理辅导班，士子们都听得不知疲倦。洪迈说："士人多在州学，从之占问，巧发奇中，听者忘疲。"他的占卜之法，一般是先请士子写一个字，然后他写一句批语，但不做具体解释，到底什么意思，要士子们自己体会。

如有个叫段毅夫的人，写了个"飞"字，朱安国在这个字旁边

1　（宋）姚勉：《雪坡集》卷十一《赠高眼陈相士》。

2　（宋）郭彖：《睽车志》卷一。

写了四个字："二九而升。"段毅夫看后，完全不明所以，询问是啥意思，朱安国竟然回答说："飛字，从二，从九，从升，我也只是按其笔画说的，不知道具体是什么意思，光靠这个，还不能马上就知道你考不考得上。"

等到当年秋天段毅夫参加发解试，考中了第十九名，朋友们听说了，都跑来祝贺，并认为十九名，不就是朱安国所说的"二九而升"吗！于是大家都认为，他接下来的省试、殿试肯定没有问题，今科必能中个进士。结果后来到开封应考，他连省试都没过，悻悻而归。直到三年后的乾道元年（1165年），他参加第二次的科举考试时，又考中了第十九名，这一次终于成功考中了进士。这时他才明白，所谓"二九而升"的意思是，"两次九方成耳"。

当时州学里有个负责打扫学舍的杂役叫王明，也跑来凑热闹，写了个"慶"（庆）。朱安国看后笑道："写这个字的人不是士子，而是个打杂的下人。因为此字的偏旁部首里，有一个差一点就成了'文'字的'攵'，这意味着此人'作文不成'，所以不会是州学的学生。而他写这字时，中间的'心'字势偏左，寓意其左脚有跛躄之疾。可'庆'字毕竟是喜庆的意思，所以他现在写这个字，说明他旦夕却招婚姻之喜，马上要办喜事了。"

朱安国从王明的字中，就看出他曾经读过书，已经有些水平了。事实上，王明年轻的时候的确曾读书应举过，只是后来其家境贫穷，供不起他读书，他也就只好放弃举业，在学校里做了打杂的仆役，勉强以此维持生计。在座的听了朱安国的分析，都大呼他测字算命，就是算得准！不光算出王明少年时候读过书后来辍学一事，连王明的足疾都算出来了。当场就有人大呼起来——"此人三十岁时得了风湿病，从此双脚落下病根，确实是个左脚的跛子。"

不过朱安国的断语,他们也有疑惑不明的地方,就是王明已经七十岁,老夫老妻,不可能再娶,说他不久要办喜事,这简直从何说起呢?大家都觉得这件事,朱安国算得不准。神奇的是,十多天后,王明在机缘巧合之下,竟然当了一回媒人,"为人家做媒嫁女",还得了不少媒人钱。原来所谓的婚姻之喜,是这个意思。

此外,还有一个士子赵哲彦,"以《周易》应乙酉举,遭黜,谋改习赋"。他大概觉得上次考《周易》科没成功,这次不如换一个再考,但是有点犹豫,拿不定主意。见到朱安国后,他就向他占问是否该放弃《周易》,改学"赋"参加今科的考试。赵哲彦于是写了一个'易'字给朱安国看,朱看后说:"你莫非有改变考试科目的想法?不过从你写的这个"易"字来看,从且,从勿,意思是'且不要改',你只要坚持下去,就一定能考上。"赵哲彦于是打消了更换科目的想法,最终也得偿所愿。[1]

其实对于大多数考不上科举的士人,相信命运的安排,也是一个不错的心理安慰法。宋人陆九韶曾说:"世之教子,惟教之以科举之业,志在于荐举登科,难莫难于此者。试观一县之间,应举者几人,而与荐者有几?至于及第,尤其希罕。盖是有命焉,非偶然也!"[2]

接受了命运的安排,有的人就可以及时从科举中抽身,不致把一辈子的幸福都耗在科举之上,失去人生之乐趣。如南宋时出身明州大族的周伯范,他经过一次科举失败后,就认定自己没有中举的命,于是决定放弃科举——"一举不遂,即弃举子业,一意世学,

---

1 (宋)洪迈:《夷坚志补》卷十九《朱安国相字》。

2 (宋)陆九韶:《居家正本制用》,收录于《五种遗规》,线装书局,2015年,第167页。

翻经阅史，几不释卷。以为名第有命，不可强求，不坠家声足矣。"
此后他"经理家务，井井有条"，日子过得也红红火火，还有余力出
资救助穷苦，修桥铺路，成为远近之间受人爱戴的乡贤。[1]

士人们需要从算命中获得精神支持，而宋代以算命为业的人又
很多，恰恰可以提供这种服务。王安石说，当时以算命为生的人，
全天下恐怕数万人不止，这还不包括京城开封的人数。这一行在开
封的从业者数量巨大，光开封一地，就"盖以万计"。王安石发现
他们中，有"挟奇术以动人者，大抵宫庐服舆食饮之华，封君不如
也"。知名的算命先生，住豪宅、穿华服，吃香喝辣，不亦乐乎！

他分析说，京城中之所以算命生意这么火爆，是因为有些人缺
什么就想什么，常言道，"渴者期于浆，疾者期于医"，这是理所当
然的事。文人士大夫读书应举，也是为了升官发财，没当官的，想
当官；当了官的，还想当大官；当了大官的，又怕当不长。这些人
怕这怕那，想不明白就会担惊受怕，遇事就会拿不定主意，这时就
巴不得有人来帮忙做决定，正所谓"势不盈，位不充，则热中，热
中则惑。势盈位充矣，则病失之，病失之则忧。惑且忧，则思决。"
文人士大夫热衷于算命，是因为"以彼为能决"，当他们没法用日常
生活的经验和智慧做决定，就只能求神问卜了。[2]

事实上，宋代社会有算命需求的不只是文人士大夫，一般老百
姓也有这样的需要。我们现在仍然可以从传世名画《清明上河图》
中看出当年大宋京城开封城里算命生意的场景。在一段繁华的大街
上，有一个不太起眼的凉棚，凉棚底下摆着一个算命的摊子，摊子

1 （宋）楼钥：《攻媿集》卷一百九《周伯范墓志铭》。
2 （宋）王安石：《临川先生文集》卷七十《汴说》。

图4-7 《清明上河图》中的"算命摊子"

上支着三个幌子，上面分别写着"神课""看命""决疑"。从招牌上就可猜出，该摊主营业务是八字算命（看命）和易卦占算（神课）。人们若有下不了决心、不知该不该做之事，都可以来找他问上一问。

算命的摊子上坐着一个算命先生，只见他长袍儒冠，一脸严肃地坐在桌前，脑袋略微前伸，应该是正在跟求卜的人解说他的命运。坐在一侧的求卜之人，虽然十分专注地聆听着，但仿佛还未能解得命中凶吉之相，露出一脸疑惑的神情。旁边几人则在围观看热闹，不知是听懂了，还是猜到了某种结果，偷偷交换着眼神，想要窃窃私语。从穿着打扮上来看，这些人都是市井之徒，并不是文人士大夫，文人士大夫自重身份，当然不会在这样的街边小摊上求神问卜。

宋人有"士大夫必游之地，天下术士皆聚焉"[1]的说法，科举时代带给宋代文人士大夫的困境，还不止科举考试本身的问题。即便他们考上了进士，做了官，官场的风波，也是他们难以预料的。"朝为田舍郎，暮登天子堂"，是科举给予文人士大夫最大的福利，可是当官也不一定能够富贵荣华一生。今夜高朋满座，明朝妻离子散，也是宋代许多达官贵人的常态。

邵伯温与长安术士张衍有些交情，为人忠信、识道理，算命之准，令人拍案称奇。据说在章惇、蔡确还在当县官的时候，张衍就给他们批命说二人必能当上宰相。作为术士，张衍最厉害的还不是算得准，而是意识到身处新时代的士大夫命运无常，有些人即便是有大富大贵之命，也难以善终。他说："古者贵人少，福人多；今贵人多，福人少。"简单地说，就是贵人有大富大贵的命，但所得的富贵能享受多久，并没有保障，对他们而言，难的是善始善终。

为什么呢？他告诉邵伯温："昔之命出格者作宰执，次作两制。又次官卿监，为监司大郡，享安逸寿考之乐，任子孙厚田宅，虽非两制，福不在其下。故曰福人多，贵人少。今之士大夫，自朝官便作两制，忽罢去，但朝官耳，不能任子孙，贫约如初。盖其命发于刑杀，未久即灾至。故曰贵人多，福人少也。"[2]这是他在官场多年观察下来的经验之谈。

如何理解张衍的话呢？他的意思是，以前的士大夫，好的命格是层次分明的：命最好的，当宰相，位高权重；稍次一点的，可以当翰林学士等清要之职；再次一点，就只能当九寺三监的长官；最

1 （宋）张端义：《贵耳集》卷下。
2 （宋）邵伯温：《邵氏闻见录》卷十六。

次的一等，也可以当路级和州级的地方官。这是因为以前人当官是循序渐进的，整个官僚队伍里面，最后能混到金字塔顶端当上大官的人不多。这就是贵人少的原因。大家即便按部就班地当官，也能各自混到一定的级别，吃喝不愁、安享晚年，不是什么难事。

可是现在的士大夫所在的官场，已经完全变了个样子，现在当大官的机会比以前多了，升官也比以前快了，甚至得到破格提拔的机会也多了。昨天还是小官，今天便当大官，但是没过几天，又被弹劾罢官，当官纯属是过过干瘾，对自己和家族都没什么好处。因为当大官这种大富大贵的命，都是暂时的，自己的富贵难保长久，子孙的福禄也没有保障。大起大落的富贵命，到最后不过是空欢喜一场。

张衍从八字命理之说的角度解释说，这是因为现在的贵命，多是靠着"刑杀"才得的富贵，所以难以持久，过不了多久就会招来灾祸。八字命理中所谓的"刑"，指的是八字中地支之间出现互相伤害的情况，如寅刑巳，巳刑申，刑害又有无恩、无礼之分，如寅刑巳，巳刑申是为无恩。《三命通会》的解释是："盖寅中有甲木刑巳中戊土，戊以癸水相合为要，则癸水者，甲木之母也，戊土既为癸水之夫，乃甲之父也，彼父而我刑之，恩斯忘矣"。

八字中有刑害，对命格必有损伤，本不是好事。但在某些情况下又会有意想不到的好处，即"相刑遇贵"，如"寅刑巳，巳刑申，庚辛逢寅是贵人"。有的时候，刑带三奇、贵人、天德，则贵不可言，正所谓"三刑之位带三奇，天乙兼得在日时，刑若等分干遇德，官居极品定无亏"。

所谓的"杀"，指的是"七杀"，又名"偏官"，是八字中的天干出现阴阳不相配的情况，本为凶命之格。宋代徐子平所著的八字命理著作《渊海子平》中说："夫偏官者，甲木见庚金之类。阳见阳，阴见阴，乃谓之偏官，不成配偶。"命中带七杀，易招横祸。但如"制伏得位，运复经行制伏之乡，此大贵之命也"。总的来说，以刑杀得来的富贵，是有些凶险的，来得快，也去得快。也就是张衍所说的"贵人多，福人少"。

时代不同了，人也不同了，人不同，命也不同。这个故事里，隐隐约约体现出算命术也要有与时俱进的觉悟。张衍的观察并非特例，很多算命先生都发现了这个问题。

南宋初年的张端义说，近年来，临安的老年术士以前因为算命算得好，赚了不少钱，现在生意都不行了，因为老了之后，他们就算不准了。但年轻一辈的术士，算命又都算得准，他们生意好得很。有一次有个老年术士问年轻术士，说："汝今之术，即我向之术，何汝验，我若何不验？"事情就是这么奇怪，大家都是用的同样的方法算命，为什么之前灵，现在就不灵了呢？

年轻的术士回答说，那是因为："向之士大夫之命，占得禄贵生旺，皆是贵人；今之士大夫之命，多带刑杀冲击，方是贵人。汝不见今日为监司、守帅阃者，日以杀人为事，汝之术所以不验也。"[1]

八字算命，以生辰干支的五行生克构造所谓的吉凶祸福，所谓禄、贵、生、旺，即是五行配合得宜的。如"禄，爵禄也，当得势而享，乃谓之禄"。具体的看法是，"十干就支神为禄，谓禄随旺行，所以甲禄寅、乙禄卯"之类，以"甲禄寅"为例，"甲见丙寅，甲土克丙水财，为福星禄；戊寅火土相生，为伏马禄，俱吉。"[2]

---

1 （宋）张端义：《贵耳集》卷下。

2 （明）万民英：《三命通会》卷三。

图4-8　颜回像　台北故宫博物院藏

　　禄、贵、生、旺的看命法，是正常的贵命看法，以前的算命先生看命，就先看一个人的八字中有没有禄、贵、生、旺的格局。但年轻的术士却认为，老年术士算命的方法，用的是面对正常世道、正常人情况时的算法，可现在世道不古，人也不正常，所以之前那套算法就不管用了。

　　八字命理学中，刑杀冲击本来不是什么好事儿，但正如前面那个故事里所讲那样，理论上"刑杀"也可以构成贵命之格。前文已解释过，所谓刑杀乃是八字理论中的地支相刑和天干相杀，而非这个年轻术士所说当官的一天就是抓人杀人，以此搏富贵。当今士大夫，要多带刑杀冲击，才能成贵人之命的说法，显然是借题发挥。他这么说，是在讽刺当今的士大夫只有心狠手辣，才能升官发财。

文人士大夫从小读圣贤之书，儒家本来的道理，是"用舍无预于己，行藏安于所遇，命不足道也"。士大夫面临选择困难的时候，应该以义理为准绳，用算命的方法决定要做什么、不做什么，是方向性的错误，是"贪冒无耻者"用来自欺欺人的托词罢了。朱熹说什么事情该做，什么事情不该做，"盖只看义理如何，都不问那命了。虽使前面做得去，若义去不得，也只不做"。儒家所谓的圣人，是不把功名富贵放在心上的，而是要以"义"为先，"圣人更不问命，只看义如何。贫富贵贱，惟义所在，谓安于所遇也。"

朱熹举了孔子著名的弟子颜回的例子，他说："如颜子之安于陋巷，它那曾计较命如何？"颜回就不会去算命，因为他只做义理上该做的事，至于个人的功名富贵，从不在他考虑的范围之内，所以他能做到"安于陋巷"。换句话说，只有那些一心追求升官发财，把圣贤理想都忘得一干二净的士大夫，才是最迷恋算命的群体。

宋代算命的需求量这么大，算命的方法也是五花八门，有看相的，有占卜的，有测字的，有验卦的，不一而足。洪迈观察，南宋时算命种类繁多，算命先生称得上是当时最忙的一群人。"所谓龟策，惟市井细人始习此艺。其得不过数钱，士大夫未尝过而问也。"在他看来，占卜吉凶之类的伎俩，最开始是不入士大夫法眼的，从业者也是些市井小人，士大夫们本是不屑与他们为伍的。

可后来，算命的之间互相吹捧，大家也都跟着去凑热闹，"伎术标牓，所在如织"，算命的花样越来越多，越来吸引人，于是发明创造出了所谓的"五星、六壬、衍禽、三命、轨析、太一、洞微、紫微、太素、遁甲"等种种算命术，算命先生也"人人自以为君平，家家自以为季主"。严君平与司马季主皆是汉代著名的卜者,宋代的术士,都自视甚高,可算命的水平却是"每况愈下"。他们天天干的事情,就是奔走钻营,根本没把心思放到研习数术上,"由是藉手于达官要人,舟车交错于道路,毁誉纷纭,而术益隐矣"。[1]

洪迈对命理之说其实是相信的,只是讨厌算命先生太多,算命之术太杂罢了。由于从业者的良莠不齐,整个行业最后只会搞得声名狼藉。他所提到的"五星",就是以人的生辰所值五星之位来推算禄命的星座算命术。"三命""紫微"等术,就是俗称八字算命法,两者的推算原理相同,只是具体的算法有些差异。

所谓六壬,跟他提到的遁甲、太一合称三式。传统数术中,五行以水为首;十个天干中,壬、癸属水,壬为阳水,癸为阴水,舍阴取阳,故名壬;六十甲子中,有六个带壬的组合,即壬申、壬午、壬辰、壬寅、壬子、壬戌,故以阴阳五行进行占卜凶吉之法,又名"六壬"。太一,又称太乙,是基于易经八卦原理进行吉凶占算的一种数术。遁甲是以十干的乙、丙、丁为三奇,以戊、己、庚、辛、壬、癸为六仪。三奇六仪,分置九宫,而以甲统之,视其加临吉凶,以为趋避,故称"遁甲"。

可以说,唐宋时代算命的方法也在不断更新,既有本土聪明才智之士的发明创造,也有对外来"先进"技术的引进和吸收。巧合的是,用星座算命术慨叹自己是可怜的摩羯座的韩愈,其生活的时代,一种全新的算命术刚刚兴起。这就是直到今天仍然非常流行的"八字算命法"。

元和八年(813年),韩愈在给他的同僚、殿中侍御史李虚中

---

1 (宋)洪迈:《容斋续笔》卷八《蓍龟卜筮》。

所写的墓志铭里说，李虚中本人"喜学，学无所不通，最深入五行书"。在长期钻研传统的数术之学后，李虚中发明了一种新的算命法——"以人之始生年月日所直日辰支干，相生胜衰死王相"。也就是说，他可以通过一个人的出生年月日时的干支，以阴阳五行相生相克的原理进行推算，得到这个人的命运的基本数据，以此精准地预知此人一生中各个阶段的命运走向——"斟酌推人寿夭贵贱利不利，辄先处其年时，百不失一二"。[1]

八字算命法在宋代也继续流传，民间有不少以此为生的术士——"日者"。太平兴国五年（980年）的状元苏易简，其父亲苏协有个朋友叫严储，考了多年的进士，就是考不中。据说他第一次参加科举考试的时候，苏易简刚出生。苏协为庆祝儿子的出生，在乡里大办宴席，严储也来喝喜酒，其间他与一个以算命为生的"日者"同席。严储就把自己的出生年月告诉了这位算命先生，想让他帮自己算一下什么时候才能蟾宫折桂。这位日者说："君当俟苏公之子为状元乃成名。"引得举座之人皆大笑不止，苏易简这时才刚刚出生，等他中状元，起码得等个二十几年吧，大家都以为这位算命先生是在逗严储玩呢！

这个故事里，算命先生的推算依靠的是严储"以年月询之"，显然是基于生辰八字的算命法。这位算命先生看似在开玩笑，其实算得是很准的。苏易简生于958年，此时离宋朝的建立还有两年，苏家是梓州铜山县人（今四川中江）[2]，当时他们这群人还在后蜀的统治

1 （唐）韩愈著，刘真伦、岳珍校注：《韩愈文集汇校笺注》卷十八《唐故殿中侍御史李君墓志铭》，中华书局，2010年，第2021页。

2 此据《宋史》的说法，应误。盖因苏易简曾冒籍梓州参加科举所致。苏易简的老家实为绵州盐泉县（今绵阳市游仙区盐泉镇）。详细考证参见张邦炜：《宋代盐泉苏氏剖析》，《新史学》1994年第1期，第51—85页。

之下，严储第一次参加科举考试，应该是在成都参加后蜀朝廷举办的科举。没过几年，后蜀亡国，他家也成了大宋域内，严储也由后蜀之民成了大宋之民，此后严储开始每隔几年都跑去开封参加一次科举考试，结果真的就如那个算命先生所说，考了二十多年，都没考上。直到苏易简二十二岁考中状元，严储才终于进士及第。[1]这位八字先生的话，竟然全都成真了。

韩愈、苏轼以及真德秀所玩的星占算命术，是唐宋时代从西方传来的新技术。早在隋代，来华传法的天竺僧人那连提耶舍就曾把"黄道十二宫"的星座知识传译成书。他翻译的一部名为《大乘大方等日藏经》的佛经，讲述了十二星宫的天象分布，"是九月时，射神主当。十月时，磨竭之神主当其月。十一月，水器之神主当其月。十二月，天鱼之神主当其月。正月时，特羊之神主当其月。二月时，特牛之神主当其月。是三月时，双鸟之神主当其月。四月时，蟹神主当其月。此五月时，狮子之神主当其月。此六月时，天女之神主当其月。是七月时，秤量之神主当其月。八月时蝎神主当其月。"

《大乘大方等日藏经》中的十二宫的排序跟现在的流行的十二星座是一样的，也大同小异，如双鱼座写成"天鱼"，白羊座写成"特羊"，金牛座写成"特牛"，双子座写成"双鸟"，处女座写成"天女"等，令唐宋文人心情复杂的摩羯座则写成了"磨竭"，佛经翻译时往往所时立名，并无统一的译名，所以摩羯有时候又写成"磨蝎""磨碣"等，不一而足。

西方的黄道十二宫观念的引入，与佛教的发展关系密切。目前可知的宋代最早的黄道十二宫的图像，是开宝五年（972年）刊刻的

---

1 （宋）僧文莹：《续湘山野录》。

图4-9 《炽盛光佛顶大威德销灾吉祥陀罗尼经》卷首图

一部佛经）——《炽盛光佛顶大威德销灾吉祥陀罗尼经》——卷首页上的一幅"插画"[1]。此经与常见的《心经》《金刚经》此类的显宗经典不同，它是属于佛教的密宗经典体系，"陀罗尼"（dharani）汉译为"总持"，谓总摄一切诸法，执持无上妙意，是密宗经典最常见的"标签"。

《炽盛光佛顶大威德销灾吉祥陀罗尼经》相当于一部咒语集，古人把天上的星星拟人化为"星神"，这些星神常常会降灾于个人或国家，宋人相信念诵这部经咒可以攘除灾星恶曜。经中有云："若有

1　有关《炽盛光佛顶大威德销灾吉祥陀罗尼经》卷首图像以及黄道十二宫观念在宋代的传播，参见韦兵：《日本新发现北宋开宝五年刻〈炽盛光佛顶大威德销灾吉祥陀罗尼经〉星图考——兼论黄道十二宫在宋、辽、西夏地区的传播》，《自然科学史研究》2005年第3期。

国王及诸大臣所居之处及诸国界，或被五星凌逼，罗睺、彗孛、妖星，照临所属本命宫宿及诸星位，或临帝座于国于家及分野处，陵逼之时，或进或退作诸障难者，但于清净处置立道场，念此陀罗尼一百八遍或一千遍，若一日二日三日乃至七日，依法修饰坛场，至心受持诵读，一切灾难皆悉消灭不能为害，若太白、火星入于南斗，于国于家及分野处作诸障难者，于一忿怒像前，画彼设都噜形，厉声念此陀罗尼加持，其灾即阴移于不顺王命悖逆人身上受。"

现存的这部《炽盛光佛顶大威德销灾吉祥陀罗尼经》的刻本，刊印于开宝五年，是一个名叫钱昭庆的人，为其父祈福增寿，在四月八日的浴佛节日特地出资印造的。这一刊本后来流传到日本，在国内反倒不为人知，直到2001年，日本奈良县教育委员会事务局文化财保存课编辑发行了《奈良县所在中国古版经调查报告》，才引起中国学人的注意。在这部刻本的扉页上，赫然画着黄道十二宫和二十八宿的星神图像。

这幅十二宫和二十八宿星图的结构和布局是：释迦牟尼在净居天宫向"诸宿曜游空天众九执大天及二十八宿十二宫天神一切圣众"说法。画面分为三层，第一层也即中心，是释迦牟尼趺坐于牛车所载莲花须弥座上说法，周围环绕的两个僧人为侍者，头顶后有圆光的两位武将为护法，另外十一个装束奇异者为十一曜天神。

此图像最大的看点在第二层。这一层是围绕中心的一圈云气，云气中均匀分布有十二个圆圈，圆圈里面画的就是黄道十二宫的图形。从右边开始依次为：白羊宫、金牛宫、双子宫、巨蟹宫、狮子宫、室女宫、天蝎宫、天秤宫、人马宫、摩羯宫、宝瓶宫、双鱼宫。

这个排列顺序大致是正确的，唯一的遗憾就是，将天蝎、天秤二宫位置弄颠倒了，天秤宫本来当在天蝎宫之前。狮子宫位于图形顶端，由于构图的原因画得较靠上，使十二宫排列呈一近似于圆的桃形。第三层是从云气中透出的毫光，将第三层画面划分为二十三格，除最下面一格外，其余二十二格中均绘有一至三个写实的星图和人形星神形像，二十八宿与人形星神错落环布于背光之中。

十二宫与二十八宿本属东西方两个不同的天文体系，宋人将其拼合在一起，其目的是方便星占算命时的推算。当时的星命术士在进行星占推算时，往往是将西方的十二宫体系结合二十八宿进行一番"中国化"的改造，如存世的敦煌文书P.4071"十一曜见生图等历算玄文"，是开宝七年（974年）十二月十一日，灵州大都督府的一位白衣术士康遵所做的星命神课。从其课词中可以看到典型的"中西合璧"的做法：

> 太阴在翌，照双女宫，楚分荆州分野；太阳在角八度，照天秤宫，郑分兖州分野；木星退危三度，照宝瓶宫，齐分青州分野；火星在轸，照双女宫，楚分荆州分野；土星在斗宿，照摩竭宫，吴越扬州分野；金星在角亢次疾，改照天秤宫，郑分兖州分野；水在轸顺行，改照双女宫，楚分荆州分野；罗睺在井，照巨蟹，秦分雍州分野；计都在牛三度，照摩竭宫，吴越扬州分野；月勃在危顺行，改照宝瓶宫，齐分青州分野；紫气在星宿，照狮子宫，周分洛州分野。

这则课词不但把黄道十二宫与二十八宿进行一一对应，还将中国古代传统的"天文分野"布局与十二宫结合起来。我们古人认为，天地一体，天上的日月星辰与地方的邦国州郡是一一对应的，天象可以直观地反映地上的吉凶祸福。和《炽盛光佛顶大威德销灾吉祥

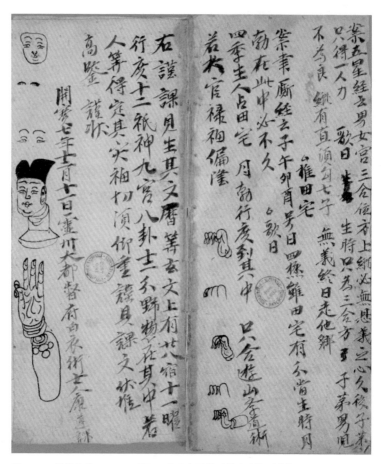

图4-10　敦煌文书　P.4071"十一曜见生图等历算玄文"写卷[1]

1　图片来源"国际敦煌项目"网站，见http://idp.nlc.cn/database/oo_scroll_h.a4d?uid=71723461358;recnum=61574;index=4

陀罗尼经》卷首图像略有瑕疵不同，敦煌文书P.4071"十一曜见生图等历算玄文"中的十二宫与二十八宿对应关系是完全正确的，而其成文的时间也仅仅只比前者晚两年而已。

十二宫的观念，最早产生于巴比伦。古巴比伦的天文学家将太阳在天宫中的运行轨迹——"黄道"，进行了十二等分，分割成十二个星宫。而星座算命术最早也起源于巴比伦，后来被希腊人吸收，成为西方最重要的天文学观念和最流行的一种算命术。此后又传布到埃及、印度等地，在中古时代随着中西之间的交流通商、佛教东渐，从印度、西亚传入了中国。

依托黄道十二宫为基础的星座算命术在中土的流传，应该始于唐代。宋人对于星座算命术并不陌生，也知道唐代就有了这种算命法，只是一般士人对这个舶来品的"外来"身份，早已不明就里了。南宋时太学上舍出身、官至中书舍人的朱翌说："星辰家以十二宫看人命，不知所本，然其来久矣！"[1]显然，朱翌已不知道"十二宫看人命"的算命术的来历，只知道它历史悠久而已。接下来他讲到从李贺和杜牧的诗文里，可以看到两位才子运用星座算命术的蛛丝马迹。如杜牧说他自己生于角宿，也就是说他的上升星座，也即命宫为天秤宫。

有意思的是，比起八字算命术，宋代士人似乎更相信星座算命术。这大概是因为看八字相对较容易，贩夫走卒皆能看，而星座算命法须有一定的天文历法和数据推算的基本知识，门槛较高，从事星座算命的人，必须有一定的专业知识。南宋晚期的欧阳守道，是欧阳修的同乡，虽然考中过进士，但大部分时间都在书院讲学，曾

1 （宋）朱翌：《猗觉寮杂记》卷下。

未来不必更臆度

当过大名鼎鼎的岳麓书院的副山长，人称"巽斋先生"，"留取丹青照汗青"的文天祥即出自他的门下。他曾说过，比起公说公有理，婆说婆有理的八字算命法，他更相信有一定的天文数据运算作支撑的星座算命术。

他在给"陈术士"的赠序中说："吾儒不能言命者盖鲜，然三命人能言之，而以历推星反少，何也？步星之误，旁有善星者能辨之。三命无一定之论，惟其立说而莫之或夺也。于斯二者，宜何信？姑信于历而已。"[1]欧阳守道所说的"三命"，就是八字算命法。显然，八字算命法，以阴阳五行理论为基础，五行生克是一种高度抽象的计算，没有固定的数据可以验证。换句话说，以八字算命术进行吉凶占算的基础"数据"——干支与阴阳五行的排列组合，是主观的，只要能自圆其说，旁人是无缘置喙的。

但星座算命却不同，它的第一步是要推算一个人出生时日月五星在天空中的位置，这是一个客观的、可验证的天文数据。尽管这个天文数据和一个人的命运好坏在本质上并不相关，但作为命运推测的基础数据，却是客观的。正如欧阳守道所言，一旦"步星"有误，即算命先生把某个时间点的日月五星在天空中的位置算错了，精通天文历法的人可以一眼就看出其破绽。而一个星占术士如果把天文星象的基础数据都弄错了，大家也就知道他到底有几斤几两了，后面的命运推算也不必看了，肯定是不靠谱的。

而且最重要的是，天文星象数据不但是星座算命术士必须掌握的基本功，也是靠天吃饭的古代中国，稍有学识之人必学的一种知识，朝廷也会颁布实时的天象数据——"星历"，所以一个文人士大

---

1 （宋）欧阳守道：《巽斋文集》卷十一《赠陈术士序》。

夫可以比较容易地发现星命术士的功力和水平究竟如何。

另外，八字算命术，在理论上也存在着一些比较简单的漏洞，对于好学深思的士大夫来说，他是很容易发现其中的不合理之处的。如文天祥对传统的八字算命术，就持很激烈的反对态度，认为从概率学的角度来看，用出生时的天干地支八字决定天下众生的命运，是荒谬的。他是这么论证这个事情的：

> 甲巳之年生，月丙寅，甲巳之日生，时甲子，以六十位类推之，其数极于七百二十而尽。以七百二十之年月，加七百二十之日时，则命之四柱，其数极于五十一万八千四百，而无以复加矣。
>
> 考天下盛时，凡州主客户有至千四五百万或千七八百万，而荒服之外不与焉。天地之间，生人之数殆未可量也。生人之数如此，而其所得四柱者皆不能越于五十一万八千四百之外。
>
> 今人间巷间固有四柱皆同而祸福全不相似者，以耳目所接推之，常有一二，则耳目之所不接者，安知其非千非百，而命亦难乎断矣。且夫五十一万八千四百之数，散在百二十期中。人生姑以百岁为率，是百岁内，生人其所受命止当六分之四有奇，则命愈加少，而其难断亦可知矣。[1]

文天祥的这篇短文，道出了有限算法在处理超大数据时必定死机的尴尬。八字算命法的基础数据，是以年、月、日、时的干支八字得出的四组干支，即"四柱"。文天祥说，四柱八字的排列组合最多也不过五十一万八千四百种，但全天下的人口数量，最多

1　（宋）文天祥：《文山全集》卷九《又赠朱斗南序》。

未
来
不
必
更
臆
度

—

时可达一千多万户，按户均三四人算，人口就达五千多万了。这还只是宋朝管辖下的人口规模，如果加上宋朝管不到的地方，那这个数值肯定更大。而且在算命这个意义上来说，世界上的人口数量是累积的，死了的人，也是有命运的，他们的命运不会因为死亡而消失。那么自从有人类以来，累积起来的人口，多得大概根本没法计算吧。

所以，他觉得这么多的人，只有五十一万多种八字四柱的组合，是无法穷尽所有人的命数的，仅此一点，四柱八字的算命方法在概率学上就不成立。这五十一万多种的八字四柱组合，决定了世界上数十百千亿的人口中，一定会有无数的人的八字是相同，这么多人拥有相同的命运，这是不合逻辑的，也不符合现实生活的实际。他根据自己的观察，断定哪怕是八字四柱完全相同的人，也不可能命运完全相同，所以用这种方法来算命，根本不能自圆其说。

宋代士人相信算命和热衷于算命的人很多，但是也不乏头脑清醒的反对者，除文天祥外，司马光也发现了八字与风水两种数术理论在对待个人命运态度上的自相矛盾。他非常自信地说："彼阴阳家谓，人所生年月日时，足以定终身禄命。信如此所言，则人之禄命固已定于初生矣，岂因殡葬而可改耶？是二说者，自相矛盾。而世俗两信之，其愚惑可谓甚矣！"[1]

他认为，按照八字命理之说，一个人的命运是由他的出生时间决定的，但世间流行的风水理论，又认为先人墓地的风水决定着后人的祸福，这意味着人的命运不是由自己的出生决定，而是由先人的葬地决定。两种命理数术，一个是命已前定，一个是事在人为，

---

[1] （宋）司马光：《书仪》卷七。

显然，两种数术存在着理论上的根本矛盾，士人沉迷于此，不是太愚笨了吗！

＊　＊　＊

风水改命之说，事实上在宋代社会也极为流行。南宋洪迈所著的《夷坚志》里讲了一个故事：南宋初年的宰相朱胜非，本来是蔡州人。南宋建立后，他举家定居于湖州。绍兴十四年（1144年）他病死后，安葬于湖州的妙喜山下。过了几年之后，有术士经过朱胜非的墓，发现这里风水有问题，感叹说："山势甚吉，恨去水太远，秀气不集，子孙虽蕃昌，恐不能以科名自奋。"这意味着朱胜非的葬地风水的山势好，朱家将来会多子多孙，但缺水，子孙虽多，但"读书得行"的不多，意思是说他家从此科名无望。

为什么这个术士会说朱胜非的墓离水太远，会影响子孙的科名呢？因为按中国古代的阴阳五行理论，五行中的"水"主智，其性聪。水旺之人，语言清和，为人深思熟虑，足智多谋，学识过人。宋代数术名著《渊海子平》中就有类似的说法："水曰润下，味咸主智，是非之心，智足多谋，机关深远，文学聪明，诡诈飘荡。"

科举考试是文人间的智力游戏，"智足多谋""文学聪明"是所有读书人的梦想，水有利于科名的观念，应是当时尽人皆知的"道理"，不过似乎犯这种"错误"的也不在少数。如福建浦城县的学校，原来位于寺院旁边，且"背溪山之秀"，也是缺水，以致当地士子多年参加科举考试，都颗粒无收。直到后来请了风水师来看过之后，把学校改换了新址，不久县学学生真德秀才考上了进士。[1]

当然，用风水"逆天改命"最绝的还是写《夷坚志》的洪迈他

1 （宋）叶绍翁：《四朝闻见录》戊集。

们家。据说，洪迈的高祖父在临终前，跟家人们说："葬我必于瀼港仓下，后世青紫当不绝。"宋代前期，官服分为青、绿、绯、紫四色，所谓"青紫不绝"，即后代之人代代都能当官。有意思的是，此后洪家在科场上，真的就是"科举蝉联，子孙官者络绎"。

洪迈的哥哥、后来官至宰相的洪适自豪地说，自从高祖父下葬之后，他们家在科场上的表现，就像开挂了一样——"后十六年，当元丰乙丑，伯祖给事中始以进士起家。又三十年，政和乙未，忠宣公继之。又二十七年，绍兴壬戌，某同元弟遵中博学宏词科。后三年乙丑，仲弟迈继之。给事之后官者七，今一人存。忠宣之弟侄官者九，今两人存。子、孙、曾孙官者二十六，今二十二人存。"[1]从北宋后期到南宋中期，洪皓及其子洪适、洪遵、洪迈相继登科，他家的朝廷命官多达二十余人，这简直也太逆天啦！

再说回朱家的事。经过风水师的提醒，朱胜非的几个儿子也都知道其父的墓地缺水，不利于子孙的科举成功，但一直没有时间也没有机会迁葬墓地。并且随着时间的推移，妙喜山下成了朱家的家族墓地，很多族人死后都安葬于此，迁墓之事就更难了。乾道年间（1165—1173年），朱胜非的儿子朱夏卿病死，朱夏卿的儿子朱翌，坚信风水之说，坚决不肯把其父安葬在家族墓地里，而是力排众议，四处寻访新墓地，最终找到一个"前临清溪"的风水宝穴。临水而葬，水智充足，意味着子孙的科名兴盛。

后来果不其然，朱夏卿安葬二十年后，他家就出现了科举大爆发。淳熙十四年（1187年），朱夏卿的幼子朱爱、朱翌的儿子朱俦

---

1 （宋）洪适：《盘洲文集》卷三十三《盘洲老人小传》。

一起考中了进士，不久朱侨的弟弟朱偓也金榜题名。[1]其实朱家乃世代冠冕之家，子孙读书应举的条件好，出几个进士是很正常的。宋代大家族都重视科举，世代进士之家也很常见。

事实上，一个家族如果有一个成员科举中第，这个人不仅会成为整个家族的荣耀，而且会对整个家族都起到很好的示范勉励作用，家族其他成员常常会因此而发愤图强，致力科考。整个宋代，父子、兄弟、叔侄同榜或相继登第的情况，屡见不鲜，如苏协、苏易简、苏耆、苏舜钦祖孙四代，都是进士。此外如范镇与其弟范镃，韩亿与其子韩维、韩绛，王琪与其从弟王珪，宋庠与其弟宋祁，苏轼与其弟苏辙，孙何与其弟孙仅，刘敞与其弟刘攽，黄庶与其子黄庭坚，张唐英与其弟张商英，李石与其弟李占，任质言与其弟任尽言，王应麟与其弟王应凤等人，都是父子或兄弟相继登科。类似的情况，还有很多，难道他们的先人都是葬在水边的吗？

前面几种算命术都有些表面的缺陷，但星座算命术涉及的天象数据极为庞大，本身就是一个超大数据库，同时其算法也比较复杂，士大夫一般还很难直接发现其中的理论漏洞。而且与大部分的江湖术士比起来，宋代的星命术士的文化水平往往较高，因此更能得到文人士大夫的青睐。

宋末元初的方回给星命术士毕用虎的诗中说："知君家世擅儒风，不与江湖术士同"。而且好玩的是，星座算命术本是从西方传进的外来技术，但这一算命法因需要运用天象和历法的相关知识而与喜言天命和历法的儒家有天然的亲近感，渐渐地，宋儒认为星座算命术是源出于儒家的六经。方回在诗的最后竟然说："甲子支干五星

未来不必更臆度

一

未来不必更臆度

一

说，源流本出六经中"。[1]这是在认知上将星座算命术"中国化"了。

事实上，以天象占算个人的命运，在中国古代早期的确是一个空白。中国古代也有以天文为基础的"星占"，但主要是通过天象测算和预示王朝国家的命运，如著名的卜偃借天文星象的童谣而预言虢国将亡的故事。

《左传·僖公五年》记载：当年八月，晋国国君晋献公率军围攻虢国，包围了虢国的上阳地方。晋献公问卜偃："此战我们能打赢吗？"卜偃回答说："打得赢。"晋献公又问："你看我军拿下上阳会在什么时候？"卜偃回答说，你看现在有首童谣是这么唱的："丙之晨，龙尾伏辰，均服振振，取虢之旂。鹑之贲贲，天策焞焞，火中成军，虢公其奔。"

这首童谣的意思是：丙子日的清晨，在太阳出来、月亮下去之时，龙尾星伏没不见；我军上下穿着统一的制服，展现出赫赫军威，夺取虢国的旗帜。鹑火星膨胀得像只大鸟，天策星没有了光芒，我们在鹑火星下整军成列，虢国的国君将被吓得逃之夭夭。于是他跟晋献公说：我军攻下上阳，必定在九月、十月之交，具体的时间是"丙子旦，日在尾，月在策，鹑火中"。

中国古代的这种星占，一般称为"军国星占"，算的是国运，与个人无关。如《史记·天官书》所载："辰星与太白俱出东方，皆赤而角，外国大败，中国胜。其与太白俱出西方，皆赤而角，外国利"。显然，星象反映的是国运的强弱，而不是个人的吉凶。

中国古代相信天人感应，但不是所有的人都可以跟天发生感应，天人感应，只是少数大人物的事。《汉书·五行志》里记载了汉

---

1 （元）方回：《送毕用虎谈星命》，杨镰主编：《全元诗》，中华书局，2013年，第518页。

图4-11　（明）仇英《汉宫春晓图》局部　台北故宫博物院藏

成帝在位时，一次关于日食和地震的占问。有一天，白天发生了日食，晚上未央宫又发生了地震。成帝不安，召来大臣谷永，问他日食和地震一起出现，有何预意？谷永回答说："日食婺女九度，占在皇后。地震萧墙之内，咎在贵妾。二者俱发，明同事异人，共掩制阳，将害继嗣也。"

　　成帝不信，又找另一个大臣杜钦询问。杜钦回答说："日以戊申食，时加未。戊未，土也，中宫之部。其夜殿中地震，此必适妾将有争宠相害而为患者。人事失于下，变象见于上。"谷永和杜钦虽然解释此事的道理不完全一致，但结论都差不多，就是说上天在警告汉成帝，他的后宫有人要作妖了。后来事实也确实如此，不久之后，成帝的宠妃赵飞燕告发许皇后有行蛊诅的嫌疑，许皇后被废。

在这个故事里，能够与日食、地震发生关系的是皇后和妃嫔，这些人都不是普通人。

某人如果与天上的星象有关了，那就说明他的地位非凡，必是帝王将相之命。只有一个人的命运强大到足以影响到整个王朝国家的祸福的时候，他才有资格出现在中国古代的星占活动中。

俗语称赞一个人聪明绝顶、无所不知，常言"上知天文，下知地理"。其实在唐宋时代，对于普通人来说，"上知天文"是被严格禁止的。因为天文星象有可能泄露天机，激起某些野心家的不法活动，影响王朝国家的稳定。唐代法律对于天文仪器以及个人私自学习天文星象知识，是严厉禁止的，《唐律疏义》规定："诸玄象器物、天文、图书、谶书、兵书、七曜历、太乙雷公，私家不得有"。对于私藏天文工具、图书的，唐律会处于"徒二年"的刑罚。并且此条禁令也适用于"私习天文者"，即私下学习天文星象知识，也是被禁止的。

宋代在法律上也是严禁民间私习天文，宋太宗甚至连一般的占算吉凶的活动，也严加禁止，他甚至不惜搞了一出"引蛇出洞"的闹剧，把民间精通阴阳卜筮的人一网打尽。太平兴国二年（977年），刚当上皇帝不久，他就下令让两京诸道——即全国各地——向朝廷推荐民间精通天文星占的人才。后来，有三百多个在民间从事阴阳卜筮的人被各地推送到京城。太宗专门接见了他们，并对他们的业务能力进行了考察，然后说这些人大多愚昧无知、胡说八道，所谓推算吉凶祸福，不过是为了骗钱或混口饭吃。所谓高手在民间，是不存在的，这就是太宗想要的效果。

太宗当场宣布：从今以后，民间除了可以继续收藏占验阳宅、阴宅的风水，以及易经占卜书，其他的天文、相术、六壬、遁甲、三命以及类似可以推算吉凶的阴阳学书籍，一律不准收藏；家中有这些书的，限一月内将之上交给官府，过期不送，就视作违法。而那三百多位被推荐到京城的民间阴阳卜筮人才，有六十八人因表现合格而被选入司天台，算是混到了编制。余下的将近两百人就惨了，他们被"黥面流海岛"，就是在脸上刺字后流放到海岛上，成了"劳改犯"。[1]

这大概是因为，太宗自己就是当时最大的，也是最成功的野心家。他在当上皇帝前，没少研究过这些东西，各路术士也用各种神通，给他打过不少鸡血，让他最终得以鼓起勇气，在"烛影斧声"中，身登大宝。所以，太宗深知其中的厉害，演这一出好戏，就是为了把真懂行的人招到朝廷里来上班，把不懂行的人关进大牢，不让他们在民间继续胡言乱语，影响他坐稳皇帝的宝座。

以黄道十二宫为基础的、从西方传来的星座算命术，是第一次给中国人提供了通过天象测算个人的命运和吉凶祸福的机会。但唐宋人运用星座算命术，并不是直接将星命理论中的"黄道十二宫"拿来就用，而是将十二宫转换为中国古代的二十八宿体系来进行"星盘"的推算。如韩愈、苏轼在说自己是摩羯座时，其实说的是"斗宿"。杜牧推算出自己是天秤座，但也不说天秤宫，而是说"角宿"。

黄道十二宫是以黄道（太阳在天球上的视运动轨迹）为基准，每宫星座都在黄道带上，每宫均为三十度，十二宫总计三百六十度。二十八宿系统则以赤道为准，各宿沿赤道依次排列，与十二宫最大的不同是，每个宿所占的广度是不一样的，二十八宿合计三百六十五度。这两个系统是东西两种不同的划分天球以观测日月

1 （宋）李焘：《续资治通鉴长编》卷十八。

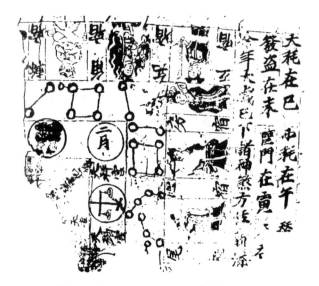

图4-12　黄道十二宫与二十八宿　新疆吐鲁番出土

星辰运行的体系。

　　把十二宫与二十八宿两个体系糅和一起的做法，早在唐代就开始了。新疆吐鲁番出土的唐代写本中，就有一纸将两者合并在一起的文书。而开宝五年（972年）的《炽盛光佛顶大威德销灾吉祥陀罗尼经》卷首页上十二宫与二十八宿星图，也是用将两者合画在一起的方式来展现星空的分区布局。

　　可见，星座算命术，从其起源到星盘工具的运用，在唐宋时代都"中国化"了。宋代士人算命，通常并不是只用一种方法，而是将星座算命术与八字算命术混在一起使用的。如宋代的书商曾把八字算命术和星座算命术合为一书，编成《五星三命指南》十四卷，在市面上售卖。而士大夫中藏书家，往往也会阅读和收藏此类著作，南宋著名的藏书家陈振孙就在他的藏书目录里著录有这部书。[1]

* * *

宋代不少士大夫还是星座算命术的高手。[2]南宋后期非常著名的理学名臣真德秀，就曾经将八字法与星命术结合起来给自己批命。他在给自己过生日时写的“青词”里说：

> 我生之辰安在，幸适际于嘉时；帝降之衷有常，惧难全于正性。敬修法醮，虔露微忱。伏念臣蕞尔颛蒙，居然侥幸。岁行在戌，与震位以协和；命宿于辰，有阳明之临照。凡半生之忝窃，皆大造之埏镕。材乏寸长，积玷朝廷之宠；咎盈百谪，乃保山林之安。顾在臣已极叨逾，岂外此敢萌希觊！惟蕲道荫，俯逮愚踪，无疾疠以殃厥躬，无灾害以挠其志。优游问学，俾深究于精微；持养身心，获渐臻于纯一。期无悖圣贤之训戒，庶不孤天地之生成。是为罔极之恩，敢控由衷之祷。

有的人算命是因为前途未卜而心情焦虑得到不化解，需要用命运的安排来缓解情绪；而有的人算命，则是为了“凡尔赛”。真德秀就是后者。

这首青词的第一句，就定下了全文的主基调，这是一种低调的炫耀。他说自己是幸运的，出生的时间点还是不错的，居然是个好时候。不过，上帝是不会偏心的，不会特别照顾某个人，所以一

1 （宋）陈振孙：《直斋书录解题》卷十二。

2 关于宋代士大夫的星命推算，参见韦兵：《黄道十二宫与星命术：文人和他们的摩羯宫》，《文史知识》2015年第3期；韦兵：《宋元士大夫与星命、星命术士》，《学术月刊》2017年第3期。

个人很难拥有完全纯正的禀性，总会有些缺陷和遗憾。好在自己虽然资质不行，有点傻乎乎的，但运气不错。因为他恰好出生在"戌年"，在生辰八字上刚好实现了"与震位以协和"。

真德秀生于淳熙五年（1178年）九月十五日，当年的干支纪年为"戊戌"。所谓震位，指的是代表东方的三个地支：寅、卯、辰。八字算命术中有所谓的"地支合化说"，其说为：如果一个人的八字出现地支相合的情况，那么他的命就是好的。《三命通会》有言，"夫会者，和也，乃阴阳相和，其气自合。子、寅、辰、午、申、戌六者为阳，丑、卯、巳、未、酉、亥主者为阴，是以一阴一阳和而谓之合。"因此，地支就有所谓的"六合"，子与丑合，寅与亥合，卯与戌合，辰与酉合，巳与申合，午与未合。

真德秀以戊戌年生，如果月、日、时上的干支有"卯"相合，就形成了所谓六合。卯恰为震位之一，是以和震位协和。这么说来，真德秀的八字中必有一个地支是卯，从而形成他所说的"与震位以协和"的情况。而真德秀出生于九月，干支为壬戌，生日是十五日，干支为乙亥，都没有"卯"，想必他出生的时辰一定是"卯时"吧。命书里讲，凡"六合入命"之人，"形容姿美，神气安定，好生恶死，心地平直，周旋方便，聪慧疏通。"[1]真德秀的八字，显然是贵命之格。

真德秀不但八字上命好，而且从星座算命术上看，他的命也不错。在青词中，与述说他的八字有多么好的"岁行在戌，与震位以协和"形成对仗的下一句——"命宿于辰，有阳明之临照"，正是讲的他的星命。

---

1 （明）万明英：《三命通会》卷二。

图4-13 敦煌壁画中的"天秤座"[1]

宋人除了用二十八宿对应十二星宫，也用十二地支对应十二星宫。形成于宋代的道教经典《灵宝领教济度金书》中记有两者的对应关系，其辞为："欲课五星者，宜先识十二宫分名及所属。寅为人马宫，亥为双鱼，属木；子为宝瓶，丑为磨羯，属土；卯为天蝎，戌为白羊，属火；辰为天秤，酉为金牛，属金；巳为双女，酉为阴阳，属水；午为狮子，属日；未为巨蟹，属月。"其中，辰对应的是天秤，可见词中所谓"命宿于辰"，指的是真德秀的命宫为天秤宫。

"有阳明之临照"，说的是他出生时太阳正在升起，且天秤座为命宫，可见他一定是出生在黎明之际。这一点也正可以和前面论说他的八字时，猜测他的出生时间必须是"卯时"（早上五时至七时）相印证。因为他自己所夸耀的"地支六合"的命格，八字中必有一个地支为"卯",而他的年、月、日上都无卯,那就只有是时上为卯了。他的星命,如依书直说,跟他的八字一样,也是非常好的命。

根据宋人编写的星命学著作《三辰通载》,像他这样的人,出生时太阳"守照命宫,主面部严方,颜色红白。阳宫为命,入庙为科名文章,贵品清职,修学聪明。为人性快不藏事,务实不伪,性敏精忠,博通畏事,敏而有断,不忍奸欺,不妄求,不过贪,见苦生念。其财与禄,成在中、末之年,福禄兼全,有灾无虞,及主寿算长远。平生有福庆,常得贵人见知,不受贫苦。"[1]

有意思的是,命书所说,与真德秀的生平完全符合。刘克庄在给他写的《行状》[2]中说,真德秀从小就勤奋好学,别的孩子在玩的时候,他常常就在看书学习,"四岁受书,立成诵。入小学,夜归,尝真书枕旁,灯膏所熏,帐皆墨色。群儿休沐聚戏,公并取其书卷,兼熟之矣。"

在科举的道路上,他也比同时代的大多数人幸运,二十二岁就考中进士,二十八岁又考中比进士更难的"博学宏词科",拥有了成为"文学词臣"的资格。他后来当过起居舍人、知制诰,以及中书舍人、礼部侍郎直学士院等号为词臣的清要之职。这些职位都是负责为朝廷草拟诏令的文学之选,果然如命书所说"科举文章、贵品清职"一样不落。

真德秀立朝为官,以敢做敢说、立身刚正为朝野所重,士大夫提起他来,都是赞不绝口,刘克庄在《行状》中称他为官以来,"言议出处,动关世道,谏书传四夷,名节当世三十年间,天下莫不以

---

1 (明)万民英:《星学大成》卷十八《三辰通载》。

2 (宋)刘克庄:《后村大全集》卷一百六十八《真文忠公行状》。

为社稷之荩臣，道德之宿老"。《三辰通载》是杂录汇集唐宋流行的星命著作，书中这些星命文字是真德秀时代正流行的。在知道其中所说的自己命里有"不忍奸欺，不妄求，不过贪"的性格，真德秀肯定会更加强化自己不偏不党的为官处事原则。

更绝的是，他早年虽得大名于天下，但因韩侂胄、史弥远相继专权，他一度曾受到连续多年的打压，但最后有惊无险地平稳度过了。青词中"材乏寸长，积玷朝廷之宠；咎盈百谪，乃保山林之安"，说的就是这段暂时失意的阶段。不过他的这些挫折，都是有惊无险。这段时间反倒给了他安静读书、思考的绝佳机会，让他可以"优游问学""持养身心"。这终使得他学问日进，名声日高，为他将来被重用打下名望的基础。

理宗亲政以后，崇重理学，真德秀则以精通理学为朝野所重，在中年以后渐得到朝廷重用，晚年还朝，身系天下之望，当过翰林学士，知过贡举，最后官至参知政事（副宰相）。确实也如命书所说，"福禄兼全，有灾无虞"。跟命书所说的美好相比，真德秀的人生唯一美中不足的就是他只活了五十八岁，算不得"寿算长远"。但古人年过半百，已是老朽，他年近六旬而逝，也算是大部分人能达到的"长寿"水平了吧！

此外，最能表明星座算命术已经从外来技术内化为中国本土技术与文化的例子，就是摩羯座命运的反转。本来韩愈、苏轼在星命占算中发现自己是摩羯座，是为了排解自己的"命不好"，因为在星座算命术里，摩羯座并不是什么好命。韩愈和苏轼命撞摩羯，两人都自认倒霉。可他们二人，虽然官场不顺，却才华横溢，名满天下，成为无数文人士子艳羡的偶像。渐渐地，在宋代士人看来，能跟他们同病相怜也是一种与有荣焉的福报了。

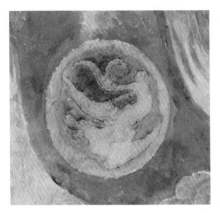

图4-14　敦煌壁画中的"摩羯座"
莫高窟第61窟甬道南壁

　　南宋中期当过宰相的周必大，一生驰名文坛，而且官运也不错，可他却老是想跟韩、苏二人一样也作摩羯座人。他常在诗文里感叹自己和他们"星辰偶同"，命中注定不是富贵命，所以"宜退不宜进"。他在诗里说："亦知磨蝎直身宫，懒访星官与历翁。岂有虚名望苏子，谩令籤恶似韩公。"言下之意是说，自己是摩羯座的命，自己也认命了，不必再找算命的术士占算命运了。他自嘲说，有了这个命，不求跟韩愈、苏轼一样名满天下，但求不像他们二人那样颠沛流离就好了。[1]

　　话虽如此，可他在诗里流露出来的，不是对摩羯座人命运不济的失望，而是有点暗中高兴和低调炫耀的味道，因为一个文人可以遭遇韩愈和苏轼的人生，也算是不虚此生了吧！不过周必大的命算得并不准，他跟韩、苏二人还真不一样，他就是大富大贵的命，先

1　《周必大集校证》卷四《青衣道人罗尚简论予命宜退不宜进甚契鄙心连日求诗为赋一首》，第47页。

是掌朝廷诏令多年，后来又当过孝宗朝的宰相，最后全身而退，富贵令终，他的命可好得很啊！他真实的命运和他用星命"想象"的命运，差别这么大，这里显然出了什么问题。

按，周必大生于靖康元年（1126年）七月十五日巳时（8月5日早上九时至十一时），此时的月亮其实正好位于地平线下方的宝瓶座附近，离摩羯宫还远得很。因此，他其实差一点才是摩羯座人，正确地说，他的身宫是宝瓶宫，不是摩羯宫。他是属于硬要来凑这个热闹的。

南宋晚期的方大琮，以开禧元年（1205年）的省试第三人及第，历任南剑州学教授、江西转运司参议官，将乐、永福知县，太府寺丞、右正言、起居舍人兼国史院编修官、实录院检讨官兼权直舍人院等职。他的官运不算好，但也不算差，可他在给朋友的书信里，老强调自己是摩羯命。

他说自己"枯槁余生，逢春已晚；奇穷薄命，任斗不神。惟磨蝎所莅之宫，有子卯相刑之说；昌黎值之而掇谤，坡老遇此以招谗。而况晚生，敢攀前哲。"[1]这些话表面上说的是自己成了摩羯座人，会不幸地跟韩、苏一样，招来小人的忌恨和陷害。但他的言辞之间，分明是有些沾沾自喜的，因为名满天下，才会谤满天下，如能有韩、苏二人的成就，招点口舌是非，对于宋代的文人才子们而言，怕是也会甘之如饴的吧。

值得注意的是，他的这段自嘲的话里也把八字算命法的子、卯相刑的观念混在星命之中了，可见这时星座算命术已和中国古代传统的数术结合在一起了。

1（宋）方大琮：《铁庵集》卷十二《生日回王正字》。

未来不必更臆度

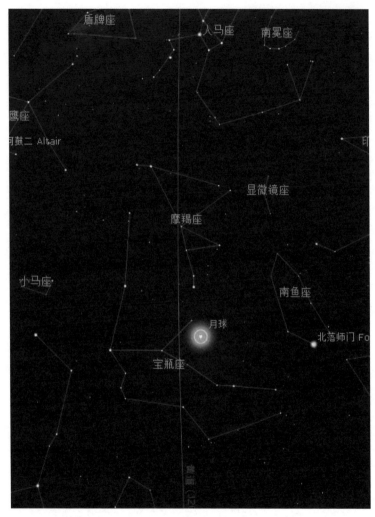

图4-15　用Stellarium模拟周必大出生时的星象图

宋朝最后一个摩羯座的名人，可能是大名鼎鼎的文天祥。他曾写诗给朋友述说自己的命数与志向，诗曰：

> 磨蝎之宫星见斗，簸之扬之箕有口。
>
> 昌黎安身坡立命，谤毁平生无不有。
>
> 我有斗度限所经，适然天尾来临丑。
>
> 虽非终身事干涉，一年贝锦纷杂糅。
>
> 吾家禄书成巨编，往往日者迷几先。
>
> 惟有一轩曾正德，其说已在前五年。
>
> 阴阳造化荡昼夜，世间利钝非偶然。
>
> 未来不必更臆度，我自存我谓之天。[1]

文天祥知道，黄道十二宫体系的摩羯宫，对应二十八宿的"斗宿"，二者在星命上是等值的。他也知道摩羯座的命格容易招来口舌是非，韩愈、苏轼的命运，再次成为他认知摩羯座命运的样板。

文天祥到底是写过《正气歌》的人，他一身正气，以天下为己任，而不沉迷于功名富贵，求神问卜之心就淡得多了。在他看来，世间算命的方法千变万化、难以捉摸，算命先生也常常弄不明白，纠结于此，是没有意义的。最后这句"未来不必更臆度，我自存我谓之天"，颇有天命在我的气度，气象之大，绝对超过大多数宋代士人的三观。在他看来，是祸是福，既然早已天定，又何必自寻烦恼，妄图探求天机，希冀预知吉凶呢？一个真正的儒者，个人是贫穷还是富贵，本不足忧，做好自己该做的事就行了。

---

1 （宋）文天祥撰，刘文源校笺：《文天祥诗集校笺》卷二《赠曾一轩》，中华书局，2017年，第135页。

文人士大夫们纷纷以摩羯座的命运自伤自怜，不过是因为韩愈、苏轼的"文名"，他们说自己命不好，多是为赋新词强说愁，想要表达的无非是自己命里也有如韩、苏二人那般惊世绝艳的文才。

韩、苏二人与斗宿（摩羯宫）结缘，使得一些不明就里的术士以为这是星命学上的好事，甚至以"大月当斗"来称呼这一命格。宋代有专门讲星命格局的书《紫府珍藏命总龟》，明代丁无咎又将各种星命格局进行整理汇编，著成《紫府珍藏命总龟续集》一书，收录了诸如"五星连珠""文章合璧"等多种星命格局。该书对"大月当斗"的解释是，"韩昌黎云：'愈生之辰月宿斗。'东坡亦身在磨蝎宫。故知月宿于斗，最出文人才子也。"[1]这下摩羯座终于成了"最出文人才子"的星座了！

---

1 （明）万民英：《星学大成》卷二十三《紫府珍藏星命总龟续集》。

五

不知润笔能几

——碑志行状与宋代文人的笔墨营生

开皇初年，被贬在外有一段时间的郑译终于盼来了隋文帝允许他回京的诏书。他兴奋不已，立即治装启行，不久之后就赶到了京城外的醴泉宫，见到了正在这里"度假"的隋文帝。

郑译和隋文帝关系匪浅，史称"高祖与译有同学之旧，译又素知高祖相表有奇，倾心相结"。郑译既是隋文帝的老同学，又是他的"小迷弟"，虽然郑译的实际年龄还要比隋文帝大一岁，但谁叫隋文帝一表人才、骨相非凡呢！当初北周宣帝壮年暴毙的时候，郑译是宣帝身边最信任的"大秘"，是他在第一时间将宣帝的死讯透露给杨坚，还利用起草遗诏的机会，篡改诏书，才让当时还是"随"国公的杨坚后来成了大"隋"皇帝。

杨坚能够在宣帝死后的关键时刻，获得北周朝廷的最高权力，郑译功不可没。事后，郑译成为隋文帝最大的功臣之一，也深得文帝的信任，"出入卧内，言无不从，赏赐玉帛不可胜计"。可惜好景不长，郑译为人轻险，做事极不靠谱，升官以后，不务正业，成天想的就是怎么发财，"不亲职务，而赃货狼藉"。他还在家里招引术士搞

"封建迷信活动",犯了王朝政治的大忌,引起隋文帝的不快。

压垮他的最后一根稻草,是他被人告发不孝——"与母别居"。不久,他遭到御史台的弹劾,被撤销一切官职,居家思过。隋文帝为了感化他,特意下诏说:"译嘉谋良策,寂尔无闻,鬻狱卖官,沸腾盈耳。若留之于世,在人为不道之臣;戮之于朝,入地为不孝之鬼。有累幽显,无以置之,宜赐以《孝经》,令其熟读。"

隋文帝在诏书里,先把他骂了一顿,说他身为天子近臣,为国家出谋划策的好事,一件都没干,贪赃枉法的事却干得天下尽人皆知。接下来的话说得更重,"留之于世"和"戮之于朝"的话都说出来了,像是要对他下杀手了。可最后只是高高举起,轻轻放下,果然还是自家兄弟,骂骂就算了。隋文帝别出心裁地想到一个让他改过自新的办法,送一部《孝经》给他,让他在家好好读书,好好反省。并下令让他痛改前非,从此以后必须跟母亲住在一起。

犯了这么多的重罪,要是别人,可能早就性命不保了,就算死罪可恕,活罪也难逃,可郑译却只是回家读书而已。没过多久,他又被重新起用,出任隆州(今四川阆中)刺史。上任之后,他又上书说自己有病,想回京城调养,隋文帝竟然答应了。

郑译到了醴泉宫以后,隋文帝大摆宴席,君臣相得甚欢。酒足饭饱之际,隋文帝还对郑译说出了"贬退已久,情相矜愍"的话,意思是之前罢你的官,我也是情非得已,你走了之后,我其实是很想你的。说完之后,就下令恢复郑译"沛国公"的爵位。隋文帝还对围在身边的侍臣们解释说:"郑译与朕同生共死,间关危难,兴言念此,何日忘之!"两个人在一起做过好事,不见得是好朋友,但两个人一起干过坏事,那一定是铁哥们。郑译与隋文帝一起干过篡位的勾当,确实称得上是过命的交情。

图5-1 《华灯侍宴图》局部　台北故宫博物院藏

郑译听了隋文帝的这番"同生共死""何日忘之"的深情表白后，也是激动得赶紧举起酒杯大呼万岁——"奉觞上寿"。常言道，酒后戏言当不得真，隋文帝为表诚意，在喝了郑译的敬酒之后，下令让担任内史令的宰相李德林当场撰写恢复郑译封爵的诏书。这时在一旁的另一位宰相高颎见状，开玩笑地对郑译说："李内史的笔有点干。"

"笔干"，表面的意思是墨没了——笔尖干枯，自然无法写字。这句话的真正的意思是说郑译吃这一顿饭，得了一个"国公"的爵位，你倒是爽了，可人家李德林却还要在宴席上加班工作为你写诏书呢，所以郑译作为受益人，不是去帮李德林的墨加点水就行了，而是应该出点"血"表示表示才行。

郑译也懂得他们是想要钱，可他生性贪财，又一毛不拔。面对这种情况，一般人是很难当场拒绝的，但他居然可以不用花钱也把事办成了，足见此人还是有些小聪明的。他以自黑的方式，接了高颎的话，却没有接他的招。他说："出为方岳，杖策言归，不得一钱，何以润笔。"意思是说，自己外任刺史不久，现在又刚刚回来，身上一分钱都没有，没法替李德林"润笔"。隋文帝听后，被郑译这番接话而不接招的机智回答，逗得哈哈大笑。[1]

郑译自己大概想不到，他的这句玩笑话，在后来会成为中国古代文人士大夫最熟知的典故。从此以后，中国人将文学写作所得的报酬就称之为"润笔"。唐宋以来，在"润笔"一语的基础上，又衍生出"润毫""濡毫""濡润"等词汇，表达的都是相当于今日稿费、稿酬的意思。

中国古代社会对"文"的期待极大，文学的地位极高。就连身为皇帝的曹丕还有"文章经国之大业，不朽之盛事"的执念，何况一般文人了。所谓"古之作者，寄身于翰墨，见意于篇籍"，皆是心有所得，意有所发，而见诸笔端。诗文的价值，首先在于它有着破除时空阻隔的强大穿透力，个人的生命是有限的，而文学的生命是无限的，"年寿有时而尽，荣乐止乎其身。二者必至之常期，未若文章之无穷。"

其次在于它赋予了"作者"在流芳千古上的自主性。普通人想要让别人知其名，必须依靠良史的宣传而青史留名，或仗着权势富贵而天天上头条。但如果一个人的"文章"足够好，他也是可以做到"不假良史之辞，不托飞驰之势，而声名自传于后世"的。[2]

1 （唐）魏征等：《隋书》卷三十八《郑译传》。

2 （魏）曹丕：《典论·论文》。

文人写文章，不是图一时之利，而是求千古之名。写诗作文，要钱谈钱，岂非捡了芝麻，丢了西瓜。春秋战国以来，迄至两汉，中国古典文学的经典层出不穷，绝不是为了赚稿费。孔子编《春秋》，司马迁著《史记》，他们写这些传世之作，岂是为了赚钱！不过，文学被当成一种商品，有了价格还可以进行市场交易，这其实是社会进步的标志。

　　宋代商品经济发达，文人群体又从贵族阶层扩散到平民之家，卖文为生，是很多普通文人维持日常生活的一种方式。北宋后期，京城里有人编段子嘲笑宰相，官府出榜厚赏以抓捕"造谣者"。有人怀疑这事儿是开封城中以卖诗为生的张寿干的，把他抓起来送到开封府衙。府尹审问的时候，张寿大呼冤枉，他说："某乃于都下三十余年，但生而为十七字诗，鬻钱以糊口，安敢嘲大臣。纵使某为，安能知此著题。"[1]

　　张寿靠写诗卖钱糊口，可以在京城生活三十年，可见诗文买卖的需求之大。张寿卖诗的情况，洪迈在《夷坚志》里也提到过："张山人自山东入京师，以十七字作诗，著名于元祐、绍圣间，至今人能道之。其词虽俚，然多颖脱，含讥讽，所至皆畏其口，争以酒食钱帛遗之。"他的"十七字诗"，没有一首留传下来，倒是他死后，有人在他的墓侧题有一诗，其辞曰："此是山人坟，过者应惆怅。两片芦席包敕葬。"这诗刚好十七字，可见他的诗，不是什么"正经"的诗，字数跟常见的五言诗、七言诗，都对不上。他的诗以言语犀利、语含讥讽著称，是类似于"顺口溜"一样的打油诗。大家都怕他在诗里编排自己，所以才会争相用钱财来收买他。

1　（宋）王辟之：《渑水燕谈录》卷十《谈谑》。

不知润笔能几

当然，更多的文人，还是写正经的诗文售卖。宋代笔记《东南纪闻》记载，"昔有诗客朱少游者，在街市间立桌卖诗，以精敏得名"。有一天，有一个士人让他以"掬水月在手"一句为主题写一首诗，他听后不假思索，马上吟诗一首，其辞为："十指纤纤弄碧波，分明掌上见姮娥。不知李白当年醉，曾向江边捉得么。"掬水月在手，是唐人的名句，他把李白的典故化用其中，辞意巧妙。又有人"持芭蕉一茎"，前来请他作诗，他即提笔写下："剪得西园一片青，故将来此恼诗情。怪来昨夜窗前雨，减去潇潇数点声。"朱少游能够信手拈来，下笔成诗，可见当时民间也不乏诗文高手。

宋代文学的发达，还有一个明显的表现就是女性文学的繁荣。事实上，宋代士大夫家的女性多有读书的习惯。在传世名画《女孝经图》中，那位女子的几案上就放着几本书籍，可见她有空是会经常读书的。整个宋代，著名的女诗人层出不穷，既有像李清照、朱淑真这样家喻户晓的名家，也有很多能诗会文但名声不大的才女。如曹希蕴，曾"货诗都下"，也就是在京城卖诗为生。有人以"新月"出题，让她作诗，其诗为："禁鼓初闻第一敲，乍看新月出林梢。谁有宝鉴新磨出？匣小参差盖不交。"[1]

宋代的大城市里，也有卖文的店铺。《梦粱录》里有载，南宋的临安城，"太庙前尹家文字铺"，即是买卖文章的店铺。南宋诗人陈藻，在写给故乡友人的诗里，曾戏称破产没钱后，可以回老家开店铺卖文为生——"我家已破出他乡，如连如卓方阜昌。岂料囊金随后散，一齐开铺鬻文章"。[2]

---

1 （宋）佚名：《桐江诗话》卷十二。

2 （宋）陈藻：《乐轩集》卷二《赠故乡人》。

图5-2 《女孝经图》局部 故宫博物院藏

　　宋人洪迈考证,"作文受谢,自晋宋以来有之,至唐始盛"。这说明汉晋之际,中国社会发生了重大变化,世道突变,文化下移,过去独属于上层贵族的文学创作,开始越来越多地进入寻常百姓之家,六朝以来,"旧时王谢"可以吟诗作赋,"寻常百姓"也可以舞文弄墨,"文"不再是上层贵族独享的特殊技能了。

　　我们试想一下汉魏时代的情景,曹丕当然不会为了赚钱去写文章,对他来说,流芳千古,远比日进斗金更加重要。王、谢等家,亦复如是。"润笔"一词诞生于高颎为李德林向郑译索要"稿酬"的戏笑之中,一个宰相为另一个宰相向皇帝的宠臣要加班费,一个敢要,一个还敢不给。这个故事,几个主角如果换成王、谢这样的世

不知润笔能几

一

家大族的话，应该是另外一种画风了。或者，这样的情节在他们身上根本不会发生。

文学的平民化，是文学商品化的前提。文学的商品价值，本质上在于它可以给人们提供一种独有的精神享受，而这种享受还可以花钱买到，尤其难能可贵。精神享受，往往比物质享受更难获得。通常情况下，文人雅士的快乐，是贩夫走卒所不能想象的。自六朝以至隋唐，文人群体的扩展，使得创作文学的人和享受文化的人也在不断地扩大，当文学的生产和享受的参与频次及参与人数扩展到足够大、足够多的时候，文学的商品化就具备实现的可能了。

* * *

宋代社会，中国基本上已进入平民社会，文学早已成为凡夫俗子们都可以享受得到的精神生活。更为重要的是，提供文学服务的文人，也不再是吃喝不愁的上层贵族。宋代急速发展的科举事业，造成了大批出身平民但又具有高超的文学造诣的文臣。

太平兴国五年（980年），出生书香门第的苏易简，因为"少聪悟好学，风度奇秀，才思敏赡"，轻而易举地通过了发解试，获得了到京城参加省试的资格。在举行进士科考试时，宋太宗为了向全天下宣示"崇文重儒"的态度，会亲自"临轩覆试"参考的士子。苏易简在考试中挥洒自如，不一会儿就写好了一篇三千字的文章上交。太宗看后，称赞不已，钦点了他为今科状元郎——"易简所试三千余言立就，奏上，览之称赏，擢冠甲科"。

苏易简以其文学才华很快就受到了太宗的赏识，在中状元四年后，即太平兴国八年（983年），他被授予"知制诰"之职，开始担任为皇帝和朝廷撰写诏书的工作。雍熙三年（986年）他被提拔为翰林学士，成为为皇帝草拟重要诏令、侍从皇帝左右以备顾问的亲近重臣，这时离他考中状元才不过六年。

苏易简出身普通，他的父亲苏协原来出身于绵州盐泉县的一个普通家族，后来才考中后蜀政权的进士，苏家虽然是诗书传家，可并不是什么富贵人家。不久，北宋灭亡后蜀，苏协与后蜀旧臣一起被北宋政府接收。入宋以后，苏协长期沉沦下僚，只能在基层州县担任属官，直到后来苏易简发达了，他才沾儿子的光，被提升为"开封县兵曹参军"。可见他此前在州县当的属官，应该都是一些八九品的县级佐官而已。[1]

没有富贵家族的财力支持，苏易简迅速发达之后，遭遇的最尴尬的窘境竟然是"穷"。堂堂的翰林学士，会因为没钱而生活困难，这大概是破格提拔他的宋太宗没有想到的吧。几十年后，苏易简的儿子苏耆回忆说，太宗有一段时间竟然担心苏易简入不敷出，怕他生活困难，特地出面制订了翰林学士的"草麻例物"：

> 草麻润笔，自隋唐以来皆有之。郑译，隋文时自隆州刺史复国公爵，令李德林作诏，高颎戏之曰："笔头干。"译答曰："出为方伯，杖策而归，不得一钱，何以润笔？"近朝武臣移镇及大僚除拜，因循多不送遗。先帝以公久在内署，虑经费有阙，特定草麻例物，朝谢日，命阁门督之，既得，因以书进呈，自是无敢有阙者，迄今以为定制。[2]

1 《宋史》卷二百六十六《苏易简传》。

2 （宋）苏耆著，黄宝华整理：《次续翰林志》，大象出版社，2019年，第191页。

所谓"草麻例物",就是翰林学士撰写诏书时的报酬,也就是"润笔"。因为翰林学士起草的诏书一般是书写在麻纸之上,而例物,就是按惯例送的钱物。换句话说,这是太宗亲自下场,帮苏易简创收增收。

翰林学士在起草官员的官职晋升诏书时,是有润笔可拿的,这是一笔相当可观的在工资之外的收入。起草诏书,其实是翰林学士的本职工作,遇有朝廷重臣加官晋爵的情况,通常会由翰林学士负责草拟诏书,对外发布正式的任命状——"告身"。这时获得升迁的官员,为表示感谢,通常会送翰林学士一些钱物,是为"润笔"。

严格来说,翰林学士收取升了官的大臣赠送的润笔,既不是加班费,也不算是奖金,而是利用职务之便,收取工作中被自己"服务"对象的好处费。这有点像多年以前医院里的医生、护士收取病人"红包"。这其实是一种灰色收入,本不值得鼓励和提倡。

如唐敬宗时担任翰林学士的路随,他在每次写完官员的升官诏书后,就会有官员来送钱送物,向他表示感谢。这时路随都会义正

图5-3 《司马光告身》局部　台北故宫博物院藏

严词地予以拒绝，他的理由是："吾以公事接私财耶？"翰林学士是朝廷官员，本就拿了朝廷的俸禄，怎么能再私自收取"润笔"呢？这就如医生本就从医院领了工资，我们即便体谅医生的工作辛苦，想要增加医生的收入，也只能是让医院给他发点奖金，而没有道理让医生去收病人的红包。路随的话，就是想表明，他不会因为履行本职工作，而在私下接收额外的钱财。

路随不肯收润笔，而且还要严词拒绝，这说明当时的潜规则是大部分的翰林学士是收的，而且收了不违规、不违法。事实上，按照苏耆的说法，翰林学士草拟诏书，收取升迁官员的钱财，并不是从苏易简开始的，而是一个早已有之的旧例。

不过，苏耆所说的官员们在得到加官晋爵的制词后，对翰林学士不再肯送钱的"近朝"，究竟是指什么时候，因其语焉不详，我们还需再琢磨琢磨。唐末五代以来，骄兵悍将横行，文臣地位骤降。武臣们的官爵，虽是朝廷所命，但在藩镇割据、军阀混战的局面下，大多是自己辛苦打拼出来的，朝廷的"委任状"不过是走个过场，让他们给起草诏书的翰林学士送润笔，当然是不可能的。有了武臣不肯给钱的榜样在先，其他大官自然是有样学样，也不肯给钱了。于是，渐渐地翰林学士就收不到润笔了。

南唐时，抚州节度使李德诚被授予司空的加官，镇守临川，由翰林学士殷文圭草拟制词，事后，"德诚濡毫之赂，久而未至"。李德诚大概是不想花这个钱了，所以一直拖着不肯把润笔钱给他。殷文圭竟然写了一首诗去催账，诗曰："紫殿西头月欲斜，曾草临川上相麻。润笔已曾关奏谢，更飞章句问张华。"[1]

---

1 （宋）阮阅：《诗话总龟》前集卷十八。

诗的意思是，我曾在宫里挑灯加班，为的是给你的司空（司空在唐宋时代，也是宰相之职，故以"上相"称之）加官草拟诏书，润笔的事情，我们曾经沟通过了，以你的学问，不至于不知道吧？西晋的张华也曾经当过司空，且学问大，见识广，最后一句提到张华，不过是为了刺激一下李德诚，让他赶快把钱送来。时人都认为，殷文圭此举，毫无士大夫该有的矜持，是有损节操的行为。因为人家可以主动给，但你不能厚着脸皮去要。

与殷文圭不同，宋太宗这次亲自下场，却极受士林舆论的赞扬。太宗以皇帝之尊，亲自帮助翰林学士向获得了升迁的官员讨要润笔，不但督促他们及时把润笔结清，还规定了润笔钱物的数量，从此成为宋朝的"定制"。翰林学士为什么敢收个钱，太宗为什么会提倡翰林学士公然在履行公务的时候收受"红包"呢？

首先，翰林学士是清要之职，虽然天天可以和皇帝泡在一起，比较接近权力中心，颇有些位高权重的意思，素有"内相"之尊称，但他们的工资不高，生活不易。这种情况其实不只苏易简一人。北宋前期，不少翰林学士都叫过穷。如另一位才子杨亿，在大中祥符六年（1013年）担任翰林学士时曾吐槽生活困难，有"虚添甘泉之从臣，终作若敖之馁鬼"[1]之叹。

汉代帝王常到甘泉宫度假，有幸跟从前往的，都是皇帝的近臣，翰林学士是皇帝的喉舌和顾问，经常要与皇帝在一起，所以君臣关系最为亲密。杨亿借"甘泉从臣"的典故，是想表达自己只是表面风光而已，实际上家里穷得揭不开锅，最后恐怕是以饿死鬼收场。宋朝在历史上一直以"高薪"著称，但宋初经五代之乱，经济

1　（宋）洪迈：《容斋续笔》卷十六《唐朝士俸微》。

尚处于恢复期，官员的工资普遍不高。

杨亿此前在咸平年间做"知制诰"时，就曾上书宋真宗，反映朝中官员工资微薄，生活困难之状："自唐末离乱，国用不充，百官俸钱并减其半，自余别给一切权罢。官于半俸之中已是除陌，又于半俸三分之内其二分以他物给之，鬻于市廛，十裁得其一二，曾糊口之不及，岂代耕之足云？"

他这段吐槽的话，可谓道尽了宋初官员的窘态。从唐末战乱以来，朝廷财政困难，于是官员工资一律在原来的基础上打了个五折，而且现在只拿死工资，以前的额外津贴也都没有了。可就是这样打半折之后，官员们的工资还被分成两部分：一是实发工资，就是直接发现钱，这部分只占三分之一；另外的三分之二都是用"折变"的方式发放，就是不发放现钱，而是用某些实物抵价。官员们拿到实物以后，还要去市场上卖了才能换钱，官员大多不善做生意，本来值十块钱的东西，官员们往往只能卖到一两块钱，因此生活更加困难。

简单算一下可知，宋初官员的工资，经打折、折变等一系列操作缩水不少。如果假设唐代的工资为一万，那么到了宋初，官员实得的工资只有两千多了，实际缩水了75%以上。宋代官员的待遇是逐渐上涨的，第一次大规模涨薪是在真宗大中祥符元年（1008年），此后不断增加，到南宋中后期，据宋代官员自己说，此时收入已"七八倍"于北宋了。有意思的是，杨亿说自己要当"饿鬼"的时候，已是大中祥符元年大涨薪之后，既然涨了薪，翰林学士为什么还是哭穷呢？

这事得从翰林学士这一职位的历史说起。翰林学士不属于传统的三省六部的政府体系，而是唐代中期皇权强化以后，为方便皇帝办公增设的，其性质相当于皇帝的"秘书"，是没有纳入到国家公务员编制系统的，没有固定的品级，实际上相当于没有工资。他们的品级和工资，都是由他们自己所带的本官决定的，而翰林学士本官的品级往往不高。如苏易简，最初当上翰林学士的时候，本官只是祠部员外郎，两年后才晋级为祠部郎中，直到后期，他的本官才升级为礼部侍郎。[1]所以，他们以小官当大任，俸禄不高，也属正常。

另一方面，翰林学士当时的收入不高，但其工作的劳动强度却很大，日常工作特别辛苦。朝廷每天需要拟写的诏书数量多，时间紧，翰林学士不但要会写文章，而且还要写得快，如果没有点才思敏捷的文学天赋，是干不下这个工作的。如与苏易简同时代的韩丕，也是进士出身，平时也有文名，但当上翰林学士之后，却"终于迟钝不敏于用，俄罢职"。另外，对于一些重大事项的宣布和重要的人事任免的发布，为了保密，翰林学士当夜还会被锁在学士院里出不来（称为"锁院"），熬夜加班乃是家常便饭。因此，他们微薄的收入就显得尤其不和谐了。

同时，宋代翰林学士草拟的诏书，并不是后世那种干巴巴的公文，而是代表皇帝宣示天下的大文章。宋代的诏令文章，沿袭唐代，其文体都是用的华丽典雅的四六文，不但句式固定，而且要有属辞比事的用典，要有对仗押韵的声韵之美。这对于写作者来说，也是不容易的。

仁宗时的翰林学士彭乘，因为文才有限，常图省事，结果他草拟的诏书经常闹笑话。有一次有边关将领上奏请求入朝面见皇帝，仁宗决定让他等秋天凉快一点了再来京，让彭乘按此意拟写诏书，

---

1 （宋）钱若水：《宋太宗实录》卷四十三。

结果他拟写的诏书有"当俟萧萧之候，爰堪靡靡之行"之类的句子。这种对仗，毫无技巧可言，纯靠堆砌字词，硬凑成文，生涩而无味道。但这么写，可以不动脑筋，犹如作文的万能公式一般。所以他草拟诏书时，往往就把这种对偶句，像狗皮膏药一样到处贴。

如有一次田况被委派到成都去当知府，碰上蜀地正在闹饥荒，饥民流离失所。田况刚走到剑门关，看到这个情况，不等朝廷的命令，就下令开仓赈灾，然后上书仁宗请罪。彭乘代仁宗草拟的"批答"诏中，又有"才度岩岩之险，便兴恻恻之情"之语。他的这些"段子"成为朝廷大臣间口耳相传的掌故，他死后，有人在给他送的挽词中，故意调侃他"最是萧萧句，无人继后风"。[1]

诏书文章的写法，往往要求不能直说其事，而要用历史上类似的事情进行类比，这就要求作者不但要掌握大量历史典故，还要能精准地把这些典故运用到当代所发生的事情上。如景德年间，大将李继隆的小儿子夭折，李继隆非常伤心，真宗为表示关心，让翰林学士草拟一份诏书去安慰他。诏书其中一句写的是"当极卜商之恸"，真宗看了这个措辞后，当即对草诏者予以了严厉的批评。

卜商，即子夏，为孔子的弟子。子夏晚年死了儿子，悲痛不已，把眼睛都哭瞎了。初看起来，用子夏的丧子失明比拟李继隆的丧子之痛，好像也没啥问题。但这个典故的寓意，却不是正面的。因为《礼记》记载，子夏丧子失明之后，曾子前去吊丧，子夏抱怨说："我有什么罪？老天爷要这么惩罚我！"曾子听后，非常生气，当场怒斥他说："我们俩以前跟着夫子学习，后来你回到家乡，以教书为生，搞得老百姓以为我们的老师、大名鼎鼎的孔夫子可能也就

---

1 （宋）魏泰：《东轩笔录》卷九。

不知润笔能几

285

图5-4　卜商像　台北故宫
博物院藏

跟你差不多吧！你的做法，有损老师的形象，这是其罪一。你父母
去世的时候，老百姓都不知道，说明他们去世的时候，你什么都没
做，既没办丧事，也不够伤心，所以大家都没感觉。如此不孝，其
罪二。现在你死了儿子，居然把眼睛哭瞎了，你如此放纵自己的感
情，才会伤心过度，说明你的修养还没到家，其罪三也。而最糟糕
的是，你犯下这么多的错误，居然还觉得自己没错！"

　　在这个典故里面，子夏为儿子的死伤心，是不符合儒家提倡的
伦理的。因为儒家认为儿子死了，伤心是可以，但不可过度伤心，
伤心得损害自己的身体，就属"哀毁过礼"了。翰林学士用"卜商
之恸"来比拟李继隆的丧子之痛，有骂人之嫌。真宗看后说："你把
子夏失明的故事用到这里不妥，李继隆也是读过书的（他是看得懂

这个典故背后的负面意思的），让他看到了不好。"这位翰林学士显然没有要羞辱李继隆的意思，他之所以这么写，纯粹是学识不到位，用典用错了，而帮皇帝写诏书，出现这种情况，是要犯重大政治错误的。[1]

因此，能把翰林学士的工作好好干下来的，在文人士大夫的心目中，那都是拥有杰出的文学才华之士。宋真宗曾说："词臣，学者宗师也。"[2]翰林学士是整个朝廷中最有文采的官员，他们收入太低，生活困难，那不就是在打脸宋朝崇文重儒的国策吗？事实上，翰林学士的润笔，不只是钱财收入，更是一种荣耀，宋太宗亲自替翰林学士索要润笔，则是在以实际行动，以身作则地提高文学词臣的地位。

※　※　※

太宗定下的翰林学士草拟诏命的润笔制度，主要包括两个方面的规定：一是支付润笔的官员，是四品、五品以上，如给事中、谏议大夫、诸阁待制以上的官员，这些人在得到翰林学士所草拟的诏书后，需赠送润笔；二是润笔的数量是有额度的，这实际上是对润笔这种"灰色收入"的一种规范。

翰林学士草拟的诏书，是以帝王的口吻写的，传达的是皇帝的旨意，一定程度上也代表了朝廷的风向。这些诏书，虽然多是任命状性质的公文，但诏令中的文辞，往往一言足以成褒贬之论，是可以影响到被任命官员的舆论形象的。

如宁宗开禧北伐失败，史弥远联合后宫和禁军将领发动宫廷政

---

1 （宋）李焘：《续资治通鉴长编》卷五十九。

2 （宋）李焘：《续资治通鉴长编》卷七十一。

变，杀死权臣韩侂胄，事后史弥远顺理成章地成为新的权臣。真德秀在为史弥远出任"光禄大夫、右丞相兼枢密使兼太子少师"而草拟的制词中，先是夸他"当群枉之横流，仗孤忠而首奋。不为祸福之虑，独陈社稷之言"。这是把他当年发动政变、杀死韩侂胄的行为美化为为了朝廷社稷的安危而不计个人得失的敢作敢当。

事实上，史弥远大权在握之后，专权擅政，结党营私，南宋朝廷在他的控制之下，对外屈膝投降，对内残酷剥削，国势日衰，民生凋敝。对此，真德秀是看在眼里的，所以在制词的最后，他一方面把史弥远比作历史上名声最好的两个权臣——周公和伊尹，给足了他面子；另一方面，他又以周公、伊尹的兢兢业业和爱民如子，提醒他掌权之后要为国为民做些好事。其辞曰："四事未施，则周公坐而待旦；一夫弗获，则伊尹视如内沟。勉行所知，无媿前哲。"[1]

可以说，这则制词，在字里行间反映出当时士大夫群体跟史弥远的微妙关系，也表明舆论对史弥远的风向要变了。

真德秀为人老成持重，即使想有所褒贬，也不会做得太出格。但也有做得比较出格的人，如李巘。孝宗末年周必大被任命为左丞相、留正为右丞相的时候，李巘正好当值草诏，当时的制书，就是他写的。其中，给周必大的制词，"多所训饬，至有患失容身之语"，吓得周必大觉得自己这回升官升得莫名其妙，以致不知所措。

患得患失，是小人的心态，孔子曾称之为"鄙夫"。《论语·阳货篇》中有言："子曰：'鄙夫，可与事君也与哉？其未得之也，患得之；既得之，患失之。苟患失之，无所不至矣！'"而"容身"之语，更是过分。西汉的田千秋身为丞相，遇事不敢直言，只知爱身，

---

1 （宋）真德秀：《西山文集》卷十九《史弥远特授光禄大夫右丞相兼枢密使兼太子少师加食邑食实封制》。

图5-5　周必大像　台北故宫博物院藏

不知爱国，在《汉书》里曾遭非议，汉代的人都很看不起他的为人，甚至有人还说："车丞相即周吕之列，当轴处中，括囊不言，容身而去，彼哉！彼哉！"

　　周必大看到自己的"任命书"被写成这样，以为是孝宗对他有什么意见，当即"三上章力辞，又四章求去"，一连七次上书表示，诏书这样说自己，不敢就任左丞相之职。他对孝宗说："暨读训词，有患失容身之戒。臣心魂飞越，无地措躬。"李巘在命相制书里擅用"患失容身"的典故，着实把周必大吓得不轻，"盖以孔子所谓鄙夫，乃无所不至之人；田千秋之容身，班固以'彼哉'诮之"。这些典故，大家都耳熟能详，周必大说，皇上如果认为我是这样的人，我怎么还敢去做百官之首的左丞相？

　　何况周必大这次是和留正一起被任命的，两人命相的诏书也是同时下发的。周必大说："中外臣庶明知两相制书抑扬不同，在于人

不知润笔能几

289

情，宁免观望？"朝廷官员、天下臣民看到诏书上如此明显的一褒一贬，大家要是胡乱揣测朝廷风向，也是人之常情，我就算勉强就职，也是干不长的，还不如现在就主动请辞为好。

就因为在诏书中用词不当，在人事更替的敏感时刻引起了一场不必要的政治风波。孝宗接到周必大的"申诉"之后，立即召见李巘，让他修改制词，并亲自出面安慰周必大。他在周必大的辞呈上亲笔批复道："朕登庸元辅，委任尤深。邅上词章，实难从允。"孝宗亲自表态挽留，总算把这场风波平息了下去。

事后，有人问起孝宗这到底是怎么回事，孝宗也一脸无奈地说："朕何尝令如此措辞！"可见这绝不是孝宗的意思。后来大家猜测，李巘也不是故意的。周必大事后冷静下来，连自己也说，这事"恐是一时遣词徇用前例"，也就是说是李巘"偷懒"所致。因为命相诏书，本来就有"模板"，很多时候，为求省事，翰林学士在草拟诏书时，会"借鉴"前人的制词，李巘应该是照抄了之前洪适的命相制词。[1]

可见，翰林学士给官员升迁所撰写的诏书是非常重要的"大文章"，所以润笔的数量，如果不加以规范的话，极有可能成为官员之间私相授受的合法平台，从而加剧官员之间的结党营私和相互倾轧。南宋时翰林学士周麟之，久在馆阁，擅长写诏诰文章，每作一文，学者争相传诵。有人弹劾他："至若主封驳，则因书黄而潜受金瓶；在翰苑，则因草制而多求润笔。"[2]可见收润笔是合法行为，多收润笔，则是违规的。

---

1 （宋）李心传著，徐规整理：《建炎起来朝野杂记》拾遗，大象出版社，2019年，第349—350页。

2 《建炎以来系年要录》卷一百九十一。

润笔数量的规定，真正执行起来，其效果恐怕未必如太宗所愿。有的人想突破这个规定，多送钱；有的人不想花这个钱，想少送钱。类似的情况相当普遍。大部分人，可能都不想花这个钱，碍于太宗定下的润笔规定，不得不给，给是不情不愿的。欧阳修说："近时舍人院草制，有送润笔物稍后时者，必遣院子诣门催索，而当送者往往不送。相承既久，今索者、送者皆恬然不以为怪也。"

宋代诏令的起草，由舍人院和学士院共同负责。翰林学士所在的是"学士院"，一般负责重要人事任命和重大事件的诏令起草，而普通的人事任命一般由舍人院负责。舍人院草制后，大概是经常拿不到钱，所以才会出现派吏人前去催索润笔的怪事。这对双方来说，都是有辱斯文的。但时人却不以为怪，说明这种情况已是很普遍的了，舍人院如此，学士院恐怕也好不到哪里去。

当然，有不想送钱的，也有想"违例"多送钱的。其中最有名的就是李继迁（西夏建国后追尊为"太祖皇帝"）和翰林学士王禹偁之间的润笔纠葛。欧阳修在笔记里曾提到，王禹偁为翰林学士时，"尝草夏州李继迁制，继迁送润笔物数倍于常"，面对李继迁的重金酬谢，王禹偁"拒而不受"。[1]王禹偁之所以不收李继迁送来的过于贵重的润笔，其实不是因为润笔费"超额"，而是因为时局敏感。

唐末五代，党项族首领李氏一族割据银、夏诸州（今陕北榆林一带），世袭定难军节度使。太平兴国七年（982年），新继任的定难军节度使李继捧因为无法稳定内部局势，主动取消割据，归附宋朝。其族弟李继迁起兵反宋，不断蚕食原定难军节度使的地盘。之后为获得宋朝的承认，也是为了在战略上获得主动，李继迁多次上

1 （宋）欧阳修：《归田录》卷一。

不知润笔能几

书宋太宗表示愿意归附宋朝。宋朝在淳化二年（991年）接受李继迁的归降，任命他为银州观察使。可李继迁此后仍然继续围攻宋朝的西北重镇夏州和灵州等地，并伙同契丹军队骚扰宋朝边境。辽朝先后册封李继迁为"定难军节度使、夏国王"。

至道元年（995年），为了配合对宋军的新一轮攻势，李继迁派使者到开封，向宋太宗示好。宋太宗将计就计，决定来个调虎离山，下诏册封李继迁为鄜州节度使。鄜州（今陕西富县）接近陕西内地，如此任命便于宋廷对他的控制。王禹偁恰恰是在这时做的翰林学士，所谓"草李继迁制"，应该就是宋廷任命李继迁为鄜州节度使的制词。可想而知，此时的李继迁，名为大宋的封疆大吏，实为大宋的乱臣贼子。在这个敏感的时刻，李继迁的厚礼，王禹偁怎么敢收呢？

其实只要不触犯政治上的忌讳，超过规定数额送润笔和收润笔，都是没有问题的。杨亿和寇准的故事，甚至被时人视为文人间惺惺相惜的一段佳话。寇准被任命为宰相的时候，正好是杨亿当值撰写拜相制词，杨亿在制词中，表扬寇准"能断大事，不拘小节。有干将之器，不露锋芒；怀照物之明，而能包纳"。寇准看后，非常高兴，认为这几句简直说到他心坎里了——"正得我胸中事"。于是，他在给润笔的时候，"例外别赠白金百两"。[1]

寇准送给杨亿的这笔高达百两白银的润笔钱，是个什么概念呢？

杨亿在真宗朝前期当翰林学士的本官逐年有所晋升，从左司谏、兵部员外郎，一直到户部郎中。我们就按最高的户部郎中的工

---

1 《梦溪笔谈·续笔谈》卷二。

资来算吧。真宗在大中祥符五年发布了最新的百官月俸标准，其时户部郎中的月俸为三十五贯。当时的新科进士，一般授予的本官是"太理评事"，月薪只有八贯。[1]像寇准，他在进士及第后，就是以大理评事知归州巴东县。宋代的银价时有波动，正常情况下，一两白银换一贯钱是没问题的，寇准给的这笔钱，相当于杨亿三个月的工资，更是一个普通知县一年的工资。

寇准这次给杨亿的拜相制词的润笔，可以说是一笔巨款了。这么多的钱，寇准为什么敢给？杨亿又为什么敢收？

因为这是一个朝廷重臣对一个文学词臣的文学才华的欣赏和肯定。杨亿与寇准的私交甚好，澶渊之战时，寇准为了让真宗安心，做的事情就是每晚与杨亿喝酒聊天。寇准为人，的确是不拘小节，他生活奢侈，铺张浪费，常为人所诟病。但当契丹南下，举国汹汹的时候，他又能镇定自若地主持大局，最终达成澶渊之盟，可谓有大功于天下。杨亿在制词中说他"能断大事，不拘小节"，仅仅八个字，就把寇准的棱角分明的性格勾画得惟妙惟肖。这次的大额润笔，寇准送得心甘情愿，而自己的文章得到的肯定，杨亿收钱也是收得心安理得。

事实上，杨亿虽然经常跟皇帝哭穷，但他并不是一个贪财的人，他收下寇准的这笔号称巨款的润笔，绝不是因为钱多到他无法拒绝。

有史料记载，杨亿"以文章幸于真宗，作内外制。当时辞诰，盖少其比"。因为他的制词写得好，大臣们都希望由他来写自己的"除命"（皇帝任命官员的制词）——"朝之近臣，凡有除命，愿出

---

1 《宋大诏令集》卷一百七十八《定百官俸诏》。

不知润笔能几

其手。俟其当直，即乞降命。故润笔之入，最多于众人"。这样，杨亿多劳多得，其他的翰林学士就没润笔可赚了。

因为当时的规定是，每份制词的润笔由撰写者所得，杨亿考虑到这样不利于学士院的风清气正，主动提出将自己的润笔均分给同僚——"盖故事为当笔者专得，杨以伤廉，遂乞与同列均分"。这是翰林学士润笔的又一重大改革，从此润笔费的分配方式，由多劳多得改为"吃大锅饭"，并成为一项新的规定，"时遂著为令"[1]。

翰林学士的工资，是不断提高的。仁宗晚年，朝廷颁布《嘉祐禄令》，翰林学士的待遇得以改善，不再是以本官支俸，而是以翰林学士的名目列支俸钱，这时月俸提高到一百二十贯，是整个《嘉祐禄令》规定的官员俸禄等级中的第五等，收入已相当丰厚。到北宋中后期神宗改制之后，翰林学士在原有的月俸之外，又得到了新增的"职钱"（类似于特殊津贴）五十贯。这时，翰林学士的收入和待遇已与宋初不可同日而语了。

元丰六年（1083年）六月，学士院向神宗自请废除润笔之制，学士院官员联名上奏说："本院久例，亲王、使相、公主、妃并节度使等除授并加恩，并送润笔钱物。自官制既行，已增请俸，其润笔乞寝罢。"[2]显然，此时的翰林学士已是百官中的有钱人，这时再在撰写制词时收别人的钱，吃相有点太难看，所以主动要求取消了。

这次取消润笔，应该是针对朝廷大臣的升官、加恩的情况而言，并不是说翰林学士以后再也没有润笔可收了。翰林学士作为皇帝的"御用笔杆子"，除了为大臣的升迁草拟制词，还要为皇帝撰写

---

1 （宋）吴曾：《能改斋漫录》卷十二。

2 （宋）李焘：《续资治通鉴长编》卷三百三十四。

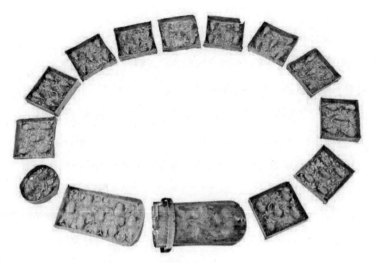

图5-7　宋代的金腰带　重庆三峡博物馆藏

制词，如遇到立皇后、立太子等关系到皇帝本人的重大事件，还有以皇帝的名义颁发的各种带有文宣性质的制诰诏赦等。遇到这些情况，翰林学士还是可以得到皇帝赏赐润笔的。

　　如元符二年（1099年），哲宗册立宠妃刘氏为皇后，翰林学士蒋之奇负责草拟立后制书。宣诏之后的第二天，哲宗派出宫中的宦官带着"对衣""金带"，以及"银五百两"送到学士院作为草立后制的润笔。[1]徽宗晚年，得到一块于阗玉，做成玉玺，将所谓的"天子八宝"增加为"九宝"。这方玉玺被命名为"定命宝"，其印文为"范围天地，幽赞神明，保和太合，万寿无疆"。

　　当时，宣布"定命宝"的诏书是王安中写的，他在诏令中写

1　（宋）曾布：《曾公遗录》卷八。

不知润笔能几

道："太极函三，运神功于八索；乾元用九，增宝历于万年。"古人有"太极元气，函出于三"的说法，《易经》中又有"乾元用九，天下可治"的吉言，这两个典故寓意好，而且非常贴合此次徽宗将八宝增加为九宝的改制，简直是神来之笔。徽宗看后，非常高兴，"以银椀盛苏合香赐之"，这相当于是徽宗给王安中的润笔。[1]

皇帝给翰林学士的润笔一般出手都比较阔绰。如绍兴二十四年（1154年），高宗册立刘氏为贵妃，因翰林学士王纶所写的制词深得高宗心意，据周必大说，这次的润笔达到了绝对是天价的"万缗"之数。而且皇帝为了显示对文学词臣的崇重和关爱，有时还会将御用的贵重物品当作润笔。这对臣子来说，可谓无上的荣耀，不只是值钱的问题。据周必大所述，这些东西一般是皇帝本人所用的金砚匣、砚格、镇纸、糊筒、粘板等文房用品。孝宗中后期，因为来不及打造这些东西，则直接给钱，以"金百两代之"。按周必大的说法，其价值"殆减半也"。[2]

以上讲的，都是庙堂之上的情况。这些润笔的支付，带有很强的政治性，一方面是皇恩浩荡施之于文学词臣，另一方面，是在皇权的淫威之下，有些强卖强买的性质，与文学的商品化关系不大。宋代文学商品化最积极、最普遍的情况，还是在朝廷之外。

※　※　※

唐代以来，碑记与墓志成为文学创作中最具商业价值的体裁。擅长写碑志文章的文人士大夫，往往可以凭此发家致富。唐玄宗时的李邕，既是文坛巨匠，又是书法大家，出自他手笔的墓志，最受

1　（宋）袁褧：《枫窗小牍》卷上。

2　（宋）周必大：《文忠集》卷十四《虞允文梁克家拜相御笔跋》。

社会各界的追捧，达官贵人为了得到他所写的墓志铭、神道碑，佛寺道观为了得到他所写的碑记，往往都不惜重金求购。《旧唐书》甚至认为，他是当时文学商品化的经济大潮中，最具商业价值的一个。《旧唐书·李邕传》的传论是这么评论的：

> 邕早擅才名，尤长碑颂。虽贬职在外，中朝衣冠及天下寺观，多赍持金帛，往求其文。前后所制，凡数百首，受纳馈遗，亦至钜万。时议以为自古鬻文获财，未有如邕者。

树碑立传，可以留名千古，这是碑志文学最大的商业价值。反过来，因为利润巨大，获利丰厚，墓志书写也是文人们竞争最激烈的领域之一。据说唐代中后期，"长安中争为碑志，若市贾然。大官薨，其门如市，至有喧竞构致，不由丧家者"。[1]长安城中的文人，争着帮人写墓志，把长安的文化圈搞得乌烟瘴气地犹如市场一般。每有大官身死，必有一大群文人围堵在门外，有时为了抢生意，甚至互相谩骂攻击，强买强卖。因为大官家有钱，为大官家写墓碑，所得的润笔比一般人家多得多，所以人人争抢，以致到了斯文扫地的地步。

在唐代，为达官贵人撰写碑志文章，到底有多挣钱呢？唐宪宗时的宰相裴度奉旨率军平定淮西之乱，立下大功。报捷之后，宪宗大喜，"恩赐钜万，贮于集贤私第"。打了胜仗，是众多将士浴血奋战的结果，裴度作为统帅，皇帝赏他这么多钱，如果全部据为己有，还是有点过意不去的。

---

1 （宋）王谠：《唐语林》卷一。

按照当时的传统，在战后有修建佛寺为牺牲的将士超度祈福的习惯。通常情况下，建寺的事情，是由朝廷出面出钱的。如现在北京有名的法源寺，就是唐太宗为了辽东之役阵亡将士所建，初名"悯忠寺"。加上裴度本就信佛，于是他决定将这笔赏钱用来修建一座寺院。寺院修好后，裴度打算请当时名气最大的诗人白居易来为寺院撰写碑文。这时裴度的幕府属官皇甫湜得知后，愤愤不平地说："近舍湜而远征白，信获戾于门下矣！"意思是说我在你身边你不叫我写碑文，跑大老远去请白居易写，是不是看不起我啊！

皇甫湜进士及第，一向以文才自许，师从韩愈，精于古文，在当时也是碑志类文章的大家，韩愈的神道碑就是他写的。他跟裴度说："某之文方白之作，自谓瑶琴宝瑟而比之'桑间濮上'之音也。"《礼记》中曾说："桑间濮上之音，亡国之音也。其政散，其民流，诬上行私而不可止也。"后世遂以桑间濮上之音泛指淫靡之音。他把自己的文章比作瑶琴宝瑟就算了，把白居易的文章比为桑间濮上之音，这话就说得有点恶毒了。

裴度见状，只好给他一个台阶下，就说："初不敢以仰烦，虑为大手笔见拒。是所愿也。"意思是，知道你是大手笔，怕你忙，所以最开始不敢来麻烦你，你要是愿意写，那我是求之不得啊！于是裴度就把写碑文的事交给皇甫湜去办了。皇甫湜领命之后，"因请斗酒而归，独饮其半，乘醉挥毫"，这篇碑文就在他半醒半醉之间，一挥而就。第二天，他把文稿拿给裴度看。这篇碑文，"文思高古，字复怪僻"，裴度看了半天才看明白。

碑记是竖立在寺院前说明建寺缘由的宣传文章，其目的是要广为人知，扩大影响。按理说，白居易明白晓畅的文风，显然更为合适。皇甫湜的文风高古，用字怪异生僻，大家看不懂，也不想看，宣传效果可想而知。裴度最初不想找他写碑文，看来不是没想到他，而是真的故意不想让他写的。但世间的事，就是这么奇妙，越是看不懂，大家越觉得高端大气上档次，据说皇甫湜的碑文写好后，安放在寺中西北廊的玉石院，洛阳城中，人人家里都有一份拓本。

皇甫湜虽然不适合写文宣类文章，但其文才也的确出众，裴度看后，还是很欣赏他的文才的，感叹说："木玄虚、郭景纯《江》《海》之流也！"郭璞的《江赋》、木华的《海赋》，是魏晋南北朝文坛上写景状物最负声名的两篇，裴度将皇甫湜比作郭、木二人，显然还是很喜欢他的这篇文章的。为表示酬谢，裴度当即"命小将以车马缯彩器玩约千余缗酬之"，又是送车马，又是送绫罗绸缎，又是送精美的器玩，其总价超过一千贯钱。皇甫湜写这篇碑文的润笔，已是非常丰厚的了。

富家公子出身的李白，花钱是有名的大手大脚，据他自己说："曩昔东游维扬，不逾一年，散金三十万，有落魄公子，悉皆济之。"（《上安州裴长史书》）李白游历江南，挥霍无度，一年之内花掉三百贯钱，已被视为土豪，可以到处炫富了。皇甫湜所得这笔稿费，足以够让李白如此挥霍个三四年。白居易初入官场当秘书省校书郎时，一年的工资才一百九十二贯，裴度给的这千贯之资，相当于初出茅庐的白居易五年的工资了。

其实裴度因为爱才，才给出了这千贯的润笔，这个价格已经是在普通的顶级文人的碑志市价上有所上浮的了。当时的文人以白居易名气最大，白居易的润笔都没这么高。白居易的好友元稹死后，元家按元稹生前的愿望，请白居易给元稹撰写墓志。志文写完后，元家人"状其臧获、舆马、绫帛泊银鞍、玉带之物，价当六七十万，为谢文之赘"，元家人给白居易的润笔，也就只有六七百贯钱而已。

图5-8　白居易像　故宫博物院藏

当然，白居易自述称，"予与元微之定交于生死之间，微之将薨，以墓志文见托"，二人既为死生之交，又是受亡友之托，是不应该收钱的。但元家人坚持要给，白居易推托不断，最后只得把这次的润笔当作元稹的功德钱捐给了香山寺。[1]

可皇甫湜收到这些润笔后，却大为恼怒，不但把裴度写给他的信掷到地上，还怒气冲冲地对前来送润笔的小将说："寄谢侍中，何相待之薄也！湜之文，非常流之文也。曾与顾况为集序外，未尝造次许人者；请制此碑，盖受恩深厚耳！"皇甫湜之所以生气，是因为裴度给他的润笔，是按照一般的"市价"来算的，而他觉得自己的文章不是一般的文章，他也不是一般给钱就写文章的人。

他说自己给裴度写碑文，是为了报恩，并非虚语。原来当年皇

1　《容斋续笔》卷六《文字润笔》。

甫湜在洛阳当小官的时候，俸钱微薄，一度搞得家里连锅都揭不开了——"尝因积雪，门无辙迹，厨突无烟"。这时是裴度施以援手，征辟他为自己的"留府从事"，让他有了一份可以养家糊口的好工作。皇甫湜作为韩愈的弟子，深信文以载道的理念，平时是不肯轻易帮人写文章的。他自己说，此前只给当时的大诗人、大名士顾况的诗文集写过序。顾况在当时的名声极大，让白居易暴得大名的那句"长安米贵，居不大易"的话，就是顾况说的。

嫌裴度的润笔太少，皇甫湜亲自给自己的这篇碑文定下了润格，他对裴度门下的小将说："其词约三千余字，每字三匹绢，更减五分钱不得。"后人统计，他这篇碑文共有三千二百五十四字，按他自定的润笔价格，当值绢九千七百六十二匹。小将回去后把皇甫湜的话给裴度复述了一遍，裴度听后，笑称："真不羁之才。"让人立即按他所说的数目将润笔送了过去。由于数额巨大，从裴度府中到皇甫湜的家中，运送绢帛的车队排成长队，引来城中人的围观——"辇负相属，洛人聚观之"。[1]

绢帛在唐代是硬通货，司法实践中，清算赃款，就是用绢来计算的，《唐律疏议》中规定："诸平赃者，皆据犯处当时物价及上绢估"。唐人对这一法条的解释是："赃谓罪人所取之赃，皆平其价直，准犯处当时上绢之价。"唐代的绢价在市场上肯定是不稳定，不过为了方便官方计算赃款，大中六年（852年）时朝廷曾下过一个文件，规定在司法实践中，统一将全国的绢价按"每匹九百文钱结计"[2]。如果以这个绢价来算的话，皇甫湜这次的润笔费高达八九千贯，这才真的是天价稿酬啊！

---

1 《唐语林》卷六。

2 （宋）王溥：《唐会要》卷四十《定赃估》。

不知润笔能几

301

＊　＊　＊

为碑志写作支付润笔，到了宋代更为流行。宋代社会对于墓志碑文趋之若鹜，文人士大夫写下一篇碑文所获得的润笔，往往超出今人的想象。

至和二年（1055年），枢密直学士、右谏议大夫王素在一次殿中奏事时，向宋仁宗哭述说自己的父亲王旦给真宗当了十八年的宰相，现在想给王旦立块墓碑，但是"无辞以刻"，想让仁宗赐几句话给他，好刻在父亲的墓碑上。仁宗听后很是感慨，当即表示王旦为自己的父皇真宗效力多年，功德圆满，"叶德一心，克终厥位，有始有卒，其可谓全德元老矣"。仁宗还让王素可以把自己刚才讲的这几句评语刻到王旦的墓碑上，满足其光宗耀祖的念想。

第二天，仁宗又下令给时任翰林学士的大文学家欧阳修，说："王旦墓碑未立，汝可以铭。"有了皇帝的发话，加上王旦又是前朝名相，欧阳修与王素又有同殿为官之谊，于是接下了这个任务。他自称在撰写碑文的过程中，"谨考国史、实录，至于缙绅、故老之传，得公终始之节，而录其可纪者"。欧阳修在碑文中，除了叙述王旦的官爵履历，也对王旦的为人行事不吝褒扬，如说他"为人严重，能任大事，避远权势，不可干以私"。欧阳修同时也高度评价了王旦的相业，"在相位十余年，外无夷狄之虞，兵革不用，海内富实，群工百司，各得其职。故天下至今称为贤宰相"。[1]

墓志碑文是对墓主一生事业的盖棺论定，在重视声名不朽的中国古代社会，墓志对整个家族来说，都是十分重要的事情，一篇好的墓志，可遇不可求。王旦死于天禧元年（1017年），以他的地位，

---

1 （宋）欧阳修：《居士集》卷二十二《太尉文正王公神道碑铭》。

图5-9 《韩国华神道碑》碑额

居然要在三四十年后，才由欧阳修来完成其墓志的书写。先辈故去多年后，后人才有机会结识文坛名家，完成先辈墓志或神道碑的撰写，类似的例子相当普遍。

　　如仁宗时的宰相韩琦，其父韩国华，是太宗初年的进士，在太宗、真宗两朝累任知州，死前官至右谏议大夫。韩国华死后三十多年，韩琦才找到北宋中期的古文大家尹洙，替其父完成了墓志铭。韩琦在写给尹洙的信里道出了孝子为先人留名后世的苦心："孝子之心，必求世之高才大笔，以志不朽。"[1]而韩国华神道碑的写作时间则更晚，差不多二十年后，才在韩琦的力请之下，由另一位号为名相

1 （宋）韩琦：《安阳集》卷四十六《叙先考令公遗事与尹龙图书》。

的富弼撰写完成。[1]富弼为韩国华撰写的这块神道碑，现在仍矗立在河南安阳水冶镇的田间，确实做到了历千年而不朽。

熙宁九年（1076年），翰林学士王珪奉命为皇太后高氏（即哲宗时临朝听政的宣仁太后）的高祖父高琼（追封卫王）、祖父高继勋（追封康王）撰写神道碑，事后神宗给王珪的润笔，包括"银绢各五百两匹，金腰带一条、衣一袭"。[2]一两银和一匹绢基本同价，都在一贯上下，王珪所得的润笔，不算附赠的金腰带和衣服，仅银绢加起来就已达千贯。

金腰带更是身份和地位的象征，往往价值也不菲。南宋初年，工部侍郎王世修晋见高宗，高宗本打算赏赐他金带，因内府中暂时没有存货，只得让户部拨款，"以钱七百千偿之"。[3]可见一条金腰带，价值约在七百贯左右。宋代的衣服价格不一，但高端服装，也非常值钱。史料显示，北宋中期御史中丞张方平家的女仆，"其随身装，自直百千"。[4]这表明，达官贵人之家，随随便便一个女仆所穿的衣服，竟然都高达一百贯。神宗送给王珪的衣服，至少要比这个女仆的贵吧。所以王珪这次的润笔，银、绢、金带加衣装，总额可能在两千贯上下。

高琼是澶州之战时的禁军统帅，支持宰相寇准的亲征建议，护卫真宗亲临前线。澶渊之盟的订立，高琼是立下了大功的。可惜的是，澶渊之盟签订后的次年，七十多岁的高琼就病逝了。其子高继勋，将门出身，也在军中供职，曾参与过平定真宗初年爆发于四川

1 （宋）富弼：《魏国公韩公神道碑铭并序》，《宋代石刻文献全编》（三），国家图书馆出版社，2003年，第266页。

2 （宋）王珪：《华阳集》卷八《免撰高卫王、康王碑润笔剳子》。

3 《建炎以来系年要录》卷二十二。

4 （宋）李焘：《续资治通鉴长编》卷一百六十五。

的王均兵变，此后长期驻防于宋辽边境，累积战功，最后官至节度使，也算得上是仁宗年间的名将之一。

韩国华生前，只是一个普通的中级官员，如果不是后来其子韩琦发达了，可以结识到众多的文化名流，恐怕是很难找到满意的碑志作者的。他的碑志，拖了几十年，尚属不难理解。可高琼死于景德三年（1006年），高继勋死于景祐三年（1036年），二人生前都是北宋军界的重量级人物，他们的碑志也拖了几十年，足见找到一个令人满意的碑志作者谈何容易。

宋人的墓志制作时间拖得这么长，除了碑志作者可遇不可求，还有一个重要原因是，墓志文章并不好写，志文既要满足丧家追思先人、留名后世的愿望，又不能把好话说得太出格，否则没人信，写得再漂亮也没用了。墓志文章既要文采华丽，又要叙事平正，极为考验一个人的作文功力，写起来颇为费时，这也是墓志润笔昂贵的原因之一。因此，同一时期，一个文坛大家手上，常有十几份甚至几十份的墓志稿约，普通家庭根本排不上号。即便是势家权要的后人，排上了队，从约稿到拿到墓志的全文，至少也得等上数年之久。

嘉泰三年（1203年），在孝宗朝担任多年宰相的王蔺病死，其兄户部侍郎王蓬于当年秋天专门托人将王蔺的生平行状转交给大诗人杨万里（号"诚斋"），请杨万里为王蔺作一篇墓志。杨万里的文名极高，同时代的著名学者项安世有诗赞其文采——"雄吞诗界前无古，新创文机独有今"。就连南宋另一位大诗人、大文学家陆游，也说自己不如杨万里——"文章有定价，议论有至公。我不如诚斋，此评天下同"。

所以，当时来找杨万里写墓志的人多不胜数，他几乎是应接不暇，每篇墓志等个三五年都是正常的。而王家却有些不耐烦，竟然在第二年，就写信给杨万里的长子催稿，要他催促其父杨万里"速为下笔"。杨万里一气之下，将王蔺的行状、奏议等个人资料全都打包还给了王家。他给王蕙说，前宰相陈俊卿的墓志铭，其子陈守等了四年才来拿。签书枢密院事权邦彦的墓志铭，其孙权安节，等了五年才来取。宰相余端礼的家人，去年把行状送来，现在已经一年，"尚未来取也"。此外，虞允文、王淮、京镗，都是当过宰相的名臣重臣，他们的墓志也都是一年后才来取的。

他列举这么多的墓志约稿与交稿的时间差，意思就是说，上述这些人都是大有来头的头面人物，他们的后人找我写墓志，都不催我，给我足够的时间创作，你居然来催稿。气不过的杨万里，只好说自己"才钝思迟"，你们"可别选才敏思涌者"去写，自己写不了。[1]可见，墓志碑记写作的市场，是一个典型的卖方市场，好的作者完全忙不过来，根本不愁没有生意。

而且在宋代，不只达官贵人重视身后之名，普通人家也是如此。赵挺之是徽宗朝的宰相，也是著名的金石家赵明诚（其妻为李清照）的父亲。哲宗时，赵挺之与黄庭坚一起在馆阁供职，赵挺之是坚定的变法派，而与政治立场偏保守的黄庭坚不和，两人平时聊天，常常机锋暗语，唇枪舌剑。有一次赵挺之说："乡中最重润笔，每一志文成，则太平车中载以赠之。"黄庭坚语带嘲讽地回复说："想俱是萝卜与瓜虀尔。"赵挺之听后，非常生气，脸色都变了。王明清说因为这个玩笑话，赵挺之对黄庭坚"衔之切骨。其后排挤不

---

1 （宋）杨万里著，辛更儒笺注：《杨万里集笺校》，中华书局，2007年，第2899—2990页。

图5-10　宋代的金酒盏和银注子　四川省彭州市博物馆藏

遗余力，卒致宜州之贬"。[1]

　　赵挺之的本意，大概是想说乡里的人，都重视墓志，给人写墓志是很赚钱的，言下之意他自己靠写墓志挣了不少钱。而黄庭坚的调侃，意思是，你的文章根本不值钱，所谓要用车来装的润笔，不过是萝卜、瓜果而已，装一大车也不值钱。这当然反映出黄庭坚的机智幽默，不过，黄庭坚逞一时的口舌之快，也付出了巨大的代价。后来赵挺之掌权，把他贬到山穷水恶的宜州（今广西河池），让他吃尽了苦头。事实上，就算是乡里人，也不可能真的装一车萝卜、瓜果去充当润笔。我们反倒可以从这个故事中看到，宋代乡里之间对墓志文章也很重视，大多愿意出高价聘请文人书写。

　　王旦的墓碑完成后，其子王素非常满意，给欧阳修的润笔也相当可观——"送金酒盘盏十副，注子二把，作润笔资"。欧阳修推辞不要，并开玩笑说："正欠捧者耳。"——"这些酒盘、酒壶好是

1　（宋）王明清：《挥麈后录》卷六。

好，可我喝酒的时候，自斟自饮也没意思啊！"王素听后，真的派人花了一千缗去买了两个侍女，捧着这些金酒盘、金酒壶送到欧阳修家。[1] 欧阳修写王旦的墓志，是奉仁宗之命而为。对于王素而言，仁宗之命，只是让王家有机会得到欧阳修写的碑文，并不能免去碑文的润笔。欧阳修可以不要，王素不能不送。

欧阳修事实上没打算收王素的润笔，因为这既是奉旨行事，而王旦又是贤相，为王旦写碑文，正是文学本身的价值——"辞之所以能鼓动天下者，乃道之文也"。如果收了钱，反倒成了一桩买卖，于道有损。不过，能得到翰林学士奉旨撰写碑文，对丧家来说，是无上的光荣。虽然有皇帝帮忙牵线，丧家行事也必须得体，如果事后不赠送润笔表示一下，既显得自家不够大气，又有借势欺人之嫌，于双方的脸面都有所损。

前面提到的这些人物，在文坛的名声和在官场的影响力，都非一般文人士大夫可比，他们的墓志碑文的润笔价格肯定要高出平均水平很多的。宋代一篇墓志碑文的一般价格，可能只在十贯左右。仁宗中期，著名学者李觏在从信州（今江西上饶）回老家南城县（属今江西抚州）的路上，曾路过一个小寺，名"新城院"。他在这里借宿过一晚，因此与新城院的出资人毛缋，有了些交情。皇祐三年（1051年），李觏替新城院写了篇《新城院记》，寺僧将这篇碑记刻石立在寺中，成为当地的一个名胜。

李觏，字泰伯，一生读书治学，极受人敬仰，是北宋中期著名的思想家、哲学、教育家、诗人，但他科举不利，很长时间内都是一介布衣。他在家乡办盱江书院，以教学为生，他的弟子中就有唐

---

1 （宋）曾慥：《高斋漫录》。

宋八大家之一的曾巩。范仲淹非常看重他的学问，皇祐二年（1050年），范仲淹向朝廷推荐他，李觏终于谋得了一个太学助教的职位。此时的李觏官小位卑，只能算是一个当地小有名气的乡贤而已。所以他的这篇《新城院记》的润笔，只有十贯钱，这大概就是普通士人的润格。

有意思的是，李觏作为北宋中期儒学复兴运动的代表人物之一，死后名声越来越大。元祐六年（1091年），张商英路过新城院，观看了李觏所作的《新城院记》的石碑，当他了解到这篇记文的润笔才十贯钱的时候，在院里题诗为李觏打抱不平。其辞曰："昔读《盱川集》，尝闻泰伯贤。新城文刻在，往事野僧传。气格终惊俗，光芒合贯天。田翁不知价，只得十千钱。"

其实四十年前的十千钱，对田翁来说，也不算少了。只是时移世易，李觏的身价，在后世暴涨了而已。不过像李觏这样的学者，应该不会计较润笔的多寡。好玩的是，又过了差不多三十年，宣和二年（1120年），有人经过新城院，读了李觏的记文和张商英的诗后，"欣叹久之"。但他觉得张商英恐怕"未知泰伯之志也"，在他看来，李觏不是计较润笔的人，何况十贯钱也够喝上几顿好酒的了。于是又在张商英的诗后，题了一首诗："泰伯文章自昔传，虹霓白日贯青天。先生欲作酕醄醉，觥酒何妨受十千！"[1]

当然，润笔也不一定是金钱财帛。真宗时，枢密副使马知节请翰林学士杨亿为其父马全义撰写神道碑。杨亿完事之后，"润笔一物不受"，这倒不是因为杨亿觉得收润笔不好，而是嫌马知节送的东西不符心意。

---

1 （宋）李觏：《直讲李先生文集》卷二十四《新城院记》。

马全义在五代时期，先后效力于后晋、后汉、后周和北宋四朝，但官位不高。他生前只是一个禁军的中级军官，官至龙捷左厢都指挥使。马全义死于建隆三年（962年），想不到四十多年后，他的儿子马知节发达了，在真宗时当上了枢密副使，马全义被追封为太师、中书令兼尚书令。马知节在北宋前期累立战功，曾参与平定王小波、李顺起义，又在边关镇守多年，后于真宗中期升任枢密副使。杨亿这次为马全义写神道碑，大概也是真宗的安排。

杨亿不肯收润笔，马知节为难了。他上书真宗，说："臣以杨某为先臣撰碑，况词臣润笔，国之常规，乞降圣旨，俾受臣所赠。"他居然想让真宗出面，让杨亿收下润笔，可见当时墓志碑文的撰写，收取润笔，既是对作者的尊重，也是丧家的体面。真宗于是下旨给杨亿说："润笔卿宜无让。"

可杨亿坚持不受，真宗召见杨亿询问是怎么回事。原来杨亿崇信佛教，与当时明州天台宗的高僧"礼法师"关系很好，他想为礼法师求个朝廷的"封号"，所以他想要的润笔是一个"师号"。真宗知道后，竟然答应了，他对杨亿说："但传朕意，留之住世，若师号朕与之，润笔卿宜无让。"事后，真宗下诏赐予礼法师"法智大师"的师号。[1]

师号是宋代官方赐予有道高僧的荣誉称号，分为八字、六字、四字、二字四等，一位高僧若获得师号，其宗教地位相当于得到朝廷的正式承认，这不但有利于提高他在宗教界中的权威，也可以让他拥有一系列的特权，从而有助于他的传法事业。师号的获得，正常情况下，难如登天。仁宗时，宋夏战争爆发，位于渭州（今甘肃

---

1 （宋）僧文莹：《湘山野录》卷下《天台教主礼法师》。

平凉）崆峒山上的佛寺"慧明院"的主持高僧法淳，率领寺院的僧众与来犯的西夏军队作战，又出力保护当地收藏皇帝书法的御书阁不受敌军破坏。加上平时"收留蕃汉老幼孳畜数万计"，法淳功勋卓著，因此，庆历二年（1042年），仁宗特下诏赐予他"志护大师"的师号。[1]

所谓唯名与器，不可以假人，杨亿一篇墓志换来一个师号，这份润笔，简直比任何金银财宝还要贵重。崆峒山的志淳大师，奋勇杀敌才换来的师号，这位天台宗的礼法师，竟然可以因为杨亿的一篇神道碑的润笔而得。这个故事表明，宋代的润笔，除了用钱，甚至还可以用"权"来支付。

皇帝掌握着政治上的权力，而文人士大夫们掌握着文化上的权力。"《礼经》谓，称扬先祖之美，以明著于后世，此孝子孝孙之心也"，[2]范仲淹在一篇墓志里引述的《礼记》之言，道出了子孙后代为先人访求名家书写墓志碑文的真意所在。为了让父、祖有个好名声，子孙们往往不惜花重金请文坛大手笔写作墓志。

仁宗前期曾当过参知政事的程琳，为人比较贪财，据《宋史》记载，程琳曾乘人之危，千方百计地巧取他人的宅第，连皇室宗亲的产业都被他算计——"故枢密副使张逊第在武成坊，其曾孙偕才七岁，宗室女生也，贫不自给。乳媪擅出券鬻第，琳欲得之，使开封府吏密谕媪，以偕幼，宜得御宝许鬻乃售。乳媪以宗室女故，入宫见章惠太后。既得御宝，琳乃市取之。"张逊为太宗当晋王时的亲信，官至枢密副使。仁宗时，张家家道中落，程琳看中了他家的豪

1 （宋）李焘：《续资治通鉴长编》卷一百三十八。
2 （宋）范仲淹：《范文正公文集》卷十三《兵部侍郎致仕胡公墓志铭》。

宅，教唆他家的乳母把张家的大宅卖给了自己。更过分的是，他还让开封府的吏人，"市材木、买妇女"，其后"吏以赃败"，他被御史"按劾得状"，被贬官出知颍州。[1]

程琳贪赃枉法，罪证清楚，在当时名声不佳。但在后世，程琳的官声竟还不错，据邵博所说，这是因为程琳的墓志帮他"洗白"了。此事因为当事人都是当时的重臣和名人，邵博只能不点名地说："自某公死，某公为作碑志，极其称赞，天下无复知其事者矣。某公受润笔帛五千端。"[2]这篇墓志之所以吹得如此天花乱坠，原来是因为某人拿了程家多达五千匹绢的天价润笔。

接下来我们来看看宋代的绢价。王安石在仁宗后期任舒州通判，曾与舒州的司理参军李冕发生争执。事情的起因是，李冕断案的时候经常高估绢价，王安石诘问李冕为何老是如此。李冕回答说："诚知市卖一绢钱七百，然必高之为千二百者，以计赃难满匹，可以缓穷人之死故也。不然三绢杀一人矣。"原来李冕这么做是故意的，为的是救犯了盗窃罪的穷人一命。不过，我们从这个故事中可以看出，当时的绢价大概在七百文到一千两百文之间。五千匹绢的价值，大概有三四千贯。

仁宗后期，当时一个大县的县令，其月俸也才不过十八贯，小县的知县才只有十二贯，翰林学士的月俸为一百二十贯，宰相的月俸为三百贯。给程家写这篇墓志的润笔，差不多相当于一个县令十五年的收入，即使是翰林学士这样的中高级官员，也要两年多才挣得到这么多。甚至哪怕是工资最高的宰相，靠月俸，也要将近一

---

1 《宋史》卷二百八十八《程琳传》。

2 （宋）邵博：《邵氏闻见后录》卷二十二。

图5-11　宋画《宫女图》中的丝绢　日本东京国立博物馆藏

年的时间才能赚得这么多钱。

在宋代，墓志碑记的文章因本身所具有的"广告属性"，是所有文体中润笔价格最贵的了。当时文艺圈"顶流"的润笔价格，大约在五百贯到一千贯之间。前面已经讲过的王珪为高琼、高继勋撰写神道碑所获的润笔，光银、绢就各五百（两、匹），再加上金腰带和名贵的衣服套装，当不下两千贯，这在当时的碑志润笔中已算是天价了。但这是一个特例，大部分的墓志碑记，哪怕是知名文人士大夫的手笔，肯定不会这么值钱。

因为这篇墓志的"丧家"，不是高家，而是神宗。高继勋的孙

不知润笔能几

——

313

女，是英宗的皇后，神宗的母亲，也是当时大宋王朝的皇太后。不过话说回来，因为神宗所给的价值两千贯的润笔，包括了高氏父子二人的碑文，这是两篇碑记的润笔啊！平均下来，每篇碑记的润笔，只有千贯而已。

一篇碑记值一千贯，这大概是皇家为润笔而出手最大方的一次了。哲宗时，翰林学士范祖禹奉命为神宗的同母弟魏王赵頵撰写墓志铭，赵頵的儿子怀州防御使赵孝诒，给范祖禹的润笔是"银二百两，绢三百匹"。魏王墓志的润笔，约值五六百贯，比前面高氏父子碑记的润笔又便宜了一半，这大概是因为，付这笔钱的不是皇帝，而是皇室近亲。

赵孝诒与哲宗算是堂兄弟，他并未继承其父的魏王爵位，只是一个挂名的防御使而已，虽然按元丰改制后的新规，防御使的月俸钱高达二十贯。事实上，防御使虽然无实权，但也是出名的工资好、待遇高。其月俸，仅次于三公、使相、宰相，而与知枢密院事、门下侍郎、中书侍郎等"执政"级高官相同。可即便是拿着高薪，赵孝诒要凑齐这笔五六百贯的润笔费，仅靠俸钱，得不吃不喝存上两年多才行。

王珪和范祖禹都是翰林学士，在文坛和官场的名声也不小，如果说像欧阳修、苏轼这样的算"天王巨星"的话，那王珪和范祖禹至少可以算是"三线明星"了吧。加上，他们的"客户"还都是皇室中人，上述故事中，他们的润笔费在整个宋代社会中肯定是金字塔顶端般的存在。

我们再看一个例子，这个例子应该可以更真切地体现宋代润笔收入的一般状态。据说，宋初南唐亡国的时候，徐铉作为降臣，从江南到开封定居，买了城中一处宅子。一年后，徐铉碰到原来房子的主人，发现他"贫困之甚"，因而把他叫来，问他为什么搞成这样。在一番言语之后，徐铉大概是明白当初买房时，自己占了房主的大便宜。徐铉是个厚道人，于是决定补偿一下这位前宅主，此时正好碰上他发了一笔大财，于是他得意地说："予近撰碑，获润笔二百千，可赏尔矣。"[1]北宋前期的徐铉，当时在文坛的风采和名气，大概不输后来的欧阳修和苏轼。从这个故事可知，他一篇墓志的润笔可达两百贯，所以正常情况下，欧阳修一篇墓志的润笔，也应该在两三百贯左右。

事实上，跟士大夫家比起来，皇家的润笔一向算是出手阔绰的了。对比一下可以发现，程家"帛五千端"的出手，似乎比皇帝还要大方。事出反常必有妖，程家为什么肯花这么多的钱来求"某公"写一篇墓志呢？

因为收这笔钱的某公，不是别人，正是文坛大佬欧阳修。欧阳修驰名文苑数十年，《醉翁亭记》刚写完时，"天下莫不传诵，当时为之纸贵"。[2]欧阳修业务能力强，门生故吏遍天下，宣传效果好，自然成为当时墓志碑文写作圈的"顶流"。就连跟他合作的书法家，在他的照顾下，都能发家致富。

欧阳修的朋友陆经，因为经常给墓志碑铭书丹，"颇得濡润"。按理说，陆经的字，水平一般，现在基本上任何一本讲书法史的书，都不太可能提到他，那为什么他的书丹生意那么好呢？因为欧阳修搞捆绑销售，欧阳修跟人约定，他所撰写的墓志碑铭，必须一律交给陆经来书丹上石。据魏道辅所著《续东轩笔录》记载："陆经学士

1 （宋）夷门君玉：《国老谈苑》卷二。

2 （宋）朱弁：《曲洧旧闻》卷三。

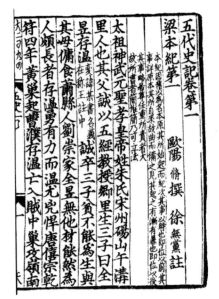

图5-12 宋刻本《新五代史》书影

坐责流落，欧阳文忠公怜其贫，每与人作碑志，必先约令陆子履书，欲以濡润助之也，自是子履书名亦自此而盛。"

不过，如果仅仅是从欧阳修的名气，以及他的文学水平这些角度来看，欧阳修收程家五千匹绢帛的润笔，也实在是有点太多了。但欧阳修还有一个身份，使他不仅值这个价，而且对程家来说，还简直是赚了。那就是，欧阳修还是一个著名的历史学家。

《文心雕龙》有言："属碑之体，资乎史才，其序则传，其文则铭。"有史才，当然是墓志碑记作者的加分项。名列二十四史的《新五代史》，就是欧阳修的杰作。《新五代史》最大的特色，就是仿效"春秋笔法"，在对历史人物和历史事件的叙事过程中，进行臧否褒贬的操作。正所谓，"褒见一字，贵逾轩冕；贬在片言，诛深斧钺"

（《文心雕龙·史传》）。掌握了评价历史人物和历史事件的是非曲直的能力，无疑掌握着历史人物的生杀之权。如果可以花钱就买得到这种评价，买家绝对是赚到了。

欧阳修在程琳的墓志铭里，反向使用"春秋笔法"，以其如椽大笔，掩恶扬善，将程琳塑造成了一个刚直敢为、大公无私的贤臣。邵博说，程琳在章献明肃刘太后垂帘听政时，曾秘密地把《唐武氏七庙图》献给刘太后。武则天是唯一一个由太后成为皇帝的人，而所谓七庙，也是天子所专有，此举无疑是在劝诱刘太后效法武则天篡位称帝。刘太后听后，"怒抵之地"，立即严正表态道："我不做负祖宗事。"此事性质极为恶劣，程琳因此也为士论所不耻。当然，在欧阳修所写的墓志里，这事儿自都略去不表了。

更有意思的是，《宋史》里记载的程琳贪赃枉法而被贬官的事情，也被欧阳修轻描淡写地说成了是一场误会。欧阳修在墓志里说，程琳为官坚持公义，得罪权贵，又被小人中伤，所以才被贬官——"宰相有所欲私，辄以语折之，至今人往往能道其语。而小人侥幸，多不得志，遂共以事中之，坐贬光禄卿、知颍州"。[1]

欧阳修的这篇墓志，对程琳的形象有脱胎换骨的效果，的确有助于其留美名于后世，程家写墓志的这笔钱花得很值。不过，宋代文人流行的这种只说好话，不说坏话的谀墓之风，也连累到后人对宋代各种史传类著作的看法，后代文人对包括墓志在内的宋代名人故事的隐情洞若观火。清代著名的历史学家赵翼就曾说："盖宋人之家传、表、志、行状，以及言行录、笔谈、遗事之类，流传于世者甚多。皆子弟门生所以标榜其父、师者，自必扬其善而隐其恶，遇

1　（宋）欧阳修：《欧阳文忠公集》卷三十《镇安军节度使同中书门下平章事赠中书令谥文简程公墓志铭》。

有功处，未有不附会迁就以分其美，有罪则隐约其词以避之。修史者固当参互以核其实。"[1]因此，我们对于宋人所宣扬的种种"美好"，应有基本的警惕。

*　*　*

对于碑志文章的润笔，为了留名于世，很多普通人也是愿意出高价的，只是这种钱，很多有理想有追求的士人不愿意收。

有一年，亳州的一个土豪出钱修建了一座佛寺，请真宗时的进士、北宋古文运动的先驱人物穆修撰写碑记。文章写完后，有一个士人给穆修送来"白金五斤"，即白银八十两。真宗时期，一两银子可换一千到二千钱，这个士人送来的润笔，约有一两百贯之多。这笔钱对穆修来说，不是一笔小钱，后来穆修得到柳宗元的文集，刻印售卖，卖了一两年，才得钱百缗。

送这么多钱，这个士人意欲何为呢？他找人带话给穆修，说："士所以遗者，乞载名于石，图不朽耳。"原来他想让穆修在记文中提一下自己的名字，这样就可以金石留名了。穆修为人，"性刚峭，喜于背俗，不肯下与庸人小合"。这个士人可以说是撞到枪口上了，他的这种行为，正是穆修最看不起的庸人之行。穆修把他叫到跟前，当着他的面，把送来的钱扔了出去，并对人解释说："宁区区糊口为旅人，终不为匪人辱吾文也。"[2]

自古金石号为不朽，留名当然是要留美名，因此为人作墓志碑记，拿人手短，难免要做一些粉饰之辞。墓志碑记的润笔，因而也常被一些文人士大夫视为不义之财，有些人不愿挣这种钱。宋代的

---

1 （清）赵翼：《陔余丛考》卷十三。

2 （宋）苏舜钦：《苏学士文集》卷十五《哀穆先生文》。

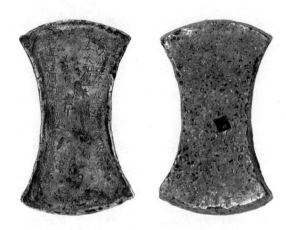

图5-13　南宋的银铤　中国国家博物馆藏

文人士大夫中，还是有能够不为金钱所惑，坚持不写这类文章的人的。有的人即便实在拗不过亲朋好友的面子，写了，也绝不收钱，因为收钱性质就变了。

　　不肯为润笔作墓志碑文的士大夫，唐代就有。唐宪宗时的宰相韦贯之，为官一向"严身律下"，不善"理财"的他，因此搞得"家无羡财"。他的同僚裴均，投靠宦官，结交权贵，得到了高官厚禄。他任将相十余年，荒纵无法度，为士论所不耻。他死后，其子"持万缣"，也就是一万匹绢，来找韦贯之，想让韦贯之给裴均写一篇墓志。韦贯之当然不肯，且生气地说："吾宁饿死，岂忍为此哉！"[1]

　　当然，作文是宋代文人士大夫的日常生活，墓志碑记又是文人士大夫之间必不可少的交际工具，对大多数人而言，彻底拒绝不写

不知润笔能几

———

1　（宋）洪迈：《容斋续笔》卷六《文字润笔》。

是不可能的。因此大部分情况下，那些有志于道的文人在写墓志碑记时，往往只谈交情不谈钱。《范文正公遗事》记载，范仲淹为范雍写墓志铭，"其子欲以金帛谢，拒之。乃献以所蓄书画，公悉不收"。但当时支付润笔已是传统，范雍的儿子坚持要范仲淹收一点，最后范仲淹从范雍收藏的书画中，挑了一件《道德经》留下，以作纪念。

范仲淹写墓志不收钱，也给自己带来不少麻烦。范仲淹就感叹，自己把很多时间浪费在写墓志上，但有时候是朋友请帮忙，又不能拒绝，"或是相知，不能违阻"。大家听说他写墓志不收钱，更是如获至宝，托关系来请他写墓志碑记的人络绎不绝。范仲淹平日"时或有相干作碑志"，这么多人来找他写碑志，他认为的原因是——"由某不受润笔，引惹故也"。[1]他虽然可以拒绝，但不停地回信，找理由拒绝，也够他忙的了。宋代社会普遍重文，墓志碑记的需求量极大，而中国又是个人情社会，收钱很多时候也是为了避免人情世故。

坚持底线的苏轼，不但坚决不收润笔，而且对外也坚决不受人所托撰写墓志。以苏轼在北宋文坛和士林的声望与才华，按理说他要是肯做这种事情，绝对富可敌国。宋人称"东坡诗文，落笔辄为人传诵"，又称"士大夫不能诵坡诗者，便自觉气索，人或谓之不韵"。[2]这意味着他写墓志的话，墓主马上就可以扬名天下。

活跃于北宋末年和南宋初年的孙觌，从小就文采出众，幼年时曾深得苏轼嘉许。南宋人葛立方所著《韵语阳秋》中说，苏轼去宜兴的时候，路过晋陵（今江苏常州），曾到孙觌家做客，见到正在

---

1 （宋）范仲淹：《范文正尺牍》卷上。

2 （宋）朱弁：《曲洧旧闻》卷八。

读书的孙觌，就问他："孺子习何艺？"孙觌答道："学对属。"也就是对对子，这是宋代小孩子声律启蒙最常见的训练。

苏轼一听，来了兴致，就出了个上联："衡门稚子璠玙器。"这句话是夸赞也是调侃，字面意思是："门前的小孩有成为朝廷栋梁的潜质。"孙觌的对句是："翰苑仙人锦秀肠。"这个对句比苏轼的上联还要精彩，有一语双关之效。苏轼以翰林学士知名天下，当然是翰苑仙人，可今日的门前小孩，他年又何尝不会成为翰苑仙人呢！这个对句，既恭维了站在自己面前的翰林学士苏轼，又暗寓自己有当翰林学士的志向。一个小孩子能有如此才智，的确配得上璠玙之器的赞扬。

孙觌在文学上的确没有让苏轼失望，他长大后，考中进士，后来又考中词科，在南宋初年任"权直学士院"，跟苏轼一样，也是知名的文学词臣。后世甚至有故事编排孙觌是苏轼的私生子。明人蒋一葵的《尧山堂外纪》记载说，苏轼晚年被贬时，有一小妾因有了身孕，不能远行，被嫁给了一个孙姓人家，生下了孙觌。等苏轼北归，再去找这个小妾时，其子已七八岁了。孙觌之所以有个这么怪异的名字——"觌"，就是为了暗示他们母子"被转卖"（"见卖"）的经历。这个说法当然是无稽之谈，不过却从侧面说明了孙觌拥有足以传承苏轼的文学才华。

孙觌虽然文名很高，但为人却很差，尤其贪财，知平江府（今江苏苏州），以"扰民夺职"，知临安府时，又以"盗用军钱"除名，是个死不悔改的贪官污吏。他善写墓志文章，只要肯给钱，来者不拒，搞得"四方争辇金帛请，日至不暇给"，简直是数钱数到手抽筋了。跟他同时代的王明清说："（孙觌）每为人作墓碑，得润笔甚富，所以家益丰。"[1]他靠着写墓志，成了巨富，以致他的文集《鸿庆居士集》，"大半铭墓"。《鸿庆居士集》收录了他所写的墓志、行状类文章多达五十三篇。

而苏轼就恰恰相反。他少年成名，中年以后绝对是宋代文艺圈天王巨星，但他坚决不肯为钱而替人写墓志碑记。洪迈说，据他所知整个宋代，"唯苏坡公于天下未尝铭墓"。事实上，想要绝对不写墓志文章，对苏轼这样的大文豪来说，也是不可能的。未尝铭墓，其实不确，苏轼还是写过几篇墓志的。

苏轼文集中只有五篇墓志，比起其他人，算是数量极少的了，且墓主都是当时德高望重的名臣，分别是：富弼、司马光、赵抃、范镇和张方平。这五人是世所公认的官场模范、道德表率，苏轼为他们撰写墓志，是为了表彰他们的贡献。而且这几位名臣为人行事，从无可议之处，所以为他们写墓志，也不必担心"谀墓"的风险。

除了以上五篇，苏轼还帮张方平代笔写过赵概、滕元发二人的墓志。张方平于苏轼父子兄弟有大恩，其早在至和元年（1054年）奉命入蜀主政成都时，就极力向朝廷举荐苏家父子。此后苏轼、苏辙入京赴考，张方平也帮了许多忙，再后来苏轼兄弟在官场，也得到张方平的关心和照顾。张方平托他代笔，他无法拒绝。但为免破了自己一贯坚持的原则，只得一再要求此事要绝对保密，并且绝对不收润笔——"只告密之，勿令人知是某作，仍勿令以润笔见遗，乃敢闻命"。[2]

果然，苏轼的神道碑、墓志铭都是抢手货，刚一写成，市面上

---

1 （宋）王明清：《挥麈后录》卷六。

2 《苏轼文集》，第1529页。

就开始售卖了。他在写给朋友陈传道的信中说，本想将碑志文章抄录一份给陈，但因最近太忙没空，一直没有抄录完成。但他又说，陈传道恐怕也早已看过了，因为京城已开始刻板售卖了——"欲写呈，又未有暇，闻都下已开板，想既见之也"。[1]可见苏轼所写的碑志"自带流量"，根本不需要墓主家刻意宣传，墓主的事迹，就能传扬天下。其传播速度之快，传播范围之广，都是一般作者不能想象的。

不收润笔的原则，苏轼坚持到终生，这一原则不但适用于墓志碑记之类的较为敏感的文体，甚至连一般的诗文，他也绝不收受润笔。宋人龚明之的《中吴纪闻》记载，苏州有一姚姓人家"素以孝称"，他家所居之处，名为"三瑞堂"，"东坡尝为赋诗"。得到苏轼的赋诗，这相当于姚家在全国的文人士大夫中为自己打了一个大大的广告。姚家感激不已，"致香为惠"，据苏轼自述，达八十罐之多。

香料在宋代文人士大夫家庭中使用得非常普遍。真宗时的宰相丁谓在《天香传》中说："香之为用从古矣，所以奉高明，所以达蠲

图5-14 《清明上河图》中的香铺

1 《苏轼文集》，第1575页。

不知润笔能几

洁。"又大赞香是"百昌之首，备物之先。于以相裡，于以告虔。孰歆至德？孰享芳烟？上圣之圣，高天之天"。士大夫之家，可谓不可一日无香相伴。宋代有官方主持的"香料榷易院"，真宗时，第一等香的价钱，在四贯左右。[1]其后香价逐渐下跌，仁宗时，据主管中央财政工作的"三司"所说，"香一斤，旧售钱三千八百，今止五、六百"，可见跌得厉害。苏轼的这笔八十罐香的润笔，如以每罐一斤计算，最少也要值四十贯钱了。

苏轼赋诗是有感而发，姚家以香为润笔，则成了是花钱买诗了。苏轼当然不肯，他在给朋友的信里托他转告姚家，心意他领了，东西不能收——"姚君笃善好事，其意极可嘉，然不须以物见遗，惠香八十罐却托还之，已领其厚意，与收留无异。实为他相识所惠，皆不留故也。切为多致，此恳。"

事实上，宋代文人收受润笔的现象非常普遍，以致文人士大夫中，风气败坏、满身铜臭的人，不在少数。

南宋末年的诗人和诗评家方回，为人贪财无节操。他在理宗时考中进士，当时贾似道当权，他赋《梅花百咏》吹嘘贾似道。后贾似道失势，他又上"十可斩"之疏，把贾似道说成是人神共愤、够死十次了。元军南下，他力倡封疆大吏有死节之义；等到元军兵临城下，他又率先投敌，助元军搜刮金银财宝，趁机中饱私囊，可谓无耻之极。有人看不惯他的所作所为，编了一首"方回十一斩"的段子，意思是说他有十一个理由该杀，比罪大恶极的贾似道还多一个！

"方回十一斩"的戏言里，有一斩就是说他贪钱卖文的——"市井小人求诗序者酬以五钱，必欲得钱入怀，然后漫为数语。市井之

---

[1] 《宋会要辑稿》食货三十六之八。

人见其语草草，不乐，遂以序还，索钱，几至挥拳。"方回见钱眼开，连润笔也不例外，简直到了饥不择食的地步。连市井小人的诗序钱也赚，而且酬金还只有区区五钱。比起知名文人动不动就几十贯、几百贯的润笔来说，他这身价跟他的人品一样——贱如泥。

因为钱少，他当然不会认真写，常常是收了钱后，随便乱写几句，与其说是收的润笔，不如说是在骗钱更准确一点。因为货不对板，常被人要求"退钱"，以致大庭广众之下，与人打架互殴，搞得斯文扫地！[1]

说起以润笔的名义骗钱，还有更狠的。北宋后期的大臣钱通，曾遭御史弹劾，说他为了给富豪之家撰写墓志赚大钱，竟然搞诈骗——"顷常假曾肇之名，为豪户撰墓志，又假肇书受豪户金为润笔。"[2]曾肇出身著名的文学世家——南丰曾家，他的同父异母的哥哥就是大名鼎鼎的曾巩。曾肇素有文名，富豪们大概都想请他写墓志，而钱通竟然冒充他诈骗墓志润笔，听来简直有点匪夷所思。

关于曾肇，还有一个经典的拒收润笔的故事。

宋代士大夫之间极重朋友之义，在生前互相约定撰写墓志碑记的不在少数。这种情况下，作者也是坚决拒绝丧家赠送润笔的。生活在北宋后期的曾肇与彭汝砺是非常要好的朋友，彭汝砺死后，曾肇为彭汝砺写了墓志铭。彭的儿子按惯例，"以金带、缣帛为谢"。此举遭到曾肇的多次拒绝，最后，曾肇只得声色俱厉地对彭汝砺的儿子说："此文本以尽朋友之义，若以货见投，非足下所以事父执之道也。"话都说到这份上了，彭的儿子才"皇惧而止"。[3]

1（宋）周密著，杨瑞点校：《癸辛杂识》，浙江古籍出版社，2015年，第236页。

2（宋）陈次升：《谠论集》卷三《奏弹钱通第一状》。

3（宋）洪迈：《容斋续笔》卷六《文字润笔》。

从钱逎冒充曾肇诈骗墓志润笔，以及彭汝砺的儿子坚持要给曾肇润笔的事情中可知，曾肇平时为人作墓志，也是要收润笔的。而钱逎能够打着他的旗号行骗，说明曾肇看在润笔的份上，也经常帮富豪之家写墓志吧！看了钱逎以墓志润笔搞诈骗的案例，这时再看苏轼在润笔一事上绝不为钱写作的言行，可以说，宋代能有苏轼这样的大文豪坚持不收润笔，为当时的文坛和官场树立了一个难得的高风亮节的好榜样。

后记

终于到了给这本小书画上句号的时候了。从去年9月交稿到现在，其实也没过去多久，却恍如隔世。一本书的诞生，意味着一段写作的结束，是时候用感谢的方式来回忆一下这段美妙的时光了。

首先要感谢的是包伟民老师、虞云国老师和王瑞来老师。借着去年《如朕亲临：帝王肖像崇拜与宋代政治生活》出版时的奇缘，在这次书稿编校完成后，我再次厚着脸皮向他们讨（求）教（赞）。感谢三位老师不吝笔墨、隽语相赠，感谢老师们对我的鼓励和激励，我只有继续精进，才能不负老师们的厚爱。

其次，本书在写作和修改的过程中，得到了很多年轻朋友的帮助，其中既有我的老同学，也有新朋友，还有我的研究生。曾经供职于广西师范大学出版社的老同学刘兰英老师，为本书的初稿做了非常细致的校改。此外，山西人民出版社的崔人杰编辑在本书的写作和后续的修改过程中也给过我许多宝贵的建议。另外，我的学生路遇明、史淑娅、岑宛聪、袁琪、邢军、魏立达、王睿聪在最后编校阶段，帮忙做了许多文字上的校对工作，在此一并致谢。

再次，本书得以出版，当然还必须感谢浙江大学出版社的支持，特别是责编罗人智兄的信任和帮助。编稿与校稿，乃是体力与脑力的双重折磨，个中滋味，恐非作者能尽知。正是有了他这几个月以来超负荷的工作，本书才能比原计划提前数月面世。此外，还要感谢本书的装帧设计师刘青文兄，为了满足我想要借机显摆一下书法的恶趣味，他不得不"被迫"反复试样。因为我的手痒，他的工作量大大增加了，我实在是很过意不去。

最后要感谢我的妻子宋晓希博士，虽然她这次没有再相信我"写书就是要心无旁骛"的鬼话，坚持让我一边写书，一边洗碗。可没想到的是，正是在她这个"劳逸结合"精神的指导之下，本书的写作才能像我平时洗碗一样——飞流直下，一气呵成！

黄博

2023年6月10日于成都双流